智慧生态城市

自然、生命、人居与未来

WISDOM ECO-CITY
THE NATURE, LIVES, HABITAT FOR THE FUTURE

颜 静 著

上海交通大学出版社
SHANGHAI JIAO TONG UNIVERSITY PRESS

内容提要

本书基于自然时空尺度与人居发展历史,遵循自然规律与生命节律,以地球系统科学与管理学原理等进行智慧生态城市发展研究,分析32座世界文明古城空间格局及存亡原因、78座国内外城市发展因素,提出智慧生态城市空间结构演化的可能。建议上海未来城市发展方向——智慧生态城市,形成优良的城市森林、湿地、海岸、河网等陆地与水域生态系统,创造多元仿生分形建筑空间结构,充分保留自然区域,保护生物与环境多样性,亦保护传统民居与当地乡村生活方式,形成十生有间综合人地系统。推动产业升级、提升公共认知,完善法律与社会保障体系,实现人的身心灵智健康发展,人与自然和谐共生。

图书在版编目(CIP)数据

智慧生态城市:自然、生命、人居与未来 / 颜静著.
—上海:上海交通大学出版社,2022.7
ISBN 978-7-313-26652-1

Ⅰ.①智… Ⅱ.①颜… Ⅲ.①现代化城市-生态城市
-城市建设-研究 Ⅳ.①F291.1②X321

中国版本图书馆 CIP 数据核字(2022)第 036650 号

智慧生态城市——自然、生命、人居与未来
ZHIHUI SHENGTAI CHENGSHI——ZIRAN SHENGMING RENJU YU WEILAI

··

著 者:颜 静			
出版发行:上海交通大学出版社		地 址:上海市番禺路 951 号
邮政编码:200030		电 话:021-64071208
印 刷:上海天地海设计印刷有限公司		经 销:全国新华书店
开 本:710mm×1000mm 1/16		印 张:20.25
字 数:408 千字		
版 次:2022 年 7 月第 1 版		印 次:2022 年 7 月第 1 次印刷
书 号:ISBN 978-7-313-26652-1		
定 价:78.00 元		

谨以此书献予蓝色星球上所有生灵、小朋友与关心未来的人们。

自然是一个整体，其中孕育了一切存在与可能，也是人类的家园。

为了未来的相遇，我们需要认知真实的世界，了解地球，和睦相处。

前　言

　　在大自然中诗意栖居是人居的理想状态,希望每一个人无论前行多远,都能找到回家的路。重新审视社会行进路径,回到原点,点燃希望,以人居空间结构的改变与完善,恢复人与自然的关联。或许地球是人类到目前为止唯一宜居之地,或许地球只是人类文明的摇篮。如果我们足够勇敢,去创造新的空间结构,就有可能到达新的域地。每一点都通往天空,了解真实世界的丰富与浩瀚,在自然创造的秩序中,在开放的时空中,生命与之产生共鸣,共同架起连接自然与生命、艺术与科学、文明与未来的桥梁。

　　让我们回到地球看一看。城市在地球表面铺开,城市建筑空间呈现同质性与单一化,地域特征逐渐消除,文化趋同。这种全球化人居体系的变化,随着人口增长、人工开发带来的自然环境改变是巨大的。但气候与海平面变化是非常复杂的问题,不是单一因素造成的,自然之力要远大于人类。重新思考人与自然的关系,怎样才是适度的自然—生命—人地体系尺度?未来需要怎样的人居与环境?怎样的社会循环才能减少消耗与浪费?未来城市空间与生命体验又是怎样?需要每一个人去思考,探讨本原与可能。

　　了解城市发展的基本因子与时空规律,须面对以下问题:一是城市的发展逻辑与发展基础。二是为什么以往城市发展忽略了自然与人的生态属性。三是城市发展方向与可能。四是人居空间基础结构的改变可产生怎样的变化。理论部分提出人居发展须以自然规律、地球整体构造与运动为基础。实践部分参照古今城市发展案例分析上海现状与问题,提出需要保护并发展森林、湿地与河流复合生态系统,让城市成为真正宜居之地。遵循自然规律在环境承载力基础上构筑更有生机的城市结构,改进社会与经济运作逻辑,完善城市机制,推动自然—生命—人居—社会协同发展。向自然学习,融入自然,无害消解于自然,探讨从地球到深空智慧生态人居发展可能。

　　案例部分通过对32座文明古城、78座国内外城市研究分析,以上海为例提出智慧生态城市发展方向,建立城市发展空间尺度。分析上海自然生态构成、土地利用面积变化、对上海森林发展进行预测(1994—2118)。指出上海地理空间结构、地质特点、土地涵养、气候特点是构成宜居城市的重要因素。建设人文、公正、法制的社会，尊重生命节律，实现居民认知平等、健康生活，推动民主协商自治，发展有韧性的"十生有间"城市空间形态，建设森林湿地生态城市，构建智慧生态城市发展机制，实现生态平衡的社会发展。

　　本书的研究创新。一是探讨智慧生态城市发展的时空尺度，提出遵循自然规律、地球生态系统构成与整体循环规律来发展城市，兼顾自然整体性、系统性与脆弱性。二是重新界定人类、人居与人地系统从属于自然。三是扩大参考范围，选择古今中外城市案例进行要素与规律分析。四是，提出未来智慧城市空间结构演化的可能，发展节能、自足、自组织的生态仿生分形建筑与城市。提出构筑"十生有间"智慧生态城市："十生"是指所有生命与生物能在健康的自然生态环境中生存、生长，居民能在生活、生产中尊重自然，创造富有生机、生趣的人居形态与共生的社会构成；"有间"是在城市人工系统与自然系统中实现一定的连接、流动与转换，建立可自生长、自调节、有余地的中间状态，实现功能的多层次转换。在生命、自然和城市之间建立可塑、流动、柔韧、协调的关系，留白、转换、联接与融合并存，形成有益且与自然共生的居住形态，给城市再生与纠错留下足够空间，同时也设立严格的边界与法则，以明确、不可逾越的法律来保护陆地上的森林、湿地、滩涂与海洋自然环境生物多样性。实现多元化智慧生态城市形态，促进自然与生命健康发展。

　　探讨影响城市发展的因子与结构，本质比形式更重要。本书最大的收获是回到原点，从生命的角度，从物质、能量、时空的同一属性去思考人与自然的关系、人居空间基础结构的可能、人类到达空间的可能。这真是一场神奇之旅，在漫长的基础工作中，格式化很可能早已将一切不符合范式的火花给屏蔽掉了，当然也包括最需要生命力的部分，这是我不希望看到的。但也在严苛的规范与艰苦的条件中，让人去尝试创造可能。不可思议的是，恰恰是在基础研究进行到最后，回归原点对于生命核心与世界的思考，回到物理与生命基础状态，磅礴的灵感才灿然现身。物理与数学共同的关联，让形式呈现出简洁的本质，但绝不是唯一方法。不要迟疑，走过的路会告之你真正的方向。这是一个倒着行进的研究，是自然生发的过程，希望如此也更具包容力，包括不确定性与荒诞性。希望未来人类与城市都能自然生长，理解并尊重自然，保护生命，兼容所有生态系统。

　　当这本书出现在你手中时，希望依然是简洁、温暖、真实的。有想象力的你能感受到其中的诚恳、趣味和跳跃，以及不可避免的混沌与无知。面对真相，未来蕴含无限可能。让我们一起拥抱自然与未知，一起创造真善与美好的世界。欢迎回家！

目　录

下篇 实践篇

上篇　理论篇

第 1 章 绪 论

地球是一个开放、动态的复杂系统,其中不仅蕴含多尺度的气候变化,也伴随地质构造运动,同时也孕育着无数生命。气候条件与地表环境对人类的存续起着关键作用,如何在地球生态系统中建立安全的人居环境与人地系统是非常重要的。因此,本书希望以自然的时空视角,在管理学的基础上,融合气候、地理、生态,观察人类的人居空间结构、社会结构与环境的关系,进行智慧生态城市的研究与探讨。

1.1 引言

1.1.1 研究背景

城市是建立在地球生态系统中开放、动态的人地系统,应尊重自然,学习自然,与自然共生,归复自然。我们应遵循自然规律与不同时空尺度,理解人类活动与环境的相互影响,建立和谐的人地关系,发展智慧生态城市。促进人的身心灵智健康发展,保护自然生态系统与生物多样性,在更长的时间尺度上规划合宜有度的人居系统,实现可持续发展。智慧生态城市空间结构演化与上海智慧生态城市滨海森林湿地发展研究,将给不同海岸、流域及其他自然环境中的城市以启示。

1.1.2 研究目的

1)研究目的

(1)重新审视城市发展逻辑与伦理基础。研究智慧生态城市发展方向与路径,实现人与自然万物平等共生,维护生态平衡,尊重自然与生命的内在价值。

(2)正视历史性。跨学科研究城市核心要素与自然生态系统有间相融,构建既保护生物多样性又适合人类身心灵智发展的人地系统与人居环境。分析城市自然—生命—空间—社会因子,提出城市发展需要尊重自然,正视生命尊严,提高城市人性化、宜居性与可能性。融合人文与科技,保留直觉与常识,形成自组织生态体系,建立公正、平衡的生态文明社会。

(3)自然—人居地学环境—人地系统形态会影响人与自然未来的命运,通过研究城市因子构成,对古今中外城市自然气候、地理、生物环境进行多层次观察,分析地域生态变化轨迹,建立更为立体的城市发展视野与整体判断,推动可持续智慧生态城市发展。

2)研究逻辑

(1)重新梳理城市中自然、人居与人地系统发展逻辑与城市发展原理。智慧生态城市发展须以自然生态为基础,建立健康的自然—生命—社会—人居发展价值观,尊重生命,重塑生命与自然的关系。

(2)遵循地球系统科学原理,发展城市人地系统。扩展对地球生态系统的整体认知,智慧生态城市发展须以地球生态系统为基础,遵循地球构造与运作规律,保持自然生态环境结构的整体平衡。城市所受自然环境影响依次为全球、区域、城市内外部整体生境。

(3)智慧生态城市发展须以生态学原理为基础,建立在自然生态承载力基础上。智慧生态城市人口、产业、社会结构须与自然环境匹配,优化城市空间、社会和人居地学环境系统结构,进行气候、地质、水文、土壤、生物构成研究。

(4)智慧生态城市发展具有人文地理属性,需要遵循历史发展规律,符合时空维度动态观察,汲取古今文明智慧发展。在地球整体环境中观察城市在全球生态带所处位置。通过政策引导与法规规范,对照古今城市与人居形态,分析良好的人与自然关系的必要条件与目前城市发展的局限,建立森林湿地城市与多元仿生分形城市空间。

1.1.3 研究意义

1)理论意义

本书经研究提出城市与宇宙一样具有时间属性。通过把城市还原为物质、能源、生命基本结构,在广义相对论界定的时空体系内,建立高度自由、多元、可塑性的时空结构,实现整体系统重塑,寻找一条未来人与自然共生之路。基于地球生态系统发展智慧生态城市,以物理学、地球系统科学、生态学、管理学、人文与法学原理结合自然科学与社会科学进行研究。理论体系还有待完善。

2)实践意义

通过对智慧生态城市发展的研究,纠正以往资源过度消耗的城市发展模式。遵循自然规律,借鉴各国智慧与生态城市发展经验,构建城市自组织、自预防、自循环仿生分形结构与系统,预防风险,推动知识共享,实现居民全生命周期健康发展,提高城市安全、宜居、抗风险能力与免疫力。推动资源公正分配、信息透明,向生态、多元、安全方向发展。

1.2 研究目标与主要内容

1.2.1 关键问题与研究目标

1)拟解决关键问题

智慧生态城市发展将解决人居在自然中的尺度问题,建立人与自然的关联,恢复人的生命力与创造力。

2)研究目标

(1)理论层面。

重建智慧生态城市发展的理论基础,提出城市发展须以生态原理与地球生态系统为依托,正视地球整体生态系统的开放、变化、规律与不确定性,综合自然科学与社会科学,运用地球系统科学、生态学、管理学、城市规划学与市政学等,将生态伦理、人文精神融入城市建设中。一是建立城市发展尺度、时空观与价值观,尊重生命节律与地球生态系统整体性。以平衡为本调整城市结构。智慧生态城市是通过认知与思维变化实现的新的人居系统形态,结合非线性与线性思考改变单一思维方向与路径,接受混沌状态。二是研究智慧生态城市空间结构演化形态与路径,基于物理原理建立最小时空结构,探讨城市微结构可能性。微结构与自生长或将是未来智慧生态城市的基础组织结构与动力机制。

(2)实践层面。

一是构建智慧生态城市发展方向与机制,构建全域生态空间规划与城市运行机制。人地系统智慧生态发展包括城市与乡村发展,兼具生命尊严、生态生物圈与社会尺度,保障自然生态价值,改进民生环境,实现生命、社会与自然适度发展。二是提出地球生态系统对城市、人口与文明存续具有核心影响。城市是人、生物、能源与资源融汇之地。改进城市运作逻辑,尊重当地的自然条件,构筑城市生态结构,人居系统可降解地建立在自然环境中,人工与自然环境有间融合。城市融合自然环境,种植林木,保护湿地与物种多样性,良性运作,智慧生态发展。三是实现城市精神与生态环境塑造,发扬人文精神,借鉴古今城市发展,延承文明,实现居民认知平等、公正、民主协商自治,形成更富生命力、健康、平衡的共生城市。人类发展的每一时期并不是简单替代关系而是有着广泛关联,因此需要涵纳不同时期文明与自然生态系统,建立健康的人与自然关系。四是建设多元自组织仿生分形城市空间结构与人居体系,发展"十生有间"韧性城市空间形态,兼顾美观、节能与生态循环,丰富从古至今人居形态,整体实现人居、人地系统与自然生态平衡。

(3)方法层面。

综合分析研究。结合遥感地图、土地利用变化数据,分析上海人居地学环境与人地系统现状。从历史流变、构成因素、变化趋势、方向对策进行智慧生态城市空间结构发展研究。

1.2.2　主要研究内容

本研究的主要内容有以下几个方面:

(1)地球生态系统对城市的影响。

(2)智慧生态城市空间结构发展演变。

(3)古今城市兴衰流变因素分析。

(4)上海城市人居地学环境与人地系统综合分析。

（5）上海土地利用时空演变规律与森林发展分析。

（6）上海智慧生态城市发展方向、机制与对策研究。

1.2.3　概念界定

1）生态系统

生态系统指在一定时空范围内由生物与环境构成的统一整体,包括生物个体、群落、系统与非生物系统,其中蕴含生命、物质与能量循环。地球生态系统中的存在物包括人类、动植物、微生物、有机及无机环境,共同构成自然生态环境与人类社会生态系统。

2）智慧

智慧是指人类认知世界创造的精神与物质留存,接受未知、变化与不确定性。每个人能认知、判断、取舍、融通、决策、自律且负责。保留人文精神,延承过往文明,面向未来形成更为全面的世界观、生命观、价值观。理解"万物并作"的自然规律,回归天地人的适度位置。

3）智慧与生态的关系

基于人类对世界的认知、判断与行为,形成相互影响与转化的关系。

4）智慧生态发展、智慧生态城市、智慧生态城市发展

智慧生态发展是遵循自然规律、生命节律、社会发展规律,维持自然生态体系的有序发展。结合人类文明智慧,基于生态伦理发展生态文明,自然—生命—人居—社会健康、公正、有序发展,推动生态经济,建设生态人居,保护自然生态系统与生物物种多样性,居民得以全面发展,生活幸福指数增长。

智慧生态城市是指人类在地球与地外空间环境建立的保护自然物种、延续人类文明的生态人居体系。

智慧生态城市发展是在尊重生命与生态平衡的伦理基础上,以人与自然共生为方向,通过扩展认知,知识共享,实现生态世界观、生命观、价值观和方法论的统一,建立自然—生命—社会—城市人居生态系统,实现自然与人类可持续发展。基于全球生态系统与城市所在区域自然生态系统、社会及生命系统,建立平衡、多元、公正的社会秩序与生态文明。将自然生态价值前置,保护和修复自然环境,维护生物物种多样性,城市连接自然,符合自然生态承载力,实现自然与生命和谐发展。在保护自然生态系统良性存续的前提下,进行城市人工环境开发、建设、维护与管理,注重自然生态系统(如大气质量、气象、气候、水文、土壤、林地、湿地、动植物、微生物、人类生命特质)与社会生态系统的运转,有节制地制作物品,物质循环使用、无害回归自然。建立人与自然联系,尊重人的生命特征与生命周期,完善社会保障系统,为居民实现更人性化的社会支持。重视自然生态系统的脆弱性与整体性,恢复自然生态系统中万物的独立生态价值,重建人类与自然的根本关系。重视地球生态圈大气、陆地与海洋的整体性,水系、流域与地下水的关联,植被与生物多样性的密切关系,气候变化、地理构成及人类行为对地球整体环境的影响。城市与乡村人居系统需有度发展。每一代人都有责任保护好地球生态,为未来人类发展留下足够的生存空间与良好的自然环境。扩展认知,知识共享,延承文明,发展教育,注重民生,实现公正的教育、医疗、养老资源福利分配。科学构建循环生态产业结构,实现零污染低碳生产,实现绿色物质与货币流通,人工废弃物无害化解且可循环使用。

5)自然的历史性与变化性

地球生态系统具有整体性与变化性,没有绝对平衡,物种更迭受环境变化影响。认知宇宙及地球自然整体演进规律,形成以地球时空尺度为基础的更广阔的自然观,建立适度有序的智慧生态城市。

1.2.4　研究创新点

1)研究内涵的创新

(1)提出基于自然规律、人文精神与生态伦理发展的智慧生态城市。

自然在哲学与伦理上具有不可逆的唯一性,技术发展应与人文精神、生态伦理结合用于有益方向,才能由征服自然改变为保护自然与生命。本书重新审视人类与自然对立思维形成的缘由与基础,将自然生命生态价值从社会经济价值中独立出来,修复人类与自然的关系。提出"智慧生态城市发展"是建立一种共生人居模式,扩展认知,符合生态承载力,尊重人与其他生物的生命节律,按生命周期实现人性化社会支持。发展人文精神,塑造平衡、稳定、多元、公正的社会秩序、法律规则与生态文明,精准解决社会问题,实现自然与生命和谐发展。

(2)原创性地提出智慧生态城市定义与空间结构演化。

提出以地球系统科学和管理学原理为基础,结合自然科学与社会科学,进行城市人居地学环境与人地系统发展综合研究,开拓了城市发展的新视角,与真实世界建立关联,深入研究生态系统的不同时空尺度对城市发展的影响。提出须基于城市所在地域自然生态结构,重新审视现有城市空间形态与社会结构,以期找到衔接方向与改进方法。回归到以生命存续为中心,自然环境中人与其他生物共存发展。一是提出尊重自然与生命,遵循地球生态系统构成,分析城市现有问题形成原因。二是理顺城市发展研究的逻辑关系与理论依据,重新界定了人类、人居与人地系统从属于自然。三是界定了智慧生态城市发展的时空尺度与边界,需在全球时空尺度内发展,遵循地球生态系统整体循环规律,兼顾自然整体性、系统性与脆弱性特质。四是扩大研究时空尺度,选择古今中外城市案例。五是提议转变城市与社会发展惯性与思维路径,提出未来与自然共生智慧城市发展方向。六是向自然学习发展节能、自足、自组织、仿生分形建筑与具有生命力、生态安全的智慧生态城市。以生态系统原理进行根本结构与原理思考,回归原点进行方向性的思考,才能找到真正与自然规律相符的方向与路径。基于物质、能量、时空一致性,智慧生态城市可模仿自然空间、生物构成与生态系统运作,形成多元仿生基本结构,实现与自然一致的空间结构与协调运作。将城市人居人工体系空间结构还原为自然基础结构,仿拟能量、物质与生命的最基本结构建造,人地系统有可能成为自然—生命—社会融合、有间存续的多元仿生分形结构体,具有开放的自组织特点。仿生分形是多元结构的一种演示形态，但不是唯一形态，以消解城市与乡村的对立思维。智慧生态人居须更具包容性、生命力与安全性，智慧生态城市人居空间结构亦是如此。七是以往管理学理论偏重于追求效益，未兼顾自然生态发展与生物存续，本书经研究认为管理应是基于生命认知程度与自觉创造，建立在微宏观视野与不同尺度的综合判断、决策、评估、调整、合作，在动态过程中实现全社会协调的最优解决方案。管理是基于个体自律、求知与作为，公共事务决策符合社会规范、接受公共制约，不同个体与群体共同实现社会最优抉择，个体与群体的自律体现在社会化过程中认知边界扩展与对过往错误的更正。城市发展管理目的不是从物质、能源与人的集约化中获取最大经济效益与社会效率，而是从更长远发展进行整体考虑，从以往对物质、货币积累与粗放式重复的制造，改为拓展认知、探索未知。只有认知变化才能实现方向改变，从不断制作物品转变为建立健康的生活、生产方式与发展模式，拓展人类对世界的真实了解，与自然万物建立深切、平和、助益的关系。

（3）扩展"智慧生态""生态伦理""生态文明"内涵。

其一，"智慧生态"内涵。挪威生态哲学家阿伦·奈斯在深层生态学中第一次提出"生态智慧"基础是以整个生态系统及其存在物的整体利益为核心目标，建立起价值伦理观。本书对智慧生态城市中"智慧"内涵界定为"基于对生命、事物本源、世界本质、成因的认知，遵循自然规律，形成感觉、思维、判断力与创造力。以感知为基础，包括知识但不仅是知识，基于逻辑实证科学但需接纳直觉，尊重逻辑但包容悖论，驳论与界定条件改变后的一切可能，接纳不确定性，能多维度观察世界，理解自然万物之间的关联，维护自然生态，关注平衡形成的元素与因果，尊重变化，实现多元、有序、合度、友善、无害发展"。本书扩展智慧生态城市中"生态"的内涵为"地球整体的生态系统构成、结构及演化，人居系统构成与发展需基于地球自然生态系统整体的平衡健康发展"。

其二，扩展"生态伦理"在智慧生态城市发展中的内涵。本书经研究将生态伦理核心内涵综合为"人类有义务维护和促进生态系统完整和稳定。实现人与自然物种、群落、生态系统共生与平衡发展，合理使用自然资源，维护生物多样性与人的自然健康发展"。

其三，扩展"生态文明"内涵。本书经研究提出"生态文明是人回归到自然中的正确位置。智慧生态人居系统需遵循有间共生、物种多样性、物质无害循环原则"。

（4）智慧生态城市发展的社会实践界定与扩展。

其一，对智慧生态城市社会实践的界定。经研究提出须从哲学视角，基于生态伦理、地球系统科学、生态学，探讨城市人工环境中生命与自然、人类与万物及自身的关系与相互作用，进行社会实践及人地体系发展。整体认知地球生态系统构成，使人的理性觉醒，人文反思，规范行为边界，重建社会秩序，立法施法。保障基础教育与免费知识共享，保障居民身心健康发展。尊重自然，物种平等，生态平衡，实现人与自然和谐共生。

其二,对智慧生态城市发展社会实践的扩展。提出智慧生态城市的"智慧"是哲学"智慧"与人类文明基于人道主义、人文精神、生态伦理、自治与法治的发展。拓展认知、实现知识共享,明智判断与选择,保护自然生态与生物物种多样存续与发展,尊重生命特质,创造平等、公正的社会发展空间,建立共生关联的社会体系。对"生态"社会实践扩展表现在,依据生态学个体、种群、群落和生态系统组织结构,完善上海全域(包括空海陆域的大气、海岸线、岛屿、长江河口、山丘、河流、水港、湖泊、湿地、耕地、林地)生态环境保护、平衡发展与立法。结合海洋与长江流域影响,将气候、地理、生物等生态因素作为城市发展的基础。恢复自然生态与人类社会的平等关系与彼此关联。提出系统认知、保护、修复地球整体生态系统。在生物物种育种过程与全域生态管理中,实现非金融性、非竞争性、非排他性公共属性。确定自然独立生态价值,界定自然生态构成、保护及补偿。

2)研究内容的创新

(1)提出基于自然规律与生命节律实现城市人居地学环境、人地系统与自然和谐发展。

(2)提出基于地球系统科学与管理学原理,结合自然科学与社会科学,构建智慧生态城市发展方向与城市空间结构演化。

(3)分析地球生态系统与人口变化,世界文明古城存亡原因,全球智慧与生态城市发展因素,得出古今城市人居系统与人地关系发展的核心。

(4)以上海地质勘测地图为基础资料,结合中国地质科学院地质深部探测中心数据与对地观测卫星数据,对 1980—2018 年 38 年间上海土地利用时空格局演变进行分析。与以往的研究相比,研究的时空维度更长,上海城市空间土地利用变化时间序列连续性较好。本次研究样本容量在城市自然环境与社会结构上形成更全面的研究。经研究提出自然生态构成是智慧生态城市发展基础,包括上海的地质结构、气候、地理、地质、水文、土壤、生物生态系统,涵盖土地、水、生物、森林、草地、耕地等资源条件。分析自然环境、城市规模、人居形态,提出上海智慧生态城市发展全社会应形成共识与合力。

3)研究方法的创新

(1)实地考察。对中国、瑞士、德国、法国、意大利、西班牙、葡萄牙、奥地利、匈牙利、捷克、斯洛伐克、柬埔寨等国家的城乡自然与人居环境进行原野调查,对上海进行更深入的实地考察。

(2)文献法。收集相关历史文献、地理地质图集、自然与社会科学研究成果及市政统计数据、规划方案等资料。

(3)数据归纳演绎法。由于城市复合生态系统涉及的数据量大,需运用地球系统科学、地图学、管理学、统计学原理,进行数据归纳分析,如分析 1980—2018 年上海土地利用格局时空演化的卫星遥感数据,对上海林业数据进行分析与预测,以及人口数据与社会结构分析等。

（4）案例对比分析法。对古今中外城市发展案例进行分析,归纳城市构成因子与发展趋势。

4）研究结果的创新

（1）原创性地提出需要以地球自然生态系统整体构成与循环为基础,遵循自然规律与生态伦理,结合地球系统科学、生态学、管理学原理进行智慧生态城市发展研究。界定"智慧生态城市"的研究原理、逻辑与方法,尊重自然,不断认知自然,谨慎选择城市人居地学环境和人地系统发展方向,实现人与自然共生发展。

（2）原创性地提出未来智慧生态城市在不同空间、在地球陆海空全域发展可能,创造智慧生态建筑、仿生分形城市、水陆两栖生态城市、磁漂浮城市、底栖城市。提出太阳能波浪生态建筑,使用清洁能源,改变城市建筑以能源消耗的局限,实现自供生态能空间结构。

（3）原创性地提出上海智慧生态城市需尊重生命特质,以生命节律构建居民在城市中生活与工作方式,以生命周期构建居民福利保障,维护人的尊严。终极目的是实现万物普遍共生与居民生命最大限度自我实现。基于自然生态系统调整城市空间结构、社会结构与人口结构。

（4）原创性地提出自然生态价值优先于人类社会经济价值,城乡人居环境与人地系统开发需要以维护自然生态系统的整体良好运行为首要原则,城市发展生态政策需兼顾自然系统生态价值,保护生物多样性与共栖环境,保护动植物生长、繁育、迁移、驻留。

（5）提出完善公共知识平台与法律机制。建议设立《城市森林保护法》《城市湿地保护法》《城市野生动植物保护法》,建立长江河口、海岸带湿地、海洋与陆地自然生态系统保护红线,保护城市中自然生态系统。禁止在自然区域人工建设开发,含湿地、河口、森林、水源、地质、气候、土壤、海洋、海岸线、淡水河网水系、鸟类与鱼类水产种质资源保护区、物种种群栖息地、自然物种保护区等。将自然生态保护区域与《上海市主体功能区规划》《上海市城市总体规划(2017—2035 年)》相结合,保护陆海空域生态体系。

（6）提出"十生有间"多维智慧生态城市的发展思路。"十生"指生态、生命、生灵、生物、生存、生长、生机、生趣、生活、生产,所有生命与生物能在健康的自然生态环境中生存、生长。居民在生活、生产中尊重自然,创造富有生机、生趣的人居形态与社会构成。"有间"指城市须给自然留有空间,建立可自调节、有留白的中间状态,实现多层次转换,建立可塑、流动、柔韧和协调关系,形成有益的与自然共生居住形态,给城市再生与纠错留下足够空间,留白、转换、联接与融合并存,设立严格的边界与法则,以明确、不可逾越的法律约束保护生物多样性发展。在水陆空全域范围内实现多元化智慧生态城市,促进健康的自然与生命发展,保护物种多样性,实现地球总体的生态平衡。"多维"是指建立整体性、多层次、有生命力、生活化的城市结构。面向未来,建设安全、健康、人与自然平衡发展,人文、科学与艺术相融的智慧生态城市人地系统。

1.3　研究技术路线

本书的研究技术路线如图 1-1 所示。

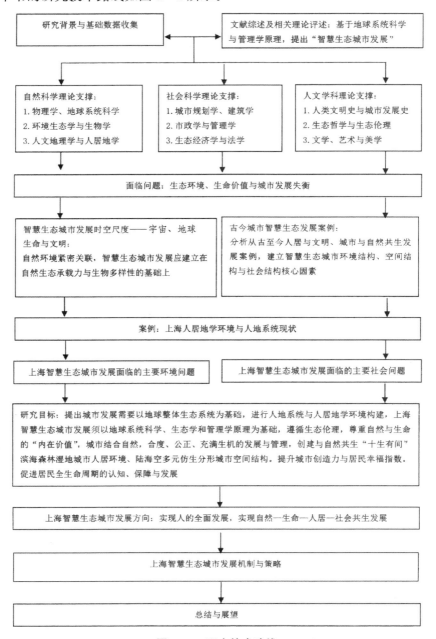

图 1-1　研究技术路线

1.4 研究区域概况与研究方法

1)研究区域选择与概况

(1)研究区域选择。

上海智慧生态城市研究生态空间的界定,以上海行政地图地理坐标为参照,介于东经 120°52′~122°12′、北纬 30°40′~31°53′之间的华东地区。上海生态空间界定包括陆域界定与海域界定。

界定一:上海陆域界定,长江三角洲东缘、由长江入海口泥沙淤积与东海潮汐共同作用形成平原和河口沙洲,海拔高度为 3~5 米。西部有天马山、薛山、凤凰山等残丘,天马山为陆境海拔最高点。

界定二:上海海域界定,以东海大陆架为依托的上海海岸带衔接及近海地质地理区域。上海陆地、河口向东海延伸海洋区域。

(2)研究城市的概况。

上海属亚热带季风性气候,温和湿润,四季分明,日照充分,雨量充沛。截至2019 年 6 月,上海市总面积为 6 340.5 平方千米,共辖 16 个市辖区,214 个乡级区划。2018 年末上海市常住人口为 2 423.78 万人。

土壤。上海地区地表以下约 75~100 米范围内主要是第四纪的松散沉积物,平原区域由草甸土、沼泽潜育土、盐渍草甸土、黄棕壤构成,适合种植。

水资源。上海有长江口、淀山湖、黄浦江、吴淞江四大水系,河道面积 500 多平方千米,水网交织,河道长度 20 000 余千米。

生物资源。上海市境内天然植被残剩不多,绝大部分是人工栽培作物和林木。天然木本植物群落,仅分布于大金山岛和佘山等局部地区,天然草本植物群落分布在沙洲、滩地和港汊。动物资源主要是畜禽类,野生动物种类十分稀少。

矿产资源。上海境内缺乏金属矿产资源,建筑石料稀少,陆上能源矿产匮乏。有金山张堰铜矿、东海浅层天然气。20 世纪 70 年代开始在近海获得工业原油和天然气。据初步估算东海大陆架油气资源储量约有 60 亿吨,是中国近海海域最大的含油气盆地。东海海水中化学资源丰富,在长江口浅海底下发现锆石、钛铁砂、石榴石、金红石矿物。

交通运输。由铁路、水路、公路、航空、轨道组成综合交通运输网络。

2)研究方法

(1)遥感数据来源与预处理。

遥感数据:1980—2018 年上海土地利用空间演化遥感地图与分析数据来源于地理国策监测云平台。

数据简介:上海土地利用数据根据 1994 年航片资料和 1996 年全国土地利用现状调查统一标准,总面积为 7 945.58 平方千米。其中农用地面积为 5 166.08 平方千米,占全市总面积的 65.02%,建设用地面积为 2 294.64 平方千米,占全市总面积的 24.30%,未利用土地为 484.86 平方千米,占全市面积的 6.10%。

数据预处理:由地理国情监测平台基于美国航空航天局的陆地资源卫星 30 米遥感影像对地图与数据进行预处理。上海土地利用数据基于陆地资源卫星于 Landsat TM/ETM/OLI 遥感影像,采用遥感信息提取方法,结合野外实测,参照国内外现有土地利用分类体系,经过波段选择及融合,图像几何校正、配准。按国家土地利用分类,结合刘纪远等建立的 LUCC 分类系统,本书实际数据应用为 6 个一级类型,包括耕地、林地、草地、水域、建设用地和未利用地;林地、灌木林、疏林地、其他林地和高、中、低覆盖度草地等 17 个二级类型。

(2)地质地图数据来源。

上海城市沿革图、气候与水文、地貌、地质遗迹分布图、土壤类型图、滩涂资源分布图、地质与构造、水文地质、工程地质、环境地质等数据来源于地质出版社 2002 年出版的《上海市地质环境图集》。上海土地综合质量、全市累计地面沉降量、水下地形、第一承压含水层、基岩钻孔、断层、工程钻孔、上海地质矿产数据来源于上海地质资料信息共享平台。

(3)社会构成因素数据来源。

来源于上海市人民政府《2018 上海市政府信息公开工作年度报告》。生态法律法规标准来源于上海市生态环境局、中国地震局地球物理勘探中心。

(4)运用二次指数平滑模型对上海林业数据进行分析与预测。

二次指数平滑法是将历史数据进行加权平均作为未来时刻的预测结果,须与一次指数平滑法配合,建立预测的数学模型,确定预测值。样本要求量较少,结果较稳定。林业数据来源于中国自然资源部林业和草原局中国林业数据库,根据《2017 年各地区森林病害发生防治情况》《第八次全国森林资源连续清查统计数据》进行数据分析。

(5)其他数据。

水资源数据来源于《2018 年上海统计年鉴》《2018 年上海市水资源公报》。上海土地利用现状图来源于《上海市土地利用总体规划(2006—2020)》。中国城镇土地总面积数据来源于 2014 年国土资源部中国土地勘测规划院发布的《全国城镇土地利用数据汇总成果分析报告》。《2018 年上海市国民经济和社会发展统计公报》来源于上海统计局。2016 年上海林地面积、耕地面积数据以国土资源部数据为依据,来源于上海市第三次农业普查领导小组办公室、上海市统计局和国家统计局上海调查队发布的《上海市第三次农业普查主要数据公报》。上海人口、能源与环境、城市建设、农业、工业、科学技术、教育、文化、卫生、社会保障和社会福利业等数据来源于上海统计局《2018 年上海统计年鉴》。《上海市市级集中式生活饮用水水源水质状况报告(2019 年)》来源于上海市生态环境局。《2018 中国生态环境状况公报》《2018 年中国海洋生态环境状况公报》数据来源于国家生态环境部。

（6）城市发展应置于时间脉络与空间尺度中进行研究。

将上海智慧生态城市发展置于时间脉络与空间尺度中进行观察研究。

第 2 章　文献综述

　　自然是人类与其他生物存在的依托,城市建立在自然基础上。城市智慧生态发展应符合自然规律,重视地球整体构成、自然秩序与事物关联。本书以地球系统科学和管理学原理为基础,结合自然科学与社会科学,进行智慧生态城市发展综合研究。因此本章以学科融合进行文献综述。

2.1　自然环境与生态承载力

2.1.1　地球生态系统、区域地质构造与生态因子

　　地球生态系统由水、大气、岩石圈构成统一整体,圈层间所有元素、物质与生物相互作用。地球生物圈包含地表无机体和有机体(微生物、植物、动物、人类环境)。人类生活在以城市和乡村为主的人工生态系统中,按活动范围分为全球、区域、城市、村落等环境。

　　区域地质构造是某一区域范围内的地质构造特征,包括区域新构造运动、现今构造活动和地震活动,对城市与乡村人居系统存续具有决定作用。

　　生态因子是对生物生长、发育、生殖行为和分布有直接影响的环境要素,包括气候、土壤、地形、生物、人为因素。生态学家达本米尔将环境因子分为气候、土壤和生物三大类,细分为土壤、水分、湿度、温度、光照、大气、生物因子。内稳态是指生物控制体内环境使其保持相对稳定机制,能减少生物对外界条件依赖性,提高生物对外界环境适应能力。城市是否也存在内稳态呢? 自组织的运动结构是否建立在内稳态基础上? 平衡如何被打破? 城市构成因子与内稳态形成,将提高城市的自组织、自生长与自循环能力。

　　谢尔福德提出生物依赖环境生存的“耐性定律”,生物有机体对环境因子耐受性有上下限,任何因子不足或过多,接近或超过了某种生物耐受限度,该种生物生存会受到影响。那么自然与城市耐受性如何界定? 有没有明确的预警值? 城市也具有生命周期,因此本书希望通过对古代城市存续条件的初步研究,观察城市核心影响因素与耐受限度。

2.1.2 生态承载力、盖亚假说

生态承载力指在特定环境条件下承载的物质与生命活动最高极限。维持生物多样性与生态环境平衡是人类生存前提,生物环境与生态过程包括基因、物种、生态系统三个层次。詹姆斯·洛夫洛克提出:"环境问题是整个地球生态系统问题,需重新认识生活、生产方式对环境的影响。"假说地球是具有生命的"盖亚",生命与环境之间存在连贯、复杂的相互作用。

2.1.3 人居地学环境、人地系统与城市生态系统

人居地学环境是与人类聚居活动密切相关的基本生存环境。地球上适宜人类生存生活的环境融入地球表层系统岩石圈、大气圈、水圈与生物圈中,演化出人类圈。人地系统是复杂、动态、开放的巨系统,是人在特定地域中作用形成的动态结构。城市生态系统具有综合性、依赖性和脆弱性,传统城市是消耗巨大的场域,需从外界获得水、空气、食品,城市运行产生的不可降解废弃物仍输往自然。因此本书须逐一分析城市构成因子,先还原,再建构。

2.2 综合自然科学、社会科学研究

社会的健康发展需要自然、社会、生命科学与人文、法律等不同学科相互融合完善以形成合力。之所以出现生硬的城市空间结构与单一价值社会发展,主要原因是社会整体认知在注重实用的导向下,对生命的漠视与对自然的功能、功利化。当今的社会,人文精神缺失,只注重建造一个满的物质世界,人的心灵、情感与精神缺席。在仅强调人的功能为重心的社会价值状态中,人们的日常生活是失衡的,也缺少各学科之间真正融通。人文的回归,人文与环境科学的结合,将有助于社会发展的重点从偏重技术发展回归到基于尊重生命的整体平衡,注重地球自然的整体构成与演化,认知自然与感知生命。不能偏执于生物基因、信息数字化与人工智能技术的发展,亦不能因一时的功利需要而过于侧重某种技术发展,应对技术的研发应用设立全面的法律界线,技术使用前需要对其进行谨慎复核与测评。整体的认知很重要。

2.2.1 自然科学:物理、数学、地球系统科学、环境地学

1)物理

物理在古欧洲原是研究自然现象与规律的学科,包括能量、物质、时间、空间的构成、相互作用与基本规律。本书采用 19 世纪前未从哲学中分离出来物理所具有的自然哲学范畴,而不仅仅只是实证科学。同时,将物理作为一种思想体系,以便更为开放地思考不同可能性。理解宇宙,将城市还原为与宇宙基本原理一致的时空,重新搭建智慧生态城市基础结构,创造与宇宙一致的结构,进行最小至宏大的物质、能源、生命存续空间的可能性探讨。

（1）自然规律。

存在于自然界的规律。

（2）时空与能量。

时空、物质与能量三位一体相互转化。

（3）超空间理论。

场论——超空间场。法拉第场论是指空间每一点上所有力的数据集合。他从占有二维空间区域农民土地推演出占据空间的三维区域法拉第场。自然所有的力都能表述为场方程，能将爱因斯坦场、麦克斯韦场、亚原子力场方程——杨—米尔斯场统一在一起的超空间场。超空间理论与创世理论是一体的，可将高维与多维视为解开可能性的钥匙。将宇宙、地球与生命的最终命运推演为熵增是过于机械化的思维导向，更具开放性与可能性的宇宙创造力可能并不仅仅局限于牛顿力学单一化线性推演中。多元化存在是有可能的。即宇宙基本元素、结构与运动形态，并不是以人类视角描述的单一状态存在的，需要人们持续地去了解真相。通过物理学视角要解决的是存在的可能性，而不是唯一性。

（4）质能守恒定律与城市空间基础结构。

爱因斯坦的质能关系式 $E=mc^2$ 提出物体的惯性质量是物体的能量度量。质量是一个由结构空间形成的能量场，由基于空间结构上存在多少能量形成，说明质量和能量一体，反映了物质和运动统一性。宇宙中星球运动动力源于物质内在质能，引力与斥力形成星系有序运行的动力。引力是向心力与离心力平衡形成的有序运动。如果城市物质主体空间结构的动力源也能够源于物质内在质能，就有可能有效改变现有城市以外部动力为基础的运作模式。以此角度思考，可发现质能方程能够反映不同尺度的空间质能共性，如果城市依此原理建立基础空间结构，将变得简易可行，具有普适性。虽然本书运用质能守恒定律作为未来城市人居系统空间环境适应性研究的原理依据，建构基础空间结构形态与不同尺度空间系统，但基础结构具有丰富的多样性，实施时需就真实环境而定。

（5）流体力学与城市系统空间运动模式。

回到原点，探讨基础结构的可能性、多元性与同一性，形成没有压缩性、膨胀性、不能再分解的空间基础结构。可参考的理论，如基于连续与运动方面，1753 年欧拉提出连续介质模型，设定"流体微元"质量、动量守恒。与流体力学平行研究的磁流体力学包括磁应力与磁约束，1832 年法拉第首次提出有关磁流体力学问题，阿尔文在《宇宙动力学》中讨论并推动了磁流体力学的发展。磁流体力学主要应用于地球物理、太阳物理、天体物理、工业与受控热核反应中发展应用，研究在介质流动下磁场的演变与运动。时空紧密相连，当事物速度达到高速运动时，考虑相对论情况，张量可保证局部结构不变性。以流体模型预测宇宙时空，状态方程式参数是关键参数。当动量为零时，动量空间形成凝聚。超流性指流体在一定临界速度下具有零黏度或零阻力，原子达到最低能量态时量子波会重叠形成一个大原子，形成玻色—爱因斯坦凝聚态。在宏观尺度上证明物质的量子特性。相对论性超流动力学方程是针对玻色系统而言的,是宏观范围内的量子效应。理论上未来智慧生态城市空间结构在宏观尺度上有可能形成凝聚的动量空间,模拟超流现象。宇宙空间观察到的涡旋量子化亦可能存在于深空人居系统流体运动中。智慧生态城市在太空真空环境中运动动力有可能实现,需要在安全的前提下发展太阳能与新动能用于自循环供能。深空智慧生态人居系统实现的核心条件是人类生理结构已适应太空环境,能在太空健康生存与生活。如能实现生命适应、防止宇宙辐射、新能源自供循环、轻韧性新材料基础结构稳定和速度可控变化,那么未来深空智慧生态人居系统可实现不同尺度结构与运动轨道设计,形成稳定平衡自组织将适宜更多域界。

(6)相空间。

相空间在物理学中是一个表示系统所有可能状态的空间,广义动量与广义坐标联合的多维空间表示。一个力学系统在给定时的状态由相空间中的一点来表示。相轨迹是超曲面相交空间中的曲线。相空间弥散效应指不论在合理极限内初始态系统如何精确,随着时间变化不确定性将不断增大,原始信息将毫无用处。哈密顿方式以一种强有力方式模拟系统演化,想象一个多维空间,每一维对应一个坐标。尽管相空间是数学空间维数,但仍给本书以启示。

(7)N-S 方程和流体模拟。

N-S 方程全称为纳维-斯托克斯方程,描述了粘性不可压缩流体(又称真实流体)流动的基本力学规律。物理上完全不同的事物在数学上具有同样的形式是一种巧合。大涡模拟 LES-NS 和雷诺平均 RANS 都是描述湍流的方程。在均匀流中,空间平均近似系综平均。在稳态流中,时间平均近似系综平均。通过在流场不同区域分别采用 RANS 和 LES 进行模拟,能在模拟精度和计算代价上达到平衡。足够小尺度下的湍流具有相似性。涡粘系数是随流体流动位置改变的。可以在模型中对其进行细致模化,通过求解额外偏微分方程,在流场不同区域分别得到合适的涡粘系数,使平均流动接近真实情况。但采用涡粘性假设也有局限性,在分离流动和有漩涡流动中,涡粘性假设会使计算得到的平均流动完全失真。

(8)统计物理学。

统计物理学是理论物理学分支,以概率统计的方法,根据对物质微观结构及粒子的相互作用,形成由粒子为基本单位的相对宏观物体的结构,并对其物理性质及规律做出微观解释。采用从微观态出发,然后理论推导出宏观量。牛顿运动定律与薛定谔方程都是决定论的动力学方程,给定初始条件和边界条件系统演化就可以预测。如果将一个智慧生态城市基础结构视为一个粒子并做动力学分析,是可以确定任意时刻系统的微观态的。而在宏观的自然巨系统中无法在每个粒子间建立联接并求解,是因为其中所包含的基础数量粒子太多了。对于经典系统,以粒子态结构构成的城市人居基础结构遵循牛顿运动定律。对于量子体系,每一个粒子城市也要遵循薛定谔方程。统计物理中一个宏观态可对应大量不同的微观态，因此也可以理解为在一个巨系统中可以包含大量不同微观态的智慧生态城市的结构与形态，而且在这个系统中可以做平衡态统计与非平衡态的统计。由于系统内的每个微观态都有确定的能量，在系统内的内能即平均能量是可确定计算出来的。在正则系统中系统和大热源整体构成一个孤立体系，这也可以表现为地球上的人居系统与太阳的关联。巨正则系统包含系统内具有确定性的化学势、温度、体积，系统内的能量与粒子数可变化。因此如果深空中有与太阳相似的热源，或是人类有能力自制小热源，就有可能形成一个标准的人居正则系统，由小系统再汇成大系统。

（9）等概率原理。

在一个处于平衡态的孤立系统内，每个微观态都有相同的可能性达到。如果将一个城市视为处于平衡态的孤立系统，那么所有粒子态的城市都具有相同可达性。那么基于可达性理论，在一定条件下，智慧生态人居系统就有可能从地球延伸至宇宙深空。

（10）基本电磁场理论。

电磁波传播时不需要媒质，只要存在变化的电磁场即可产生电磁波，是发展磁悬浮建筑、交通工具与城市人居系统的理论依据。

（11）基于物理学的自然时空尺度与真实世界思考。

同时的相对性。以往城市人居空间在地球表面铺陈扩展过程中，几何空间结构具有高度统一性，以一种"满"的方式堆叠地表环境格式化。原有思维惯性在较长时间内仍会延续。那么我们能做什么呢？认知是改变的基础。思考空间的可能，不再去建造消耗型事物，不再过度消费，为地球恢复生机、人类及万物更好地存在创造条件。城市化改变着自然，过度机械化也带来人自身的改变。但这种改变是否都是有益的方向，人们的生命与生活是否能得到真正改善，需要在更长历史中验证。地球生态圈多重循环，需以自然时空尺度作为城市发展根本参照。由于城市是"类混沌"复杂体系，城市越大对外部资源依赖越高、风险越高。因此需要通过混沌控制，用微小变化形成原系统整体改变，优化结构与运行。

2）数学

数学推导提供了某种视角与可能，形式简洁而优美，黎曼认为"自然在高维空间几何中可以找到它的天然归宿"。这并不是一个封闭的世界，有可能性才有未来。

（1）分形理论。

简单结构具有力量。分形原理多用于地理测量、城市空间结构模型、人口经济分布等领域研究。分形建立了从任意小到任意大相似结构特质，在分形中事物形态、结构和功能、局部与整体具有相似性、规度不变性与区间性，呈现某种结构持续变化的图形视觉表达。尤利亚研究的复平面上函数迭代导出分形图像，也可用于某种混沌运动的研究。

（2）拓扑学。

拓扑学是研究拓扑空间如何在变化中连续、连通、可定向性质。黎曼解决了可定向闭曲面的同胚分类问题。组合拓扑学奠基人庞加莱发展了三维流形拓扑分类，提出庞加莱猜想，强调偶然性在社会与自然发展中的重要作用，发现仅三体引力相互作用能产生不可预见的复杂变化。康托尔系统展开欧氏空间点集研究，提出抽象空间观点。弗雷歇引入度量空间概念。布劳威尔开创不动点理论，研究同伦分类，引入同维流形之间映射的度。

回到数学对结构与规律的高度简化抽象的可能与事物物理的联接点，拓扑结构的基础是将实体抽象成点，把连接实体的线路抽象成线，以图的形式表示点线之间关系。拓扑数据分析中的数据常形成某种结构，这些结构具有某种规律或趋势。那么，在抽象化思维与真实世界结构秩序的可能中可看到一些基本联接与相似点。在拓扑结构中看起来完全不同的事物，实际上可能具有相同的结构，取决于看待数据的角度。在拓扑数据分析中，数据结构可以帮助我们看到结构的可能，但是，寻找数据现象背后不变的属性、结构与规律或许才是我们的真实动机。但探寻一劳永逸的规律，也说明了依然希望通过万能理论、单一线性思维方式解决问题，会走入误区。数据观察在某个阶段仍然是盲人摸象的状态，了解真实构成更为重要。对大数据的依赖，或许也是人们希望对于未知有更多可掌握部分，但不接受不确定性人类将无法前行。解读与归纳的数据与现象终归有限，不能一直在对过往的数据解读中去判断未知与未来。需从容些，减少对未知的恐惧。因此，本书试着在不同时空尺度中进行一种可能的人居系统结构探讨，对趋势演进的判断仅为纯概念探讨。

拓扑具有紧致性、连通性。拓扑学研究空间、变换与维度，几何空间与图形在连续改变形状后依然保持基本性质不变，不考虑物体大小和形状，只考虑物体间位置关系。欧拉理论认为仅存在正四面体、正六面体（可观察人类住宅六面体的相似性）、正八面体（可观察蜂巢的相似性）、正十二面体、正二十面体五种多面体。欧拉数在代数拓扑中的应用可推广到任意拓扑空间。环绕数是纽结理论中的一个重要不变量，联系了连续性与离散、整体性和局部。"流形"在德语中原意是"多样性"。从任何一个地点出发往任何方向前进，都可以回到原点。流形拓扑学在 5 维及 5 维以上取得进展。微分流形是更为抽象的"空间"，带有微分结构的拓扑流形可以有更高的维数，而不必有距离和度量，也更具宽泛性，如球面、环面、欧式空间与双曲面都是拓扑流形。也可以这样理解，对拓扑流行赋予微分结构后，就成了一个微分流形。黎曼在《论作为几何学基础的假设》中将高斯在三维欧式空间中的几何思想适用到任意 N 维空间，但他的远见远远超过了当初的预期，也给本书的研究带来启示。

（3）混沌理论。

并非所有事物都具有规律性的秩序与确定性,需探讨动态系统中整体、连续运动状态的可能性。混沌的非重复性弥补了传统科学过于纯净、稳定、可预测的运动设置。混沌涵盖了有序与无序、确定性与不确定性、线性与非线性运动状态。线性思维运用逻辑推理分析现象,思维过程具有直线、单向度、确定性,忽略时空涨落。非线性思维在混沌系统中起决定作用,即时、跳跃、创造、偶然,具有非逻辑、突发性、多样性和多尺度性,决定系统可能产生随机结果。两种思维方式相结合有利于多维度思考,进行整体与局部、平行与纵深思考。

1889年卡瓦列夫斯卡娅提出度量小偏差增长率平均值概念。庞加莱创立了混沌研究思想与方法——"对于偶然发生的现象本身,通过概率运算给予我们的信息显然将是真实的,即使到这些现象被更充分地了解的那一天也不失其真"。1963年洛伦茨将混沌理论绘制成双螺旋线"决定性的非周期流"气象变化数据空间图,在耗散系统中由确定性系统导出混沌解,表明系统对初始条件的依赖、行为及结果不可预见。20世纪下半叶非线性科学在混沌、分形、分岔、孤粒子、复杂性研究上有所发展。智慧生态城市发展研究应结合线性与非线性思维,形成系统观察研究,线性与非线性动力学理论可作为人居可持续发展理论依据之一。

通过数学分析推导结构如何形成,通常取决于如何看待、选取与应用数据。因此,数据分析在真实世界的应用也可能反应为方向与路径对结构的影响,在数字中反应为点线关联与基础结构对最终结构形成的影响,整个过程是一个从数据分析到结构形成倒推还原的过程。这与本书逆向整体研究方法是一致的,即在过程中从现象数据分析开始,逐渐形成城市结构可能性的改变或扩展是一致的——结论是由基础原理和结构决定最终的空间形态与运作秩序及发展可能。现在的城市空间形态与运作过程是一致的,即在过程中会产生一系列数据,数据反映人的行为在潜在层次影响结构与规律的最终形成。真实结构与运动规律是一致的,在不同层次上反映出高度的一致性。这也回应了为什么会在城市化发展中看到大量同质性的城镇空间形态与结构。在单一线性思维的主导下,无论思维方式还是行为模式都很容易彼此影响,原有城市结构与形态类似于单细胞繁殖。反映在外部世界的关联与外部空间结构的搭建上,倾向于影响繁殖产生的结果。这种在真实世界存在的同质性现象,能反映现象形成的根本原因。因为不是用分形原理套用到真实世界现象,而是从真实世界形成的观察结果表明了现象与仿生分形的潜在联接。本书希望通过人居系统结构研究推动多种可能的观察与实践。随着对基础结构可能性的研究深入,发现在全球不同地域人类社会形成相似的社会现象、秩序与空间结构,用简单的方式建立由单一结构组成的复杂结构,也可用蜂巢来做类比。这种结构具有重复性与普遍性。由于数据仅能呈现过往现象与规律,如果改变基础结构,也将改变运动规律。如果从生物学的角度观察,便利性与功利性似乎是生物为了生存与繁殖的天然选择,生态系统结构形态与运作方式的最终形成,既基于每一个生物的自然选择,也基于基础结构组合与根本秩序的建立。

3)地球系统科学、环境地学、海洋学

地球系统科学将地球环境作为一个整体系统,基于全球尺度研究地球系统环境要素及各组成部分之间相互作用,由气象学、海洋学、地理学、地质学、生态学构成,探索人类活动与自然环境演化相互作用与规律。1988 年《地球系统科学》由美国地球系统科学委员会出版,明确提出"地球系统科学"概念。环境地学研究人类和地理环境构成的整体系统,主要研究人地系统组成、结构、运作与发展规律,人类活动与环境相互关系。目前尚未完全定型。20 世纪现代海洋科学建立,海洋国际合作调查研究大规模展开,如黑潮及邻近水域合作研究、世界大洋环流试验、全球海洋通量研究、近地空间、深海钻探、对地壳深处作业影响。1988 年起,世界气候研究计划启动"全球能量与水循环试验",运用卫星监测展开全球观测,研究大洋环流理论、海平面变化、海洋生态、全球气候变化、海底热泉、海洋涡旋等。

4)生态学、系统生态学、环境生态学与城市生态学

生态学是研究环境与生物相互关系的科学,包括人类社会生态系统的环境、资源、人口、资源和环境问题。林奈结合气候学、生态学和地理学研究外界环境条件对动植物的影响。洪堡结合气候与地理因子影响描述物种分布规律。达尔文在《物种起源》提出生物进化是生物与环境交互作用,物种的多样性基于自然选择。系统生态学的核心观点是"整体大于部分之和",提出用物理定律在分散学科间建立联系。瑟文·埃里克·乔根森在《系统生态学导论》中提到"生态系统的基本性质:生态系统严格遵循热力学定律"。环境生态学是环境科学与生态学交叉学科,研究干扰下生态系统内在变化、规律和效应,关注受损生态系统重建、恢复和保护对策。城市生态学研究城市生命和环境系统关系、城市居民及空间分布特征,城市物质、能量与城市环境质量关系,城市自然系统变化影响城市交通、供水、废物处理等方面。

5)生态地理学、自然地理学、人文地理学、地理信息学和地球信息科学

生态地理学研究生态系统空间结构、功能、演替规律与地理环境之间平衡机制,研究生命系统与地理系统、人类与地理环境如何达到最佳结构状态。自然地理学研究自然地理环境、受人类影响自然环境及发生重大变化人工环境,在太阳辐射能、地球内能和生物能作用下形成的自然地理环境是否具有生物产生和繁衍条件,能否承载人类生活和活动环境。人文地理学研究自然、文化、社会、经济和政治现象与发展规律,人类活动对地域结构影响。地理信息学研究地球系统中的物质流、能量流和人流运动状态。随着以地理信息系统技术为核心的遥感、全球定位系统等技术发展,形成 3S 集成化技术系统,促成地球信息科学产生。

2.2.2 社会科学:经济学、管理学、社会学、人文、法学

1)生态经济学与循环经济

生态经济学研究不同时空条件下人类经济与自然共同演化和互相依存关系、社会生命周期、能源与资源流动。提出在生态承载能力范围内,运用生态经济学原

理和系统工程方法改变生产和消费方式,发展生态产业。1966年,肯尼思·鲍尔丁发表《一门科学——生态经济学》,提出"生态经济"概念,提出社会、经济、自然和环境协调发展理论和"资源循环经济"理论,将地球类比宇航船需要"物质闭路循环与废物管理",须节约资源并对废弃物进行循环利用,以减量化、再使用、再循环为运行原则,以"资源—产品—再生资源"为运行模式,维持且改善人居环境质量。各国建立循环经济立法,中国也推行循环经济发展。

2)管理学

(1)管理学系统理论。

管理学系统理论研究提出一定条件下通过合理配置人、财、物等因素,提高生产力水平,实现最优管理与效率。管理活动具有动态连续性,环境是决定组织生存与发展的重要因素。

(2)进化博弈理论。

进化博弈理论来源于对生态现象的研究,从否定理性人假定出发,建立结合生态学、管理学、经济学、心理学和社会学的分析框架,分析参与人资源配置行为。

(3)城市生态现代化理论"预防性"策略论。

生态现代化预防性策略使环境问题解决措施从补救性策略向预防性策略转化。约翰·科布、大卫·格里芬提出遵照自然生态系统的互利共生和协同进化原理,反馈调节生态平衡。基本原则包括生态性、预防性、必须性和公正性原则。把生态与生产、生活关联在一起,实现社会结构、产业模式、生活方式的生态转变,系统需要修正由于忽视生态导致的结构性错误。

3)生态城市可持续发展与"人与生物圈计划"

生态城市是城市按生态学原理构建聚居环境,实现自然、经济与社会健康发展。联合国教科文组织在"人与生物圈计划"中提出"生态城市"是面向未来的一种理想人居模式。1987年联合国环境与发展委员会发行《我们共同的未来》提出"可持续发展",当代人需为后代人负责,不构成环境危害,实现公平与高效率可持续发展,以公平性、持续性、共同性为基本原则。公平发展包含时间纬度,公平指当代人发展不能以损害后代人发展为代价。空间纬度公平指一个国家或地区发展不能以损害他国或地区发展为代价。协调世界、国家和地区,实现公平、高效、多维发展,为全体居民提供发展的平等机会和选择自由。2015年联合国可持续发展峰会召开,指导2015—2030年全球发展转向可持续发展道路。截至2018年7月中国自然保护区类型涵盖森林、草原、湿地等生态系统,长白山、武夷山、梵净山、博格达峰、西双版纳、黄山、卧龙、九寨沟、黄龙、牟尼沟、天目山、亚丁、锡林郭勒草原、神农架、鼎湖山、白水江、高黎贡山、赛罕乌拉、茂兰和珠峰等34个自然保护区列入联合国教科文组织"人与生物圈计划"。

4)社会学场域理论

社会学场域理论指出人的每一个行动均被社会空间场域影响。社会场域由成员按特定逻辑共同建设,是社会个体共同参与社会活动,集中进行个人策略与竞争,创造符号价值。本书不赞成社会学场域理论。因为如果按以上视角,受场域规则影响形成的集体判断具有机械性。如果城市仅仅是设定边界与规则的场域,涉及秩序管控、资源分配与资本角逐,形成的将不是一个人性化、健康的社会。

5)人文

(1)生态哲学。

生态哲学的要点是生机论自然观,与物理主义自然观相对。谦逊理性主义认为大自然具有创造性。普利·高津认为在大自然中的可能性比实在性更加丰富。科学应以理解自然为目标转向生态学,由满足野心的研究转向保护地球,发展民生,研发绿色低碳生态科技。

自然主义价值论提出事实与价值、物质与精神二元对立是思维误区,阻碍了科技与人文融合、现代伦理学与生命科学、自然科学、社会科学诸多领域交叉研究。美国生态哲学家克里考特提出"地球伦理"融合了自然科学与哲学伦理学,捍卫了自然主义价值论,认为科学技术有其价值预设和导向,伦理学与实证科学可互相支持。

人类自然观的演变轨迹从依赖自然到征服自然,未来应是发展自然、与自然共生。系统自然观提出万物是整体,自然系统具有开放性、动态性和自组织性。自然系统演化具有不可预测的随机性、系统性、整体性和层次性。确定与随机、线性与非线性、有序与无序、进化与退化的辩证关系。生态自然观把人与自然看成高度相关的统一体,以人与自然协调进化为出发点和归宿,尊重和爱护自然。人类应促进自然万物再实现自身发展。辩证唯物主义自然观认为自然界先于人的意识存在,自然界的存在和发展也不以人的意识为转移。

(2)生态伦理与城市生态伦理。

自然是人类存在的根本。生态伦理是人类与自然关系伦理规范及调节原则,最大化实现与自然共生。挪威学者阿兰·奈斯提出的"生态智慧论"具有包容性。奈斯提出生态智慧的终极目的是"实现普遍共生与最大限度的自我实现,指出人类和自然具有内在价值"。仅靠个人自律很难确保正确地对待自然生态系统保障代际公平,需通过制定生态保护政策引导人们转变,建立人与万物普遍联系。

城市发展伦理是研究城市发展与生活的伦理基础。城市形式、地理空间、生态系统与社会、政治、人文关系密切。埃蒙·坎尼夫在《城市伦理:当代城市设计》中分析了城市化模式。

6)法学

(1)国际环境公约。

陆续制定《与保护臭氧层有关的国际环保公约》《控制危险废物越境公约》《濒危野生动植物物种国际贸易公约》《公海公约》《联合国海洋法公约》《外层空间公约》《联合国禁止在海底实验核武器条约》《卡特赫纳生物安全议定书》《生物安全议

定书》。1971 年《关于特别是作为水禽栖息地的国际重要湿地公约》订于拉姆萨尔。各缔约国承认人类与环境是相互依存的关系,提出湿地具有调节水循环的作用,维持湿地特有动植物,特别是水禽栖息地的基本生态功能,应尽力减少湿地被逐步侵蚀与丧失。季节性迁徙水禽超越国界飞行,须加强国际湿地保护。1982 年通过《联合国海洋法公约》界定公海、大陆架、临接海域、领海、海洋研究与海洋环境保护与安全等,1994 年 11 月《联合国海洋法公约》正式生效。1992 年通过《联合国气候变化框架公约》,1994 年公约生效。1992 年签署《森林问题原则声明》,缔结森林公约,发布《21 世纪议程》《里约环境与发展宣言》,签署《生物多样性公约》,设定全球生态环境保护规程,环境与发展结合,强调绿色产业、生态农业、生态城市。

(2)《雅典宪章》与《马丘比丘宪章》。

1933 年国际现代建筑协会通过《雅典宪章》——《城市规划大纲》,提出城市功能分区"以人为本"的思想,将城市与周围地区作为一个整体进行研究,以解决城市社会、经济、政治问题。城市按工作、居住、交通、游憩对土地使用进行功能分区。从城市整体考虑功能区的联系,保留历史建筑,解决人口密度过大、缺乏绿地、公共设施分布不合理等问题。

1947 年国际现代建筑协会通过《马丘比丘宪章》,提出城市是连续发展的动态结构体系,城市规划的基本任务是协调人的相互关系,因为城市不同群体社会交往模式对政治结构起决定作用。城市发展目标是将城市中的不同部分有机统一,强调公众参与,实现多方诉求。

2.3 国内外研究现状

2.3.1 国外研究现状

1)生态文明与生态经济学发展

英文"文明"一词源于拉丁文"城市的居民"。文明源于城邦形成后的生活、文化、社会、经济发展状态,是社会风俗习惯、礼仪规范、技术水准、知识发展、社会秩序、公众利益维护等社会关系的集中表现。文明使人类脱离丛林规则与战争。早期人类保留人与自然共为一体的观念,应用简单工具狩猎,采集食物维持生存,从自然中获取生存资源,自然生态良好,社会关系简单。农业发展时期以农耕、驯养为主,人类对环境产生影响。工业革命以后,基于自然科学与技术发展,人类改造自然,将自然视为可利用的部分,哲学上也提出将人类和自然彻底分开来,实现对自然支配的合理化。近现代工业文明时期,以初级产品生产为主导发展经济,造成生态损害,自然被作为取得资源对象,人的社会价值建立在占有资源多少。有些国家以规模农业出口实现利益最大化,导致土壤因肥力枯竭被废弃,经济与环境失衡。反思过往经济增长方式,应重新审视以往发展模式,思考如何实现生态环境与经济协调发展。

莫里森的《生态民主》一书，首次提出了生态文明的概念。1962 年，蕾切尔·卡森在《寂静的春天》中提出生物链共生，揭示现代科技对环境造成破坏，指出控制自然的局限性。特纳与皮尔斯提出循环经济。美国学派提出"从土地取走的东西要循环回土地""使消费者居住在生产者旁边"的城乡平衡发展学说。世界银行以资源再循环区分生态经济学和传统经济学。1966 年肯尼斯博尔丁在《一门科学——生态经济学》中提出生态经济学，指出自然生态与人类社会、经济有着内在联系，提出了遵循自然规律、城乡平衡发展及土壤资本论。

本书支持"循环物质归于土地"，不赞成"土壤资本理论"将自然与土壤等生态要素资本化与商品化操作的界定与逻辑。须警惕将自然资本化、将自然转换为商品资本与自然的生态价值有着本质区别。须预防自然资本化与生态及社会失衡。人类社会依赖于自然生态平衡存在，需在更长的时空尺度中建立自然生态价值观，考虑长远的生态延续、代际公平。

杜博斯在《只有一个地球——对一个小小行星的关怀与维护》中揭示生物圈失去了平衡。卡马耶夫撰写《经济增长的速度与质量》提出经济增长失衡。《增长的极限》中丹尼斯·梅多斯对经济增长与地球生态系统进行定量研究，表明物质资本与人口扩张如不加节制，未来须应对更多问题与灾难。自然与社会环境受到严重破坏，人口增长也会终结。均衡增长减少生态破坏，从以经济增长为核心模式转变为合度均衡社会发展。小型经济发展理论由舒马赫在《小是美好的》中提出，认为现代工业体系拥有先进技术，但发展目的改变了人类赖以生存的自然基础，质疑以往经济目标的正确性，批评仅以经济增长作为衡量国家进步标准的不合理性。1976 年，坡本藤良在《生态经济学》中质疑牺牲生态环境获取经济增长。

"绿色经济"概念由皮尔斯在《绿色经济蓝图》中提出，认为可持续发展需要经济、生态协调发展。瓦克纳格尔、威廉研究了生态系统承载力。联合国环境署发布了《迈向绿色经济——实现可持续发展和消除贫困的各种途径》。英国能源白皮书（2003）《我们能源的未来：创建低碳经济》中提出，通过提高效率来减少资源消耗和污染。米祥在《经济增长的代价》中探讨了实现经济增长付出的社会文化代价，指出国家与城市发展过程中仅注重经济增长，忽略了对普通民众负责，需要提高政府管理质量，加强环境保护和普及教育，预防全球风险。戴利在《超越增长——可持续发展的经济学》中首次提出"经济是环境的子系统"观念。

21 世纪，许多国家对新能源进行立法，欧盟发布《能源政策》绿皮书，提出未来能源安全战略发展核心是使用绿色能源。企业投资生态经济与绿色产业，发展绿色科技，发展生态产业包括新能源与可再生能源、智能电路、无人驾驶、节能汽车等。

2）地球系统科学发展

地球系统科学是 21 世纪地学发展的前沿方向，研究包含地球过去、现在与未来、地球生态系统驱动机制和运行规律、生物地球化学循环、水循环、深部物质循环、地球系统模拟、可持续发展、地外生命探索，强调地球系统的整体性，关注人类活动对环境演变影响。国际社会 2030 年可持续发展议程涵盖气候变化、自然灾害、水资源、清洁能源、农业与粮食安全、生物多样性、海洋与海岸带、社会治理等，都与地球系统科学前沿研究相关。

2.3.2　国内研究现状

1）中国生态城市发展研究现状

随着地球科学发展，跨学科与交叉学科研究得以扩展。一些中国学者进行了深入研究。张锋的《自然的权力》与杨帆的《自然权利理论研究》都提出自然独立价值。刘君栩在《资本与生产力关系的哲学审视》中以哲学角度还原生产力与资本关系及社会行为习惯。2012 年中国社科院发布《生态城市绿皮书》。2012—2016 年《中国生态城市建设发展报告》完善了生态城市评价指标体系、动态评价模型、评价。胡文臻、李景源等学者编辑完成《中国生态城市建设发展报告（2018）》，提出生态城市生产和生活方式。

2）中国生态城市发展历程

1997 年中国推动创建国家环境保护模范城市。2000 年颁发《全国生态环境保护纲要》，确定青岛、南京、杭州、威海等为国家生态园林城市试点城市。青岛、烟台、厦门、杭州、苏州、南京、昆明、张家界、珠海、广州、澳门在发展经济同时保护自然环境与人文环境。深圳滨海大道绿化遵循"适地适树"原则，提供生物栖息地和食物源。中国生态环境法制体系框架基本建立，颁布资源法 9 部，环境法 6 部，国务院行政法规 29 件，国家环境保护总局规章 70 多件，国家环境标准 375 项，地方法律 900 多件。2019 年中国《土壤污染防治法》施行。但在中国城市化急进发展中亦产生了大量与自然环境不协调的城市，需要设立自然生态底线，避免先发展后修复，完善自然保护法律体系，各级政府自然资源机构需要建立巡察制度。

3）中国智能城市发展实践

（1）中国国家政策推进线路。

2012 年科技部下发《关于开展智慧城市试点示范工作的通知》，住建部下发《关于开展国家智慧城市试点工作的通知》。2013 年国务院提出开展智慧城市试点示范建设。2014 年发布《国家新型城镇化规划 2014—2020》《关于促进智慧城市健康发展的指导意见》。2015 年智慧城市评价模型及基础评价标准体系国家标准出台。2016 年《关于进一步加强城市规划建设管理工作的若干意见》《新型智慧城市建设部际协调工作组 2016—2018 年任务分工》《关于组织开展新型智慧城市评价工作务实推动新型智慧城市健康快速发展的通知》发布。2017 年十九大报告提出建设智慧社会。清华中国城镇化研究院、清华大学建筑学院发布《中国新型智慧城市发展进程与趋势》。2018 年《智慧城市生态系统白皮书（2017—2018）》发布。

（2）中国智慧城市发展历程。

科技发展为城市决策提供了更多支持，信息化发展为居民生活带来便利的同时也有不足之处。"数字城市"出现,移动支付与智能交通、电子政务、智能电网出现,"智能城市"偏向技术开发与应用,侧重"大数据""人工智能"基础设施,修建了信息网络。2013 年中国设立第一批智慧城市试点,推进政务信息系统共享。特大城市推行物联网及信息化建设,智能水、电、煤气、供热采暖管网,对机场、地铁、桥梁、道路、公共车站进行智能感知建设。

深圳福田区建造"城区大脑"。2017 年广州市政府发布新型智慧城市规划,建设智慧政务、医疗、交通、城管数据库。2018 年杭州建设良性互动城市,通过摄像头巡逻道路断面,预警监测交通事故,减缓道路拥堵,实时监测空置率,设置数据公交站点分析客流。上海市推进智慧城市建设,发展智慧城市交通、安防、社区项目,警情处置时间平均缩短 35%。

4)卫星遥感技术发展

全球对地观测卫星发展应用领域包括气象预报、森林调查、地图测绘、城市规划等方面。国际上卫星遥感技术结合低、中、高不同轨道,全天候、全方位、多层次对地观测。据北京空间信息研究所统计,截至 2018 年底,超过 30 个国家或机构运营,国外对地观测卫星共有 601 颗在轨运行,19 个国家与地区将 123 颗卫星送入轨道,其中日本 5 颗,俄罗斯 6 颗,欧洲 12 颗,美国 86 颗,商用占 70%。

卫星遥感技术是支持中国智慧城市发展的关键技术。20 世纪 70 年代,中国发展遥感技术,研制对地观测卫星,建立国家遥感中心、国家卫星气象中心、中国资源卫星应用中心、卫星海洋应用中心、中国遥感卫星地面接收站,形成气象、资源、海洋、立体测绘、环境减灾、中巴地球资源卫星等系列。极轨气象卫星有地球观测系统、高分系列、艾科诺斯、快鸟、中巴资源卫星等。中国高分辨率对地观测系统有航空观测系统、临近空间观测系统、天基观测系统、地面系统等。在土地利用、大气、水环境、森林、农业、交通路网等方面发挥重要作用。2004 年启动全国陆地观测卫星数据接收站,形成北京、密云、三亚、喀什站网格局。

5)研究存在的不足

各国已在城市生态承载力方面形成相对稳定的研究,但未从生态伦理出发以地球系统科学、生态学与管理学原理为基础进行科学综合研究,目前智慧生态城市发展研究存在以下不足。

(1)研究价值基础不清。

在以往城市发展研究中,人与自然关系伦理不明。因历史局限,人与自然关系对立,回避了人类与自然的本质关系与关联。

(2)研究时空尺度不足。

以往研究多以区域城市内部空间模式为主,没有以地球系统时空尺度为基础,没有重视当地生态系统唯一性与脆弱性,忽视了气候条件、地理构成与文化积淀。

(3)研究内容不足。

以往对智能城市与生态城市发展研究主要集中在顶层设计、模型设立及生态评价标准等方面。以城市遥感地理信息为基础的智慧城市多集中在数据分析,较少人文关怀。以政策导入为目的定向研究有一定的时效性,没有实现同一生境长期研究。

(4)研究方法不足。

以往城市研究多以城市地理格局或行政区域进行基础栅栏定位分析,以采样点或样带进行研究,较少进行陆海空全域研究。生态梯度分析与指标评价过于片面,很难复原城市生态环境的不确定性与局部平衡可能性,且过于依赖数字化采点研究与网络设计。需要重视的是,由于信息本身的偶然性,仅以某时间段的现象与趋势来判断规律具有局限性,如果所做研究是局部的观察与判断,碎片化研究组合很难实现整体准确性与完整性。城市发展研究需要生命、自然与社会全学科支撑,由单一学科无法进行真正全面、系统、客观、准确的研究。

(5)研究结果不足。

目前智慧生态城市发展还处于概念形成与实践初始阶段,需要做好基础研究工作,要解决城市发展方向与生态系统的可持续问题。

第 3 章　智慧生态城市发展时空尺度
——宇宙、地球、人口与文明

　　人类栖息的地球生态系统是一个整体,时刻蕴含丰富的变化与流动。全球自然环境变化影响深远,气候变暖引起海平面上升,包括海面与陆面共同变化,全球50％的人口生活在距海 50 千米以内的海岸区,中国海岸线有 17 714 千米,珠江、长江、黄河三大角洲与低平海岸平原聚集着大量城市。需要遵循自然规律,对宇宙、地球构成、人类文明与人居状态进行不同的时空尺度观察,在更长时空周期中对城市空间结构的普适性与可能性进行研究。

3.1　不同时空尺度人居空间结构形态探讨

　　世界是一个整体生态系统,由不同事物与生命共同构成。生命体在其中经历从生到死的过程,行星、恒星、星系与黑洞亦有其诞生与消亡历程。如何建造适应地球与宇宙深空从微尺度到大尺度的人居系统空间结构,将是十分有益的探索。与自然一致,才能与自然共生。

　　探讨空间基本结构将带来更多可能。未来的智慧生态城市包括在地球表面、高空与宇宙深空的人居系统。空载多栖人居系统将在多种生态环境中具有更强的适应力。在地球表面建立的城市空间基本结构与宇宙空间亦有关联,空间基础结构将回归自然。无论是物质层面的粒子、能源状态的量子,或是波粒二相转化可能,最小空间也是基本结构。如果“有间”是不可分割的基本空间结构,那么宇宙空间与城市空间在基础结构上就有可能具有一致性。

　　自然蕴含了一切可能,仿生分形的灵感来自万物,包括微生物、植物、动物、元素、矿物、岩石、空气与水。数学具有简洁的美感,一些数学结构与原理研究最初动机与一些现象无关,却能描述物理世界中的某些现象。从简单到复杂,生物不仅显现出生存策略,也反映了生命的可能性与广泛性。复杂的只是结构体系的多样化呈现。基础结构是美妙的,在地球极限环境如深海热点、沉积物、盐碱地、重金属环境中,生存率极高的是单细胞生物,研究杉叶蕨藻、阿米巴虫、脆性介壳虫、有孔虫、水熊虫的生命极限及决定其生存状况因素,将了解生命在极端环境存续的可能。

流动的未来。本节探讨的城市人居空间基本结构受生物、粒子、流体启发,也受自然中的斐波契那数列和分形结构的启发,亦受拓扑空间启发。尝试在多元、关联、开放性的思维中,探讨未来自然、生命与社会健康发展的基础、人居空间结构演化的可能。因此通过城市空间结构不同变化过程,建立融合的智慧生态人居空间结构、动力与秩序。接纳变化的多元结构、过程及可能。基础结构层次既需要运用数理化原理进行直观的可能性探讨,又不能仅仅执着于单一的数理原理形成的形态结构。

智慧生态城市人居空间系统未来将向海面、海底、水面、地面、低空、近空、深空发展,须对人居空间结构进行更深入的思考,因此更需要生态系统思维,形成稳定的基础结构与丰富的综合结构。不同的出发点会带来不同的原则、结构、秩序与结果。尊重农耕时期形成的民居自然形态,理解其内有的秩序与生活生产需要空间结构。思考人居系统结构演化时既要保护传统人居系统,又不局限于传统人居系统结构。智慧生态城市人居系统向地球不同自然环境发展的思路,是在保护好地球良好生态系统与社会秩序,形成适应地球不同自然环境的人居结构与系统后,探讨在更多空间层次中建立广泛适宜的人类人居系统,走向更深广的自然,形成平等联接的生态文明。未来想要走向星际的人们,必然需要探讨生命与空间结构极限的可能性,增加其存活率,才有可能增加其可到达的边界。未来的智慧生态城市的人居系统,是不是可能像一颗古莲、豌豆或者水珠一样呢,或是有着联接的分子链呢? 磁悬浮的更广泛应用,让可悬浮可行进的涟漪城市具有更多地域适应性。

3.1.1　基础结构决定整体构成系统

1)微尺度城市空间结构仿微粒子与 DNA 螺旋结构

需要探讨稳定的城市基础结构,实现最小生命空间结构由单一生命体与空间构成,如仿亚原子结构、微粒子结构、DNA 螺旋结构等。从原有的大而全的复杂结构中抽身而出,形成简洁而有力的角度,从最小的结构开始,研究未来城市空间是否可像单细胞生物与物质能量基础结构一样存在。人居系统具有核心功能与动力,形成自组织的微结构,能适应更多地域环境,不仅能在丰饶的自然环境存续,在环境相对荒芜之地也能存在。

2)小尺度仿生结构——晶体结构

晶体结构的守恒与对称特征对城市空间结构有启示。晶体结构决定事物的物理、化学与力学性能,空间点阵形式具有同质性,具有从微观到宏观的对称性,形成一个对称集群。晶体结构的堆积模型可用于小尺度城市基础结构,即在基础结构部分由众多基元点按点阵排列组合成有间隔的小尺度城市空间结构,实现最低能量状态的平衡运作。形成有规律、同质、对称、可变化的排列方式,根据不同排列实现三维空间结构。

3)中尺度仿生分形结构——植物结构与斐波那契数列

在城市空间结构构成中运用斐波契那数列的益处,在于将元素简化与分解到

0 与 1 可以直观理解的层面,同时与自然现象有着广泛联接,呈现某种生态秩序与生物结构。因植物的螺旋结构与斐波那契数列的巧合,所以可采用斐波那契数列对树木枝丫生长顺序、花盘与花瓣结构、水果如菠萝果实的菱形鳞片、种子如松塔等进行研究。自然中河流、树木、植物都有其相似的地方。多肉植物形态丰富比较适合分形结构。适用于城市建筑结构与人居仿生分形的有帝冠、达摩绿塔、青锁龙、犀牛角、阿修罗、波斯地毯、甜甜圈、鸾凤玉、岩牡丹、杜威、迎春锦、条纹十二卷、玉翁、莲花掌、球松、琉璃殿、玉龙观音、明镜、紫牡丹、松霞、九轮塔、蝉翼玉露、千羽鹤、蓝松、龙鳞青凤凰、瓦松与银星等。大戟科的龙骨、麒麟、火巷与喷炎龙等也较适用,其中螺旋麒麟柱状三棱呈螺旋状,棱缘呈波浪状,螺旋有顺时针与逆时针两种状态。大缠麒麟多分节具有分形结构。圆锥麒麟有一个初始生长点,后生发为两个或多个生长点。旋风麒麟主体高度螺旋。铁甲麒麟茎干鳞茎状呈螺旋状,排列结构类似松果和菠萝。

　　4)大尺度仿生分形结构——涡旋结构

　　涡旋结构体现物质聚积状态结构的稳定内在动力,是涡旋转动形成的圆周流动现象,具有均匀各向同性湍流的涡旋结构。不同尺度层叠结构、波浪结构、涡旋结构与涟漪结构如用于城市空间结构仿生与分形应用,是一种可持续动力系统与动态结构。自然动力结构是优美富有能量的,如大气中的漩涡结构、海洋中的涡旋、银河系旋臂结构、相对松散的星云结构。原理上只要结构符合其能量——动量张量,就可形成紧密与松散相结合的变形结构。因此智慧生态人居系统在大尺度分形结构上可采用涡旋结构。

3.1.2　宇宙大尺度结构形成对城市空间结构启示

　　如果宇宙由其微观构成部分的创造力所塑造,那么氢原子与氦原子的形成从微观层次开始影响宏观宇宙整体构成。原子的出现让宇宙变得透明,所有层次存在的核心创造力来自基础结构形式。宇宙具有不均匀、非平衡特点,宇宙时空蕴含着无限可能,混沌包含了一切状态可能性,尝试将城市与宇宙空间性质对应起来,将实现空间基础结构一致。运用拓扑结构的原理进行智慧生态城市空间结构研究,有益于实现多角度观察。

3.1.3　人居空间发展从地表稳恒态走向多空间流形态

　　改变人居观念,从静态走向动态,实现可运动新型人居结构与体系。适用混沌理论和广义相对论时空观,探讨未来智慧生态城市空间结构的可能性与时序演变,目的是建立能在更广泛的环境中具有更强耐受力、适存率的人居系统。将城市简化为最小基础空间结构以便形成不同尺度聚合体,能在地表、地内、近地、地外、水面、水下、深海环境存在。由于一定时空内能量、动量、角动量、位置对其中物质、生命、空间形态与运动方式都有影响,因此需要遵循自然规律从基本结构开始构建城市空间,直至城市空间结构形态从受场的影响到超越场的影响,最后具有更广泛的空间环境普适性。探讨空间结构与自然同源性与仿生分形可能性,须在空间基础结构与从地球到宇宙深空大尺度之间建立广泛关联。视界是观测极限,不同视界将产生不同城市基础结构和发展范围。目前可测宇宙边界之外和黑洞事件视界之内的宇宙模型的拓扑结构将不做延伸。

3.1.4　城市空间拓扑结构

拓扑是用数学方法合理简化结构。数学是物理形态某种抽象的以数或图形表现的规律化可能性思考。将抽象的数学应用到实际的现实中,也将现实抽象为数学进行思考,直至看到不可分割的度量空间。思考最大与最小空间结构,如宇宙的拓扑结构,亦可将地球理解为拓扑集中的不动点。亚原子粒子在本质上是拓扑的,以电子自旋为例,粒子并不会返回原始状态。这反映了时间流态中的变化性,运动中的空间状态即使与初始条件一致,其空间状态的一致性并不能同时反映在时间状态中。如果将从蝴蝶翅膀翅鳞仿生获得灵感,将微结构放大为螺旋24面体,如果螺旋24面体结构材料运用在城市空间结构中,将帮助城市快速获得能源。受拓扑空间结构启发,任意拓扑空间都有紧致的母空间,智慧生态城市也可在母空间与子空间的思路上形成双子城结构,实现结构上的平衡性、稳定与安全性。从用若干个各具特色的拓扑空间构造出独特的空间,智慧生态城市也可形成多束环型漂浮城市空间结构。

是只建筑在地表蔓延的城市,还是建造可以适应更多环境空间、生态体系、气候地质条件的人居系统?能融合地球上极端环境中存在的人居空间特点,能在深海、高原、冰原、海洋、水面、低空、近空存在,集飞机、航空器、太空站、探测器、卫星、潜水艇、气垫船、磁悬浮列车、漂浮岛的综合功能,适应更多环境的空间系统,创造从最小结构到最大结构的可能形态,或许是智慧生态人居未来发展的方向。建立更广泛的生存可能,寻找宜居地将不再是被动求生之旅,而是在任何环境都可生存发展的创造之旅。向地外深空发展智慧生态人居体系,建立行星城市或是星系城市。改变思路,从有机体生命的存在是为了适应生存与繁殖,到有机体生命的存在来源于创造与探索,生命具有适应不同环境的智慧,形成与环境相符的生命结构与运动形态。可用数学拓扑模型模拟人居系统结构丰富的可能性,未来人居系统的结构与形态可能会发生根本性的改变。

3.1.5　智慧生态城市空间发展时序演变

智慧生态城市空间发展时序演变是从概念上探讨人居空间结构与系统从最小到最大、从地球到太空的可能性。城市与宇宙一样具有时间空间属性。把城市基本结构还原为时空基本结构,与基础物质、能量结构一致,从而建立结构稳定自由的时空结构,实现整体结构系统重塑。通过空间结构与运动方式改变,增强人类通过人居系统在不同环境的存在,包括极限环境。目前宇宙空间站与地表距离319.6~346.9千米高度范围内已实现载人空间良好运行。不远的将来,智慧生态人居空间系统或许是近地空间载体形式——近地空中之城。

智慧生态城市如若未来从地球走向太空,有必要用非线性结构去解决基础空间结构的需要,以形成更强的单位功能。采用粒子化结构是将具有存活力的基础单元分解到不可再分,同时亦可实现不同尺度的分形结构系统。如果综合技术发展到一定程度,比如自制清洁能源、超音速粒子、超光速曲率引擎的实现。阿库别瑞曾提出通过引擎对重力的改变实现空间变化,相当于线性压缩。新的研究发展带来更多可能性。解决重力与动力问题也就有可能实现更多空载与空域到达。德国哥廷根大学埃里克·楞次研究认为阿库别瑞引擎是空间压缩的一种特殊实现,如果改为双曲线压缩模型,可使用电磁场和等离子体实现空间压缩。德国奥尔登堡大学何塞·布拉兹开兹—萨尔赛多研究通过正能量实现虫洞。如将宇宙物质视为理想流体的话,那么城市空间也可做成流体形态,或可在海洋、大气、近地与太空中更好存在。从微小结构开始搭建城市空间结构,最终形成流动的自组织动力源(见图 3-1、表 3-1)。

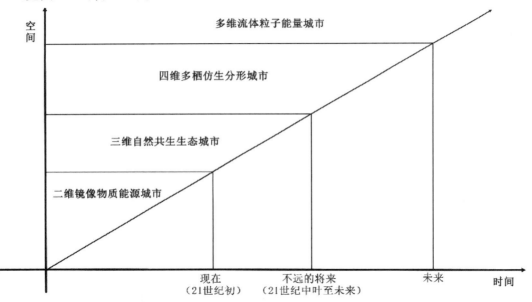

图 3-1 智慧生态城市空间发展时序演变图

智慧生态城市空间发展要考虑在地球生态平衡的基础上,遵循自然规律,在动荡的地球上有序发展。地球上的每一个部分都不是孤立的,彼此间有着深刻的关联与相互影响。

表 3-1　智慧生态城市发展类型表

分类	城市空间类型	特点
非智慧生态城市	二维镜像物质能源城市	在地表蔓延,忽略了自然与生命的本质、自然、气候、地质与生态生物的不同,复制消耗型、同质化城市。城市空间、社会结构、生产生活方式相似,城市中河流、海岸、植被仅以装饰化景观存在,忽略了其生态属性
		线性空间结构,中尺度真实世界
智慧生态城市	三维自然共生生态城市	包括滨水(江河湖海)、湖区、平原、高原、冰原、山地、戈壁绿洲城市,与自然相融有间的人居地学环境与人地空间存续,保护水土涵养、生物多样性、人类文明、安全可持续
		线性与非线性空间结构结合,中尺度真实世界
	四维多栖仿生分形城市	四维是指城市空间加上时间的延续性,预留未来的发展空间,具有自组织、自生长、再生、防御能力,能在多种物质环境(液、固、气、水、火)与自然空间环境(地表、地内、大气、水底、水中、水面、陆地、近地等)存续。多栖于地球海陆空与近地、地内空间
		非线性空间结构,微、中尺度未来城市
	多维流体粒子能量城市	以最小物质、能量结构尺度构成不同结构、系统,形成多元可聚合离散城市,适应地内外空间存续。 多维是实现城市空间在时间中任何一个时间点发展可能。多种可能性结构、系统与发展方向。以不可再分割的粒子物质基本结构形成城市基础结构。 中微子具有穿透力强、不受其他物质影响、直线运动、极轻、超光速、超高能、具有静止质量、数量多、总体质量大,能将微观与宏观世界联系起来。借鉴量子为最小单位不可分割基本能量体,以量子态呈现新型城市基本结构与运作规律、系统、方式、概率。 以整体空间定义宇宙城市,空间内实现可变形离散关联,具有多重可能。研究基础粒子、行星天体结构、性质与规律,将粒子、核、天体物理相融合。直至人类以多粒子量子系统形成多元开放的城市空间结构,邀游更广阔的宇宙之海
		非线性空间结构、微、小、中、大尺度融合,迭代能级发展未来城市

注:以上城市形态,每一层级包容与涵盖上一层级,而非替代,以形成多元多维共存。

　　智慧生态城市空间发展时序演变图探讨了在符合生命节律与自然规律情况下，城市空间结构的可能性。在一定的条件下逐步发展三维自然共生生态城市、四维多栖仿生分形城市、多维流体粒子量子城市。未来智慧生态城市在运作规律上将有可能与地球及宇宙自然规律一致，实现人类对世界的探索，建立地内外生态文明。

　　表内列举的四种城市空间结构从线性往非线性发展。非线性空间结构是由基础元素形成的高度流动结构，任意两个基础结构可联接形成更大的结构，最终完成从微尺度到大尺度的分形形态。整体结构具有自生长、自组织衍生、变形及防御能力。

　　每一点结构的可能与延伸，都可以建立无限小的质量与能量体基本结构，从简单到复杂实现不同尺度的组合与融汇，从静态到动态空间，塑造更多可能性。这种可能性蕴含在变化、流动与不确定性的混沌、交错、融合与秩序中。将宇宙理解为汇聚一切可能的流动海洋，在可变流体状的时空容器中，每一个人如同种子，需要一个坚实又柔韧的可变形微型空间支持，一个像水珠或豌豆一样的最小基本空间，每一个基本空间结构像粒子一样具有极强的可塑性，能在各种力（如引力、斥力、压力、重力）中实现平衡与基本稳定，具有中微子的穿透力与抗干扰能力，量子态的牵制与复制。回归原点，基础结构一致，时空结构演化将有更多可能性。

3.1.5.1　二维镜像物质能源城市

　　此类城市发展形式属于非智慧生态城市。"二维"是指城市在地球表面呈平面运动蔓延，以地表整体容积为容量极限。"镜像"是指不分地域自然环境进行同质化城市形态复制，城市中的自然植被仅作装饰景观使用，忽略了自然万物独立的生态价值。以往一些城市塑造的空间结构人与自然分离，适存力较低。

3.1.5.2　三维自然共生生态城市

　　"三维"是指以地球生态整体循环为基础进行的城市发展。建立与自然共生的生态城市，对目前城市现状进行补救式发展规划与管理，归还自然领地，建造自然生态城市、森林城市、湿地城市和海洋城市等。

3.1.5.3　四维多栖仿生分形城市

　　自然中蕴含着宇宙奥义与生命密码。"仿生"是指师法自然，向万物学习，直至形成更广泛的适存力。向单细胞动植物学习，保护生命在极端环境下能够存活下来，直至环境改善为适合生命发展。采用分形结构简化基础结构外形，实现核心功能集中，通过每一级结构分形带来功能迭代，确保在复杂环境中实现生命更高存活率与生物多样性。"多栖"是形成联接水陆空多种自然环境的栖息形态。发展空中城市、地下城市、磁悬浮城市、浮岛城市、海陆两栖城市、海洋底栖城市、海绵城市等。

　　1）磁悬浮贝壳海绵城市

　　此类型城市以仿生的方式重塑基础结构，利用地球磁力开发磁悬浮城市与交通。发展空中城市、水面城市，将陆地与海洋让给自然，城市的空间主体建立于陆域、水域或空中，实现错层发展。城市供能主要是太阳能与风能，水源主要依靠雨水、河水、海水净化循环。城市空间结构整体规划，依据当地气候环境进行城市建筑与空间功能融合的多层次设计，更具柔韧性、灵性、流动性，实现空间垂直与延展，系统稳定简洁，结构优美丰富（见图3-2）。

图3-2　磁悬浮贝壳海绵城市结构示意图

贝类形态、结构与分形。椭圆形的灵感是基于美国宇航局的威尔金森微波各向异性探测器绘制的宇宙微波背景辐射全天图，以整体流线形减少阻力、增强承载力，融合离散、混沌状态，形成内在有序性。城市外壳不被酸、碱溶解，受力结构层耐溶蚀性高，核心层具有韧性、硬度。采用蜂巢式结构纳米氧化铝膜减少整体重量。通风层、支持层、自组织新结构生成。通过像贝壳表面一样的纳米沟槽疏水、净水。实现磁悬浮、悬停、飞行，改变空间结构，可使用曲率引擎。采用全封闭能量循环动力装置。外形呈可塑性流线型无多余部件。以太阳能为主要动力源，且有自组织能量场。升力是磁斥力。以纳米技术材料或新材料制造新仿生材料结构，实现硬韧柔、可变形、密度高、体积小、可降解、抗冲击，防震超微型城市，实现真空磁悬浮技术支持运输。能源收集器以折叠方式展开，形成数倍风帆式形态。外结构像贝壳的外壳与海绵的腔体，能收集光能、风能、热能、雨水（见图3-3、图3-4、图3-5）。

图 3-3　磁悬浮贝壳海绵城市太阳能外膜、雨水接受点位示意图

图 3-4　磁悬浮贝壳海绵城市海水淡化点位示意图

此类人居系统具有海绵式再生自愈功能。海绵具极强生命力,再生自愈能力强,能适应不同环境的生存。城市内部有单轨与复轨两种结构,承担支撑、组合、复制、再生,及排水、排废等功能。仿生海绵城市结构简化,但在特殊风险状态下能保存核心元素、保护生命及生物要素,具有快速安全应急制造城市子体能力(见表 3-2)。

表 3-2　磁悬浮贝壳海绵城市构成特点

类别	内容
外形	椭圆形
要点	四维是空间加时间,生态生长性城市,需预留较大时空尺度的城市自组织生长空间
功能	推动、生成、持续运行、减少对抗压力、减少阻力与贮存资源。减少与风暴潮、雷暴、大气涡旋热带气旋、海平面上升、地震、飓风等自然现象的对抗,可移动至安全地域
环境	四栖(水平面上悬浮、漂浮,水平面下底栖、漂流,大气对流层穿行、平流层悬浮、陆地近距悬浮、陆地依托)
呼吸系统	空气转换
循环系统	能源、水源、食物

（续表）

类别	内容
消化系统	物质与能源相互转化、对不能转化的废弃物进行无害处理消解
交通	域内真空运输、域外等离子飞行器
能源	太阳能、风能、潮汐能、电磁、其他新能源等
农业	无土栽培、城市农场
食物	不过度进食，健康饮食
水源	雨水收集净化、海水淡化、淡水净化循环
垃圾	低温等离子气化技术处理城市固体废弃物

采用树叶式收集能源方式。灵感来自水杉、石松、枇杷等植物，如水杉树叶似羽毛，向下重叠对称，枝叶整体向上平撑。枇杷树叶束状舒张、向上生长，不同植物蓄能形式不同。

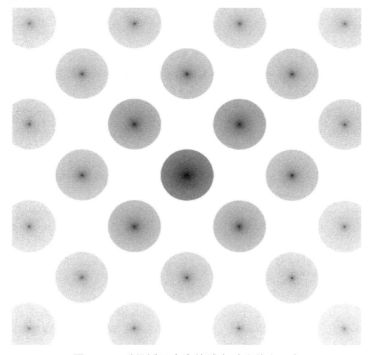

图 3-5　磁悬浮贝壳海绵城市对称秩序组合

2）轻羽城市

鸟骨羽毛结构中空可增加空气中的浮力，适宜做空域空间结构借鉴，可自控悬停平流层空域。此类型城市主要依靠太阳能，水源主要依靠雨水净化循环。

3)底栖城市

此类型城市模仿生物海绵、珊瑚、鹦鹉螺的构成特点,建造水陆两栖分形城市,进行深海城市新材料研发。借鉴海绵的自生长、再生长能力,极强的地球环境适应力,生态防御、能源转化能力。借鉴珊瑚序列与形态多样、生物共生能力。借鉴螺结构的多旋与延伸、鹦鹉螺结构的分隔与增生,改变空间内部压力,适应不同海深环境,尤其是环境资源相对贫瘠之地。避开洋中脊裂谷、热点、地幔柱与海沟,以地形比较宽缓的陆架、陆坡、陆麓、海台和大洋盆地为主要栖息面,无地震、火山爆发危险,在岩石底质相对稳定区域建立海底智慧生态城市人居。

4)多维流体粒子能量城市

人类的命运在宇宙海洋。无论是在地球上恒久发展,或是主动走向太空,都与世界保持着深刻的关联。本书从宇宙微波导图得到启发,尊重人类生物构成形态与生理活动存续条件,此图依然有平面视角的特点。遵循自然规则,接受混沌中的秩序,理解混沌与有序的相对性。智慧生态城市应探讨保护好地球,在地球上有度发展人居系统,从地球出发往更广阔的宇宙空间实现多种人居形态的可能性。思路有两个角度,一是人居系统所适应的时空范畴的广泛性与特殊性。二是空间结构迭代带来的多维可能性。空间结构以线性与非线性结构展开。

(1)思路一:线性空间结构搭建(见表3-3)。

表 3-3　多维流体粒子能量城市结构尺度

结构尺度	基本形态
基础结构	不能再拆分的物质与能量基础结构。包括各种粒子的基本形态,如亚原子、原子、分子(以卫星城市联接)、中微子城市,环境适存力高,保护生命在极端环境下存活率提高
小尺度结构	仿行星结构,形成稳定变化的结构、核心能量源
中尺度结构	仿旋臂星系结构,具有中心能量源、细分结构有自生长能力
大尺度结构	形成更强的适存力,星系联合结构及以上更广泛的联合结构

基础结构。最小尺度不可再拆分结构,根据外界环境改变形态,形成最小消耗结构(见图3-6)。以不可再拆分物质基础结构与能量结构构建城市,以行星或恒星物理原理形成不同尺度间的融合,直至城市结构与运行与自然规律秩序一致,具有自生长与自组合能力。将粒子、核、天体物理相融合,融汇微、小、中、大尺度城市结构。具有自相似、自组织结构与自发展能力,基础结构之间关系松散而紧密,形成类神经网络结构、泡泡群结构与仿宇宙能量图结构等。

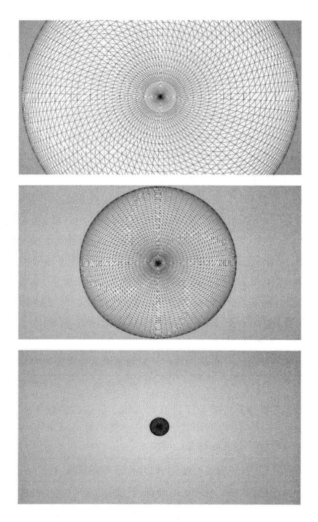

图 3‑6　多维流体粒子能量城市微结构

中尺度结构：各种真实世界生态生物仿生结构，如仿露珠、贝壳、海绵、水母、鹦鹉螺、蝇、蜻蜓、水黾、荷叶、睡莲叶、松塔、花椰菜、树、水杉、枇杷与其他微生物、鸟类、鱼类等动植物的结构造城（见图 3‑7、图 3‑8）。

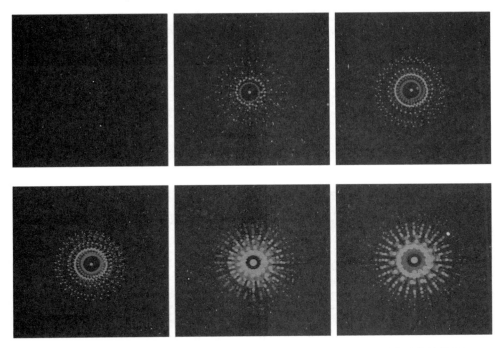

图 3-7　多维流体粒子能量城市基础系统结构之一——花型分形城市结构演化图

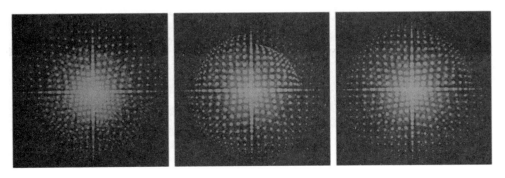

图 3-8　多维流体粒子能量城市基础系统结构之二——球型分形城市结构演化图

运动轨迹可能性演示。概念化智慧生态城市空间结构及其运动轨迹可以在物理与数学相互作用下呈现出结构的简洁美感与现实交汇。平衡方程反映静压强的空间分布,流体微元的受力平衡,作用于重力场中静止、连续的同种不可压缩性流体。在同一静止流体中,处在不同位置流体的位能和静压能各不相同,但二者可以转换,其总和保持不变。平衡方程也可反映化学反应物不断转化为生成物,生成物又不断转化为反应物建立起的一种动态平衡。

如将大尺度宇宙结构与大尺度城市结构设想为连续介质,就可引入数学分析这一简化而有力的工具。流体质点也可形象表示流体状态中某一层次城市结构状态,质点具有宏观物理量的质量、压强、速度等特征,是时间与空间的连续函数,满足一定的物理定律,联接基础元素与系统整体。此处的城市基础空间结构作为质点仅是一种假设,以说明其基础结构或是相关层次结构在微观充分大、宏观充分小时具有分子团即微团特征,某种层次上可仿拟分子或分子运动,当城市空间为单独单元时并不能视为连续介质,只有当其在大尺度的时空流体运动中具有运动轨迹时,才可运用连续介质假设,才能应用流体力学研究。

流体微团和微元控制体。流体微团运动是由大量流体质点所组成的具有线性尺度效应的微小流体团的运动。据亥姆霍兹速度分解定理,在连续介质假设中将流体微团的运动分解为平移、旋转与变形的和。微元控制体是根据具有确定位置和形状的微元流体。多维空间可能形成流体微元,最终在不可拆分状态的极微小流体微团内及宏大的流体微团结构中都能适宜存在。流体速度分解定理适用于流体微团内部运动。刚体速度分解定律是流体城市的整体运动理论基础。将多维流体粒子能量城市置于更广阔的空间中进行运动模拟可见运动轨迹(见图3-9)。

图3-9 多维流体粒子能量城市大尺度空间结构运动轨迹示意图

流体微元整体是一种平衡状态,总流是无数微元流动的累加。也适用帕斯卡定律,处于平衡状态的不可压缩的流体中,作用在其边界上的压强,将等值均匀地传递到流体的各点。据此流动宇宙与流体城市或许都可设想为不可压缩理想流体的定常流动,未来或可进行流体的构成、流迹、流线、流动研究。而对于空气、海洋与太空的流体力学也可应用于城市空间结构流动性研究,即从静态空间结构转为动态空间结构。本书仅做某种基础空间结构与简单环境下一般动态示意,不考虑紊流状态和流体中分子结构可能间歇性产生的碰撞作用。

从宏观角度对城市大尺度空间结构运动轨迹进行流体化假设,可表述为从基础粒子结构到因运动形成的连续介质体系,并在运动中不断地产生出新的能量场。

至此,智慧生态城市从因子、结构、运动到能量的生成转化以一种理想化的概念图景得以呈现(见图 3 - 10)。

图 3 - 10   多维流体粒子能量城市运动轨迹与能量场示意图

通过从城市空间基础结构、整体系统运动形态与能量形成可能的仿拟示意,摆脱在分子结构层面的诸多分歧,呈现从宏观的角度研究流体城市的运动规律。也从理论上验证本书想要讲到的一个基本观点——城市质量与能量可以通过基础结构与运动方式得以生成与转化。而并非现行主要观点所认为的绝对"熵增"状态,单一化的线性思维方式带来的非此即彼的推论将制造恐惧感,也会离真实世界越来越远。希望人们对未知的探讨,基于与真实的自然世界产生广泛而无所不在的关联,并从中汲取智慧与力量,形成多元构成的可能,至少在城市空间微结构的改变中很可能带来整体系统的焕然一新。

理解自然规律与秩序,将获得真实的安全感,尝试一切有益的可能。而不是因匮乏的心理,不断对资源进行消耗性的占有与复制。因此,从心理与思维的转变到理解万物相连的可能,这种关联性将在人与其他生物之间建立一种真实的平等与深刻的平衡。因此才会真正地理解不能仅从城市的数量与地表占有量来评估城市的核心生产力,更不能仅以土地生产力与产出为人居空间结构合理性存在的基本点,以土地资本化与竞租理论形成的价值体系将发生根本转变。实现自然平衡与实现生命发展是发展智慧城市的核心所在,社会需要更具包容性,对自然万物与人具有悲悯之心,回归生命原点与空间结构的原点,理解其生成与转化的丰富可能,才能取舍有度,行至更远。

花型与球型多维流体粒子能量城市基础结构模拟见图 3 - 11、图 3 - 12、图3 - 13。

图 3–11　多维流体粒子能量城市基础系统结构——花型城市结构演化图

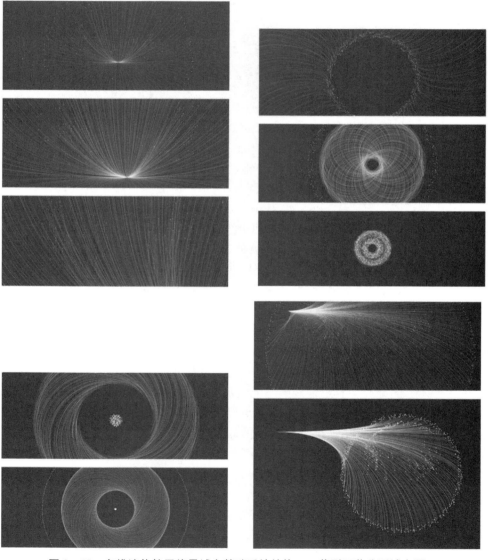

图 3–12　多维流体粒子能量城市基础系统结构——花型玉蕊分形城市图一

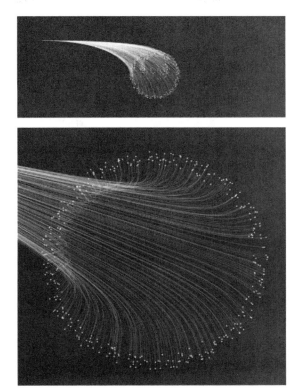

图 3-13　多维流体粒子能量城市基础系统结构——花型玉蕊分形城市图二

灵感:西番莲、冰玉芯、鸡蛋果等。

功能:发展、防御、漂浮、运动城市。

特点:量子能级跃迁。

多维:时空中任一点发展可能。

粒子:物质基本单位。

中微子:极轻、超光速、超高能,不受其他物质影响,不受磁、引力影响。

中微子城市特征:具有超强穿透力与可溯源性,能在任何介质中健康完整存在。具有静止质量、数量多、总体质量大,能将微观与宏观世界联系起来。

量子:不能再拆分的能量结构,一个或离散的量。能量呈非规则状态、非连续变化。

量子城市特征:是不可分割的基本个体,最小单元,不可连续的分割。量子城市具有局部混沌性与整体秩序性,并且因为量子纠缠效应,具有潜在对称性与一致性的双结构,过程中存在两种或以上状态。形成双子城城市安全常备预案,当能源结构发生不协调时,确保及时转移核心资源与生命体,确保安全修复与纠错。

可能性结构一:局部混沌、整体有序、多重对称的大尺度结构(见图 3-14、图 3-15、图 3-16)。

图 3-14   多维流体粒子能量城市小尺度局部混沌结构示意图

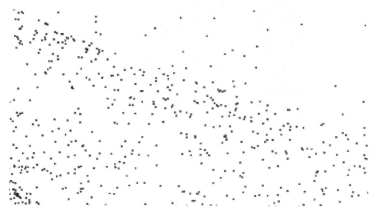

图 3-15   多维流体粒子能量城市中尺度局部混沌结构示意图

图 3-16   多维流体粒子能量城市中尺度局部结构示意图

（2）思路二：非线性空间结构搭建。

根据环境改变的类宇宙海洋的整体混沌结构具有极强包容力，基础城市结构在其中生成消亡，能量在其中自行转化，自组织形成潮汐、湍流、漩涡等局部动力系统（见图 3－17）。

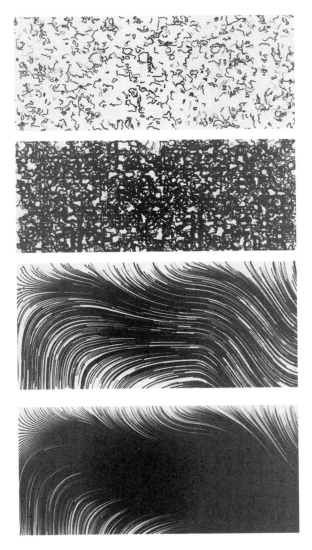

图 3－17　智慧生态城市从混沌到有序能量场示意图

粒子能量城市的基础结构形成后，具有分形能力、消融边界，结合有序与混沌结构组织模式更适存的融合、分形与动力形态。密度、强度可变化、转化，视环境不同形成不同类型空间动态聚集与分离，由引力形成不确定性与连续性。形成自有动力的涟漪、涡旋、洋流,形成以物质能量与生命融合的动力场,空间形态极具可塑性,可根据环境变化而形成水滴式的汇集,有基本结构而无明显边界。流体城市是打破思维局限的一种思维方向,形成新的持续变化,更有包容力、适应力、连续性的可在任何空间存续的人居系统结构。空间结构的不同可改变人的行为模式。因此在此类城市结构设计中不再以目前日常行为为设计基准,而以空间适存力、生命认知力及系统延续性为基准点。

此类城市以未来可能的某种物理基本结构与系统能量形态为概念设想,从发展微城市基本结构为起点,减少基础单元能耗,构建强大自组织的聚合与离散能力,能源自给自足,结构形态韧性、柔软、有度、流动,每个基本结构的能量场具有预警、自复制更新能力(量子能级跃迁),适应恶劣环境,具有抗压、变形、再生能力,具有极强的穿透性与未来超光速运动能力,与任何物质保持一定距离又能穿越任何环境。由微结构聚合组织形成不同形态的中尺度、大尺度的空间。

旋涡城市形成内在动能。以密度波的方式形成一种多层、动态、镶嵌式的如旋涡星系一样运动的旋涡城市,以减少椭圆空间结构静态可能存在的动能不足。与流体城市不同,旋涡城市是流体城市的组成结构之一,需要解决核心动能,如像行星一样具有椭圆形轨道,或像星系一样具有原初运动的能量。

涟漪城市形成同心圆式的稳定结构,轨道可变。湍流城市集合多尺度从小到大的分形城市的运动,具有随机性。量子混沌城市可能形成折叠与拉伸的混沌态的城市。基本特点是随机选择,中性突变,实现基本结构分子个体小尺度、短时间进化,带动大尺度结构进化。系统自身的非线性作用是混沌运动,系统内蕴含变形、随机与确定性,能根据外部环境调适,是无序与有序的统一。

3.2 地球生态系统整体循环时空尺度

由于地球表面人居系统的建立须以地球生态系统整体循环为基础,需要深入认知与遵循地球生态系统的动态、不确定性变化与循环特质,了解海—气相互作用,在一定条件下相对平衡与相互转化,综合研究地球系统各圈层运动与相互影响。

3.2.1 地球构造尺度

1)地球内部结构

固体地球半径为 6 370 千米,外部大气为 700 千米,共同构成地球系统。地球内部结构根据地震传播速度分为地壳、地幔和地核。莫霍面界开地壳与地幔,古登堡面界开地核与地幔。地幔由铁镁硅酸盐构成,地核主要由镍、铁构成。地壳内部的力使地壳岩层错动、断裂与变形。地球内部物质轻的在上、重的在下,共同构成地球圈层。地壳占总体积小于 1%,地震通常发生在地壳。地幔占总体的 83%。本书以布伦地球内部分层为基准(见表 3 - 4)。

表 3-4　布伦的地球内部结构（1963，1975）

区域	深度范围（千米）	名称	纵波和横波速度特征
A	0～33	地壳	复杂
B	33～410	上地幔	梯度正常
C	410～1 000	过渡区	梯度极大
D′	1 000～2 700	下地幔	梯度正常
D″	2 700～2 900		梯度近于零
E	2 900～4 980	外核	P 波梯度正常
F	4 980～5 120	过渡区	不详
G	5 120～6 370	内核	梯度很小

资料来源：任建业.海洋底构造导论[M].武汉：中国地质大学出版社，2008.

2）地球结构中的洋壳与地壳

大洋与大陆的地质界限在洋壳和陆壳之间，不随潮汐周期或冰期旋回移动。洋壳产生比较连贯。克拉通是地球上底壳厚度相对稳定的地区，有时一些区域也会发生破坏，如中国华北克拉通破坏区。城市须建立在陆壳稳定地区（见表 3-5、表 3-6）。

表 3-5　两类地壳比较

项目	洋壳	陆壳
成分	玄武岩质	安山岩质
厚度	5～10 千米	25～70 千米
密度	平均 2.9 克/平方厘米	平均 2.7 克/平方厘米
面积占比	60%	40%
体积占比	30%	70%
年龄	< 2 亿年	平均约 22 亿年
产生位置	洋中脊	板块俯冲带和地幔柱

资料来源：汪品先，等.地球系统与演变[M].北京：科学出版社，2018.

表 3-6　海洋底标准地壳结构

结构层	纵波速度（千米/秒）	厚度（千米）
第一层	2.20±0.31	0.66±0.90
第二层	5.19±0.64	1.49±0.98

（续表）

结构层	纵波速度（千米/秒）	厚度（千米）
第三层	6.81±0.16	4.62±1.30
地幔层	8.15±0.30	—

资料来源：任建业.海洋底构造导论[M].武汉：中国地质大学出版社,2008.

3）地球系统构成的时间尺度与基本规律

地球生态系统多圈层具有不同尺度叠加循环运动,具有复杂性、周期性、关联性与脆弱性。大气圈、岩石圈、水圈、生物圈和土壤圈是统一整体,不同圈层具有不同变化时间尺度,环流速度有差异。气体变化、水圈和生物圈有机质、岩石圈矿物分别以秒、分、百年和万年计。气候受短时间尺度、地球轨道和地质构造影响。地质与水气循环影响物理与生物循环。地球进入间冰期后,在距今 100 万年前小冰期结束,地球开始变暖。

4）地球环境空间系统的纬度地带性

地球环境空间按纬度地带性分为陆地生态系、海洋生态系统、社会系统等,不同的纬度地带性产生不同的生态植被构成与生态系统。

5）地球上主要近代热点与地幔柱（见表 3-7）

表 3-7 地球上主要近代热点与地幔柱

板块	热点与地幔柱	地区	年代（百万年）	北纬（°）	东经（°）
太平洋	夏威夷	夏威夷群岛		20	−155
	胡安德富卡	科博海山		46	−130（−128）
	马克萨斯	马克萨斯群岛		−11	−138（−139）
	塔希提	社会群岛		−18	−148
	皮特凯恩	甘比尔群岛		−25（−27）	−130（−129）
	麦克唐纳	土阿莫土群岛		−29	−140
科科斯	加拉帕戈斯	科科斯洋脊	90	−1（0）	−92（−91）
纳兹卡	复活节岛	萨拉—戈麦斯岛		−27	−109
印度洋	留尼汪	留尼汪—莫里斯—德干	66	−21（−20）	56（55）

（续表）

板块	热点与地幔柱	地区	年代 （百万年）	北纬（°）	东经（°）
大西洋	德林达德岛	南美—瓦兹特里尼达， 马丁瓦兹		−21	−29
	阿森松	大西洋—非洲，阿森松岛		−8	−14
	布维特	南极洲及非洲南部	180	−55（−54）	3(2)(4)
	亚速尔	北美东	200	39(38)	−28
	大流星	新英格兰海山	200	30(29)	−28(−29)
北美洲	黄石	哥伦比亚—斯内克河	17	45(43)	−110(−111)
	冰岛	冰岛—格陵兰脊	62	65(64)	−20
南美洲	特里斯坦达库亚	里奥格朗德	135	−33(−37)	−15(−13)
非洲	圣皮埃尔 和圣保罗	塞拉利昂		1	−29
	阿尔发	埃塞俄比亚	35	10(12)	43(42)
南极洲	爱德华王子	爱德华王子—克罗泽		−47	38
	克尔格伦	高斯贝尔格	115	−49(−45)	70(65)

资料来源：任建业.海洋底构造导论[M].武汉：中国地质大学出版社，2008.

基于新大地构造——热幔柱构造理论，大洋热点火山链和大陆溢流玄武岩可导致区域变质、地壳熔融、地壳伸展。热点是地幔中相对固定和长期活动的热物质中心，对近代热点与地幔柱研究将有利于人居安全。地幔环流多年来存在争议，如地幔羽流源头无法验证。

6）大洋盆地演化旋回阶段及特征（见表 3-8）

东非裂谷是大洋发展胚胎期典型，地壳拉伸变薄，发育地幔物、地堑，形成断裂，造成玄武岩流喷发。大洋演化成年阶段的典型是结构对称、有深海平原和中洋脊山系的大西洋。

表 3-8　大洋盆地演化旋回阶段及特征

阶段	实例	主导运动	特征形态	典型火成岩	典型沉积	变质作用
胚胎期	东非裂谷	抬升	裂谷	拉斑玄武岩溢流， 碱性玄武岩中心	少量沉积作用	可忽略
幼年期	红海、 亚丁湾	扩张	狭海	拉斑玄武岩溢流， 碱性玄武岩中心	陆架与海盆 沉积， 可能有蒸发岩	可忽略

（续表）

阶段	实例	主导运动	特征形态	典型火成岩	典型沉积	变质作用
成年期	大西洋	扩张	有活动中脊的洋盆	拉斑玄武岩溢流，碱性玄武岩中心，但活动集中于大洋中脊	丰富的陆架沉积（冒地槽）	少量
衰退期	太平洋	收缩	环绕边缘的岛弧及毗邻海沟	边缘安山岩及花岗闪长岩	大量源于岛弧的沉积物（优地槽）	局部广泛
终了期	地中海	收缩并抬升	年轻山系	边缘火山岩及花岗闪长岩	大量源于岛弧的沉积物（优地槽），但可能有蒸发岩	局部广泛
遗痕期（地缝合线）	喜马拉雅山的印度河线	收缩并抬升	年轻山系	少量	红层	广泛

资料来源：任建业.海洋底构造导论［M］.武汉：中国地质大学出版社，2008.

3.2.2　地球轨道尺度与周期

驱使地球生态系统的物质循环能量包括日—月—地系统势能、太阳辐射能量和地球能量。地球同时受重力、地转偏向力和星际引力的影响。

1）周期与循环

大气、海水、岩石圈板块、地幔、外地核在进行不同的循环运动。循环时间尺度相差极大，地幔环流以亿年计、大洋环流以千年计、大气环流以天计。沉积地层具有韵律和回旋。城市发展要考虑地球系统不同的环流现象，大气运动、海陆风环流、水文环流等。

2）轨道与潮汐周期

太阳辐射、轨道和潮汐周期都会影响地球地表气候变化，地球内力活动会导致地震，海平面对洋壳厚度有影响。太阳活动会改变区域水循环并对季风降雨产生影响，太阳辐射通过风场驱动表层流。月球通过潮汐驱动底层流，月球轨道对潮汐作用，影响周期性气候变化，潮汐是影响地球所有圈层环流的力，或许为海水的垂向混合提供了一半以上的能量。

3.2.3　地球生态系统——水—气循环

全球水资源构成如表3-9所示。

表 3-9　地球表面固态水的地理分布

陆地	占陆地面积/%	海平面当量/米
南极冰盖	8.3	58.3
格陵兰冰盖	1.2	7.36
冰川	0.5	0.41
永久冻土	9～12	0.02～0.10
季节冻土	33	—
季节雪覆盖	1.3～30.6	0.001～0.01
北半球河冰与湖水	1.1	—
总计	52.0～55.0	约 66.1
海洋	占海洋面积/%	体积/立方千米
南极冰架	0.45	约 380
南极海冰:南半球夏季/春季	0.8/5.2	3.4/11.1
北极海冰:北半球秋季/冬春季	1.7/3.9	13.0/16.5
海底冻土	约 0.8	—
总计	5.3～7.3	—

资料来源:汪品先,田军,黄恩清,马文涛.地球系统与演变[M].北京:科学出版社,2018.

　　地球水循环,即大气、陆地与海洋中的水时刻蒸发、降水、径流转化,完成海陆间水量平衡。地球表层共有水 13.86 亿立方千米。海洋是地球及大气中水分的总源地,水汽和潜热形成云雨。陆地上液态水主要是地下水,河流水的储量很小但作用巨大。地球上的液态水包括海水、地下水、湖泊、河流。固态水包括冰盖、冰下水系、冰架与海。大气中水蒸气的总量相近,地下水的运动缓慢(见表 3-10)。地球表层系统气候变化与生物演替贯穿水和碳循环,水循环过程呈非线性(见表 3-11)。

表 3-10　全球水资源

类型	类型细分	类型占比	总储水量占比
淡水	地表水和其他淡水	1.3%	2.5%
	地下水	30.1%	
	冰川和冰盖	68.6%	
盐湖和地下水	—	—	1%
海洋	—	—	96.5%

资料来源:[美]弗雷德里克·卢金斯,[美]爱德华·塔巴克,[美]丹尼斯·塔莎.地球科学导论

[M].徐学纯,梁琛岳,郑琦,译.北京:中国工信出版集团,2017.

表3-11　水在不同储库的滞留时间

储库		储量（立方千米）	滞留时间
固态水	南极冰盖	243 600 00	20 000 年
	冰川		20～100 年
	季节性冰雪		2～6 个月
液态水	海洋	1 338 000 000	3 200 年
	土壤水	16 500	1～2 个月
	地下水浅层	23 400 000	100～200 年
	地上水深层		10 000 年
	湖泊	176 400	50～100 年
	河流	2 100	2～6 个月
气态水	大气水	12 900	9～12 天

资料来源:汪品先,田军,黄恩清,马文涛.地球系统与演变[M].北京:科学出版社,2018.

　　水在地表最大储库是海洋,深海海水滞留时间达 3 000 年以上。水在地球系统不同储库间交换有周转速率差异,古代地下水总量 2 197 万立方千米,补给耗时达数百万年,是地球上最大的淡水资源。世界冰川分布如表 3-12 所示。全球海平面变化时间尺度如表 3-13 所示,四大洋主要特征如表 3-14 所示,海平面上升对上海、广州、天津防洪影响如表 3-15 所示。

表3-12　世界冰川分布

地区	面积（平方千米）	地区	面积（平方千米）
南极洲	13 980 000	北美洲	67 522
格陵兰岛	1 802 400	南美洲	25 000
北极岛屿	226 090	非洲	22.5
欧洲	21 415	大洋洲	1 014.5
亚洲	109 085	总计	16 227 500

资料来源:刘本培,蔡运龙.地球系统导论[M].北京:高等教育出版社,2020.

表3-13　全球海平面变化时间尺度

变化因素	时间尺度	幅度
海水密度	季	微

（续表）

变化因素	时间尺度	幅度
大地水准面	$10^3 \sim 10^4$ 年	几十～200 米
米兰科维奇韵律	2×10^4 年，4×10^4 年，10×10^4 年	
海底扩张、俯冲	$10^5 \sim 10^6$ 年	
沉积物填充	$> 10^6$ 年	
幔—海水循环	$> 10^6$ 年	
大陆碰撞	2.5×10^2 百万年	
大冰期	$2 \sim 3 \times 10^2$ 百万年	100～200 米

资料来源：刘本培，蔡运龙.地球系统导论[M].北京：高等教育出版社，2020.

表 3-14　四大洋主要特征

大洋	面积（10^6 平方千米）	水体（10^6 立方千米）	平均深度（千米）	最大深度（千米）
太平洋	181	723	3.94	11.0
大西洋	94	337	3.58	9.2
印度洋	74	292	3.84	9.1
北冰洋	12	17	1.30	5.4

资料来源：赵进平，等.海洋科学概论[M].青岛：中国海洋大学出版社，2016.

表 3-15　海平面上升对上海、广州、天津防洪影响

地点	海平面上升（厘米）	不同重现期最高潮位（黄海基面，米）						防洪设施	
		5	10	20	50	100	1000	设计潮位/米	设计能力（年一遇）
上海	0	3.04	3.21	3.32	3.55	3.72	4.23	3.7～4.2	100～1 000
	50	3.54	3.71	2.28	4.05	4.22	4.73	3.7～4.2	10～100
广州	0	—	2.76	2.99	3.26	3.47	4.11	3.2	40～50
	50	—	3.26	3.49	3.76	3,97	4.61	3.2	10
天津	0	2.58	2.83	2.96	3.18	3.33	—	3.0	20～40
	50	3.08	3.33	3.46	3.68	3.83	—	3.0	5

资料来源：杨小波，吴庆书，等.城市生态学[M].北京：科学出版社，2019.

1）水系统陆海空交换与循环

大气对海洋的影响包括形成洋流、海潮、风流，减弱海面太阳辐射，影响海面增

温和海水稳定度。大气降水强弱、蒸发盛衰影响海水含盐浓度。气温影响海冰,气压使海水内溶解气体变化,影响海洋生物呼吸与光合作用,须深入研究水系统陆海空交换与循环。

流通率。地球除了圈层内部形成环流之外,分界面不断进行物质交换。全球水循环中地表水的97%储存于海洋库中。从海洋到陆地大气水分子,再到海洋径流得到平衡。大气河流是水汽集中运输渠道,也是热带外气旋传播途径和中纬风暴灾害重要来源,南北半球有3~5道大气河流,从低纬向两极输送90%的水汽。地球表面固态水地理分布对降水量有影响。

2)海水运动

海水运动主要有流动、波动、湍流运动与涡旋运动等方式。海水波动既有大尺度的行星尺度引起的波动,也有毛细波等小尺度波动。由引起缘由不同分为行星波、潮波、内重力波、重力波、惯性重力波、海啸波。行星波是全球时空尺度运动,对全球海洋影响重大,分为能量相对集中的慢波与能量逐渐弥散的惯性重力波。大气与海洋中都存在相似的行星波,如西风带呈波状。海啸波是由海底火山、地震、地质崩陷、海底板块运动对海水产生巨大能量由海底到海面扰动的自然现象,在深海中振幅不大,长距离传播速度每小时500~1000千米,到近海后由于集中能量发展成高水位强波,对近岸破坏力非常大。由于海洋面积大,自然扰动过程形成不均匀能量,海洋波动是海洋全球尺度能量传输与均衡的主要方式,由陆架波导与赤道波导共同组成,其中罗斯贝波与开尔文波是海洋能量流转的主要通道。海洋波动时间尺度差异很大,都以重力为主要恢复力。海流是大规模海水定向运动,很多地方海流决定气候,直流是影响气候的重要因素之一,包括惯性流、地转流、漂流、升降流与地转流等,流量与能量都非常大。黑潮是距离中国东海陆坡最近的海流,也是全球最强西边界流之一。

(1)风生大洋环流。大洋环流非常复杂,不同的区域性流涡构成了大洋环流,其中南极绕极流的流动环绕地转轴,北极环极边界流流动需十几年。海洋上层环流体系为风生大洋环流(见表3-16)。

表3-16　世界风生大洋环流总表

流系	海流	太平洋	大西洋	印度洋
赤道流系	北赤道流	北赤道流	北赤道流	北赤道流
	南赤道流	南赤道流	南赤道流	南赤道流
	北赤道逆流	北赤道逆流	北赤道逆流	北赤道逆流
	南赤道逆流	南赤道逆流	南赤道逆流	
	赤道潜流	克伦威尔流		
西边界流	北半球西边界流	黑潮	湾流	索马里海流
	南半球西边界流	东澳大利亚流	巴西海流	莫桑比克海流

（续表）

流系	海流	太平洋	大西洋	印度洋
西风漂流	北半球	北太平洋流	北大西洋流	
	南半球	南极绕极流		
东边界流	北半球东边界流	加利福尼亚流	加那利流	
	南半球东边界流	秘鲁海流	本格拉	西澳大利亚流
亚极区流	西边界寒流	亲潮	拉布拉多流	
	东边界暖流	阿拉斯加流	挪威海流	
北冰洋环流	北极环极边界流			

资料来源：赵进平，等.海洋科学概论[M].青岛：中国海洋大学出版社，2016.

（2）热盐环流。热盐环流是因海水密度不均形成的水平与垂直方向闭合循环运动海流，下沉流流向深海可驱动热盐环流，主要下沉区有罗斯海、威德尔海、拉布拉多海、格陵兰海，下沉的主要原因是混合增密、冷却、结冰，海底地形地貌影响热盐环流流向。斯托玛 2 盒模式实验显示大洋热盐环流由通过海—气界面热强迫力和淡水通量控制，对两者采用不相同扩散系统，斯托玛认为盐度松弛时间应该比温度松弛时间长。

（3）海洋涡旋。海洋涡旋一般分为大中小尺度，流涡是大尺度的海洋涡旋。湍流是小尺度的涡旋。中尺度的地中海涡具有巨大的输送水体能力。与海洋涡旋相似的大气中尺度涡旋是飓风、台风等生成运动。海洋湍流是海流在搅动与卷挟作用下呈现不稳定、随机、混乱运动。当海流流速慢且没有外力扰动时是非常稳定流动的层流。

3）大洋环流模型

海水的温度与密度。大洋表层海水温度绝大部分来自太阳辐射能，海洋热能驱动大部分大洋环流，制约海洋生物系统运转速率。GCM 是模拟大气或海洋大尺度环流模型。现今各模块完全耦合的 GCM 是 CGCM 模式，包括大气、陆地、海洋和冰盖四个子系统。每个系统有各自的物理、化学和生物方程，彼此交换物质与能量。以 CESM 模式为例，"共同体地球系统模式"模型包含大气和大气化学、陆地和植被、海洋和生物地球化学、海冰四个子系统。目前世界气候研究计划推动模式比较研究，除预测未来气候变化，也模拟地质历史气候变化。

4）气候与地球系统模式

海洋调节气候与天气。海陆交换中海洋蒸发的水超过降水，多余的水汽运输到陆地降落。每年全球水的蒸发量为 50 万平方千米，其中来自陆地和海洋的分别是 14% 和 86%。海洋蒸发的水分大部分仍回海洋，1/3 陆地水分流向海洋，2/3 在陆上循环。陆上降水 35% 来自海洋，65% 靠陆地蒸发的水汽，陆地内部水循环。

5）大气

大气层的存在使地球适于生物栖息。人类生存在空气海洋底部,空气海洋中也存在旋涡、湍流与洪流。高速空气洪流环绕地球的南北半球,喷流的风速影响深远。大气环流靠喷流来引领,南北半球的喷流具有复杂形态,风暴由喷流诞生并受喷流影响转向并绕行全球。风暴中雨水和热量重新分配,降落陆地后植物获得养分生长。

（1）年际—年代际气候涛动类型。

地球气候变化大多是由于经向能量变化运动引起,但也有纬向气候变化,如厄尔尼诺—南方涛动（见表3–17）。

表3–17　年际—年代际气候涛动类型

类型	代表性气候参数的变化	涛动周期规律
太平洋十年涛动	北太平洋东西两岸表层海温振荡	不规则,但有约20～30年准周期
北大西洋年代际涛动	去除线性趋势后北大西洋海表温度振荡	不规则,但有30～40年准周期
北大西洋涛动	冰岛与亚速尔两地气压梯度振荡	无明显规律,年际尺度波动
北极涛动	北极与北半球中纬度气压梯度振荡	无明显规律,波动从数周到数年均有
南极涛动	威德尔海与阿蒙森海的海冰面积消长	年际尺度,追随厄尔尼诺—南方涛动周期
印度洋偶极子	印度洋东西两岸海表温度梯度振荡	无明显规律,可能有3～8年准周期

资料来源:汪品先,田军,黄恩清,马文涛.地球系统与演变[M].北京:科学出版社,2018.

北半球涛动主要是北大西洋涛动和北太平洋涛动,与南方涛动都属于年际—年代际尺度气候涛动。西太平洋是大气对流最活跃海域,暖水层是地球上最大热源,孕育30%以上的全球热带气旋。沃克环流是在温度不对称情况下形成的纬向闭合环圈。赤道太平洋气候平衡态有一定周期,每隔2～7年会产生内部振荡发生破坏,拉尼娜和厄尔尼诺现象是最强非平衡态的现象。真实世界的极端天气与异常气候多是大气中扰动能量释放的表现。大气是能量与物质的多层次构成,需深入对大气、风暴、雷电、高温等极端天气、大气涡旋、气象变量场时空结构及运动进行研究。

（2）全球变暖成因、寒潮形成与影响。

天气成因十分复杂。据中国科学院高能所对全球尺度气候影响分析,2018年欧洲寒潮、2019年加拿大和美国寒潮、2020年底中国寒潮反映了气候变化全球影响。气候变暖影响北极大气涡旋形成区域寒潮,佐证了海气一体气候变化在区域之间相互影响。寒潮一般是来自高纬度地区冷空气,迅速加强并侵入各中低纬度地区,温度在一两天内下降8℃～10℃以上,同时一天最低温度5℃以下。理论上,每次区域气候变化都有可能与全球天气与气象有关,尤其是与近几年北半球寒潮形成,北极冰盖融化导致极地冷涡南移有关。新地岛以西洋面、新地岛以东洋面、冰岛以南洋面是主要发源地,大量冷空气在高纬度地区形成冷性高压气压团,在高空大气环流作用下,到达中国形成寒潮天气。如 2020 年 12 月底到 2021 年 1 月华北地区形成极强的冷平流寒潮天气。

(3)极地涡旋是影响气候的重要因素。

极地涡旋是大气高层紧密旋转气流。漩涡可将极地温度极低且密度较大空气通向平流层,形成气压。北极与赤道温差越大,极地涡旋越稳定,越能将冷空气锁定在极地。一个单中心极地涡旋因外因分裂成多中心涡旋,会对北美与东北亚造成影响。严重时极地涡旋会发生分裂,通常北极涡旋分裂为两个,分别分布在加拿大巴芬岛控制西北半球高纬度气流,与西伯利亚东北部控制东北半球高纬度气流。极地涡旋南下与拉尼娜现象合力,造成海阔减少,反射减弱,海水吸收更多太阳热力,海冰持续减少,全球显著变暖的恶性循环。

6)冰川异常

科学验证历史。小冰川期造成了全球影响,在亚洲与欧洲全球冷化现象长达600 年左右。小冰川期带来严寒冬季、潮湿、干旱、饥荒与瘟疫,造成人口迁徙、农民叛乱与国家战争。中国的小冰川期比欧洲早 20 年左右开始,连续的严寒与干旱交替,中国中部与沿海地区降雨来自东南季风或台风。在刘昭民撰写的《中国历史上气候之变迁》中记载了小冰川的影响。

希腊黑暗时代全球冷化证据与中国商周历史相互印照。公元前 1200 年的尘土最大值证明希腊黑暗时代确有全球冷化现象。严寒且持续干旱的气候致使农作物长年歉收,造成内忧外患,中国商朝有可能是因气候灾难导致饥荒与动乱覆亡。迈锡尼市遗址位于希腊南边平原上,日照充足。卡彭特提出迈锡尼帝国因旱灾衰败,如同公元前 13 世纪末利比亚饥荒和安纳托利旱灾。布莱森指出 1955 年 1 月异常气候使伯罗奔尼撒半岛降雨量减少 40%。欧洲天气北部严寒,中北部潮湿,南部寒冷干旱。气候变化可能遍及全球,降雨却不一定遍及欧洲全境。

中国新疆天山乌鲁木齐河源一号冰川有退缩状况,瑞士阿尔卑斯山的雪线上升。格林兰冰层变化中的尘土也显示全球变迁有循环性。地方志中记载了欧洲格林德瓦冰川异常。许靖华在《气候创造历史》一书中研究了 15—18 世纪由于斯堪的纳维亚地区冰川向前推进,损坏了农田与农庄,1680—1750 年有受灾情况,1880—1890 年期间其他地方也有受灾。12—13 世纪欧洲地区异常温暖,13 世纪末突然变冷。

气候—农业—粮食—健康—人口数量—社会发展是彼此关联的。小冰川期始于 1300 年,14 世纪开始有极为寒冷的几十年,主要连续寒冷冬季始于 16 世纪 50年代。在 16 世纪初、18 世纪前半叶英国比较温暖,欧洲北部和西北部寒冷多风暴。1431 年欧洲寒冷的天气为法国葡萄园收成带来浩劫。农作物歉收,致使食物价格上涨。农业、食物、经济、居民健康都受到影响。天气严寒与饥荒往往同时出现,缺乏食物的人对疾病的抵抗力降低。人口数量在农作物收成好的年份增长,在农业歉收与饥荒年份数量下降。1315—1317年因农作物歉收造成大饥荒,1347—1350年欧洲黑死病传染造成大瘟疫,人口减少,农作物价格上升。1342—1347年夏季温度最低且潮湿。人口变化也反映了气候对社会的影响。大瘟疫后社会经济恢复缓慢,人口成长率低。小冰川高峰期人口成长趋于停滞,16—17世纪,欧洲人口数量下降。

与之相对应的是2018—2021年北半球寒潮,2020年新冠肺炎全球暴发,2020年夏季极端高温,非洲肯尼亚、埃塞俄比亚、索马里发生蝗灾。澳大利亚堪培拉发生山火、美国加利福尼亚州瓦卡维尔发生森林山火、旧金山发生野火、巴西潘塔纳尔湿地多处林火着火。菲律宾台风过境,法国东南部大雨风暴引致洪水强风。2021年4月因寒流法国葡萄园出现霜冻,致使产量锐减。2020年全球食物价格上涨20%,2021年持续上涨。2020年全球经济下行,2021年经济艰难复苏。2020年全球人口出生率均有大幅下降。据英国国家统计局发布数据,2020年每名女性生育率为第二次世界大战以来最低水平。俄罗斯新生儿数量同比下降4.4%。由上可以看到气候变化会带来农业、人口、社会、经济的持续影响。

7)迁徙与移民

人口过剩是相对的。促成区域移居与迁徙的主要原因可能来自自然、经济、政治、生态环境与社会文化因素,如气候、地形、淡水源、土壤生力、资源供给、饥荒、战乱等。也可能来自食物供应短缺的人口相对压力,如英国人移民北美,在经济萧条期人们普遍失业,人口增长缓慢,实际更重要的是资源因素。

3.2.4 地球生态系统

(1)生态带面积(见表3-18)。地球生态系统是在地球生物、物质循环和能量流动过程中形成的整体。地貌、水文条件与水平衡影响整体生态系统。

表3-18 生态带面积

生态带	生态亚带	面积(百万平方千米)	占地球陆地比例(%)
极地/亚极地带		22.0	14.8
	极地冰盖荒漠	16.0	
	苔原和冻结风化碎石带	6.0	
北方带		19.5	13.1
湿润中纬带		14.5	9.7
干旱中纬带		16.5	11.1
	禾草草原	12.0	
	荒漠和半荒漠	4.5	
冬季湿润亚热带		2.5	1.7
终年湿润亚热带		6.0	4.0

（续表）

生态带	生态亚带	面积（百万平方千米）	占地球陆地比例（%）
热带/亚热带干旱带		31.0	20.8
	荒漠和半荒漠	18.0	
	冬季湿润禾草草原和灌木草原（亚热带）	3.5	
	夏季湿润多刺稀树草原（热带）和多刺草原（亚热带）	9.5	
夏季湿润热带		24.5	16.4
	干旱稀树草原	10.5	
	湿润稀树草原	14.0	
终年湿润热带		12.5	8.4
总面积		149.0	100.0

资料来源：朱尔根·舒特.地球的生态带［M］.北京：高等教育出版社，2010.

　　气候具有决定性作用，是决定地貌过程、土壤发生、植被演化、动物群落、土地利用的基本环境条件。气候影响生物带形成，光照、温湿度与植被期紧密关联。地球陆地根据气候、地貌、土壤、水文、植被和动物等不同分为极地（亚极）地带、北方带、湿润中纬带、干旱中纬带、冬季湿润亚热带、终年湿润亚热带、热带（亚热带）干旱带、夏季湿润热带、终年湿润热带等9个主要区域。人居发展不仅受区域自然环境影响，也受全球环境与生态带影响。

　　（2）生态带水平衡（见表3-19）。生态带水平衡是全球水循环系统的一部分，通过往上与大气对流及向下地下水径流，共同实现大循环与区域小循环，是地球上宏大的水循环动态系统，通过循环实现水平衡。

表 3-19　生态带平均径流高度和系数

生态带	植物群系	年径流量/毫米	径流系数
极地/亚极地带	苔原（冻原）	120	0.55
北方带	泰加林	200	0.50
湿润中纬带	夏绿阔叶林	350	0.47
干旱中纬带	湿草原	200	0.40
	干草原	60	0.12
	荒漠/半荒漠植被	< 10	< 0.03
冬季湿润亚热带	硬叶植被	300	0.50

生态带	植物群系	年径流量/毫米	径流系数
终年湿润亚热带	雨林	650	0.43
热带/亚热带干旱带	多刺稀树草原	50	0.08
	荒漠/半荒漠植被	< 5	< 0.03
夏季湿润热带	干旱稀树草原	250	0.33
	湿润稀树草原	450	0.45
终年湿润热带	雨林	1 200	0.52
世界平均		310	0.41

资料来源：朱尔根·舒特.地球的生态带[M].北京：高等教育出版社，2010.

（3）土壤带与生态带（见表3-20）。土壤带与生态带彼此关联，土壤有机物中的植物碎屑与腐殖质包括无机物、矿物质、水分、空气。岩石风化形成疏松母质，形成原始土壤积累养分与有机质，通过植物作用形成熟土壤，经微生物分解成腐殖质。土壤的肥力由水、气、热、肥等因素构成。本书的土壤类型依据联合国粮农组织的土壤分类系统（1974—1999）与世界土壤资源参比基础（1998）。

表3-20　土壤带与生态带之间近似等同的位置

土壤带	生态带/部分地区
寒冻疏松岩性土—寒冻潜育土带	苔原和冻结风化碎石带
灰化土—雏形土有机土带	北方带
典型高活性淋溶土带	湿润中纬带
栗钙土—典型黑土—黑钙土带	禾草草原（湿润）
干旱土带	禾草草原（干旱）及多刺
	稀树草原和多刺草原
漠境土带	中纬带及热带/亚热带干旱带（荒漠、半荒漠）
深色高活性淋溶土—钙积土带	冬季湿润亚热带
低活性强酸土—低活性淋溶土—黏绨土带	夏季湿润热带
低活性强酸土带	终年湿润亚热带、东南亚
	终年湿润热带和南美湿润稀树草原
铁铝土带	终年湿润热带（陈东南亚和中美洲以外）

资料来源：朱尔根·舒特.地球的生态带[M].北京：高等教育出版社，2010.

（4）生态带与植被结构（见表3-21）。不仅是土壤带与生态之间近似等同位置,地带性植物群系与生态带也是近似等同位置。世界植被水平分布的一般规律是生物群落带大至与纬线平行,受信风影响,南纬40°与北纬40°之间东侧为湿润森林区域,西侧为干旱区域,亚热带荒漠延伸至海岸。

表3-21　地带性植物群系与生态带近似等同位置

地带性植物群系(顶极群系)	生态带
极地荒漠	极地亚/极地带
高北极苔原	
低北极苔原	
森林苔原	北方带
地衣森林	
郁闭的北方针叶林	
—常绿北方针叶林(暗泰加林)	
—夏绿北方针叶林(亮泰加林)	
夏绿阔叶林和混交林	湿润中纬带
温带雨林	
—常绿阔叶林和混交林	
—温带针叶林	湿润中纬带
森林草原	干旱中纬带
高草草原	
混合草原	
矮草草原	
荒漠草原	
温带荒漠	
硬叶林和硬叶灌木林群系	冬季湿润亚热带
亚热带雨林	终年湿润亚热带
月桂型林	
冬季湿润禾草草原和灌木草原	热带/亚热带干旱带
夏季湿润多刺草原和多刺稀树草原	
热带/亚热带荒漠和半荒漠	
矮草稀树草原/干旱稀树草原和旱生林	夏季湿润热带
高草稀树草原/湿润稀树草原和湿生林	
热带雨林	终年湿润热带

资料来源:朱尔根·舒特.地球的生态带[M].北京:高等教育出版社,2010.

3.2.5 能量流动与物质循环

能量流动与物质循环是地球上所有自然生态系统的基本功能。

1)生态系统能量流动

地表生态系统的全部最初能量来源于太阳,生物元素循环通常在全球循环或局域循环两个尺度上进行,在气候、地质、生物的反应过程中彼此关联。沉积型循环与气体循环都受太阳能驱动,并依托于水循环。在气体型循环中,大气和海洋是主要的储存库。生态系统中的能量流动遵循热力学原理,单向流动,速率不同,质量提高,能量递减。

2)生态系统物质循环

全球水循环。水循环是生态系统物质循环的基础,也是生物地化循环的基础。生物地化循环包括水、气体和沉积型循环。海洋是水的主要来源。水循环分为大循环与小循环,大小循环交织且持续进行。

元素循环。全球磷、硫循环。磷在生态系统中缺乏氧化—还原反应,一般不以气体成分参与循环。全球磷循环从陆地土壤库通过港湾运输到海洋。由于磷很难从海洋返回陆地,海洋中的磷大部分以钙盐形式沉淀,水体上层缺乏磷,水体深层磷饱和。不同生物体中碳、氮和磷的大致深度范围见表 3-22。

表 3-22 不同生物体中碳、氮和磷的大致深度范围

生物类型	碳(%千重)	氮(%千重)	磷(%千重)
陆生植物	36~64	0.3~6.4	0.02~1.0
底栖无脊椎动物	35~57	6~12	0.2~1.8
陆生昆虫	36~61	7~12.5	0.5~2.5
鸟类和哺乳动物	32~60	6~12	0.7~3.7
鱼类	38~52	7~12	1.5~4.5
浮游动物	35~60	7~12.5	0.5~2.5
浮游植物	35~60	5~12	0.5~2.5

资料来源:斯文·埃里克·乔根森.系统生态学导论[M].北京:高等教育出版社,2013.

有毒有害物质循环。需要高度重视地表层废弃物分解与处理,重视放射性核素、有毒化学物、重金属在生态系统中的迁移与转化。

3)陆地剥蚀率(见表 3-23)

目前对陆地剥蚀研究多用块状、层状、点蚀剥蚀模型。陆地侵蚀作用包括冰川、流水、风力、海浪等对地表岩石及其风化产物的破坏作用。陆地风蚀现象包括风蚀柱、风蚀洼地等。陆地的冰川侵蚀现象包括冰蚀平原、冰蚀洼地、U 型冰蚀谷、角峰和冰斗等。流水会使坡面破碎,沟壑纵横,使河床加深加宽,陆地受到流水侵蚀后形成 V 型河谷、沟谷、石漠化等。流水溶蚀会形成喀斯特地貌如峰林、石林、

地下暗河、溶洞等,地表水容易渗漏。海浪侵蚀陆地形成的剥蚀现象包括海蚀崖、海蚀柱、海蚀穴。陆地生态系统中悬浮沉积物与颗粒物是元素输出的主要形态,通过比较风化河流颗粒物与地表基岩中元素浓度、入海河流元素输出能量估算,可看到化学风化过程中主要元素得失。通过研究地层剥蚀厚度与化学风化过程中的主要元素,可了解流域盆地的风化程度,气候变化情况。

表 3-23　化学风化过程中主要元素得失

元素	重量百分比(%)		得失百分比(%)
	地表岩石	风化河流颗粒物	
钠	1.42	0.27	-88
钙	4.5	0.63	-91
镁	1.64	0.63	-75
硅	27.5	27.0	-36
铁	3.59	5.75	0
钾	2.44	2.25	-40
锰	0.072	0.25	+230
铝	6.93	10.6	0

注:元素浓度均用 Al 浓度标准化

资料来源:[美]W.H.施莱辛格,[美]E.S.伯恩哈特.生物地球化学——全球变化分析 [M]. 俞慎,齐涛,吴胜春,韦莉莉,译.北京:科学出版社,2016.

3.2.6　生态系统与生物适应

1)生物多样性与保育

生物多样性包括物种、遗传与变异多样化,生境与生态系统复杂性完整保留。生物多样性是人类生存基础。近两个世纪以来生物多样性损失的主要胁迫包括气候变化、城市化、能源开采或其他土地利用类型扩张、过度利用土壤、农牧林业品种单一、生境丧失和片断化、环境污染。混合种植方式保留了作物多样性,大范围单一种植减少了物种遗传多样性,使其更易受病原体和害虫攻击。沉积学研究成果表明,从史前起人类活动就已经持续给地球表面环境带来影响,如水土流失与物种灭绝。太平洋岛屿和热带树林,以及澳大利亚不能飞行的鸟类消失,都与人类迁徙过程有关。而江河大坝的修建对水量控制与防洪起到一定作用,但也对河流及河底栖息动植物产生影响,影响沉积物入海量,鱼类在江河中的洄游繁殖地与栖息地被人为隔断,需要以整体无害方式保障生物自然存续。一些塑料微粒成为沉积颗粒。

2)生物对逆境胁迫反馈调节与生态平衡

自然生态系统是开放的系统,依赖于外界环境能源与物质输入,对负反馈有一定的自我调节机能。但自然生态自我调节功能也有限度,只有生态阈限内的生态系统才能维持相对平衡。生物有时需要面对影响极限生境,如果超过物种耐受限制将继续衰退无法生存。生态幅是指生物对环境的耐受范围,每一种生物都有一个适应其生存耐受范围的最高值与最低值。利比希最小因子定律指出植物的生长取决于处于最少量状态营养元素,只在物质和能量输入输出处于严格平衡状态时使用。有机体的存在与生长过程有最小、适合与最大状态。生物会通过控制体内环境减少对环境依赖,扩大耐受范围,提高生存率。面对不同生境,生物会选择生殖对策、滞育、休眠与迁移。

3)海洋生态系统与河口生态系统

(1)海洋生态系统。

海洋是地球最大的水体生态系统,已命名生物有100万多种,生态环境包括与海面接触的大气、阳光、海水、生物、有机物、无机盐、海岸与海洋底栖环境等,分为不同的物质循环与能量流动的生态系统,如海草场、珊瑚、深海热泉、深海冷泉、上升流、河口等。以垂直角度上从下往上包含超深渊、深渊、深海、中层、上层,每层水文盐度融通,以海气、洋流与潮汐进行交互运动。因此,海洋整体的连续性与不可分割性是保护海洋与近岸城市生态安全需考虑的首要因素。

海洋有机物。具有生命与非生命两种状态,生命状态浮游生物分为三类:浮游真核类生物、浮游细菌、浮游古菌,非生命状态分为颗粒有机物质与溶解有机物质(见表3-24)。

表3-24　海洋浮游生物类别和种类

类型	大小	种类
超微型	2～5微米	古菌、细菌、微球藻、微金藻、小球藻
微型	2～20微米	原核与真核生物、黄藻、绿藻、甲藻、微型硅藻、颗石藻、腰鞭毛藻
小型	50微米～1毫米	原生动物、蓝藻、硅藻、轮虫、小型浮游幼虫、小型甲壳类
中型	1～5毫米	小型被囊类、异足类、介型类、翼足类、中型水母、桡足类
大型	5～10毫米	被囊类、异足类、毛颚类、翼足类、樱虾类、磷虾类、水母、绒类、大型桡足类
巨型	>1厘米～1米	大型被囊类、大型甲壳类、大型水母

资料来源:宁修仁.海洋微型和超微型浮游生物[J].东海海洋,1997,15(3).

鲍时翔,黄惠琴.海洋微生物学[M].青岛:中国海洋大学出版社,2008.

海洋微生物。海洋微生物在物质循环中既是生产者又是贮存者与分解者。海洋生物约0.1亿～2亿种,几乎包括陆地微生物类群,主要有古菌、真核微生物、真细菌、病毒等。其中真核微生物包括真核微藻、海洋真菌、原生动物等。海洋光合微生物包括真核微藻如甲藻,原生动物如夜光虫、植物性鞭毛虫、有色鞭毛虫,海洋产氧光合细菌如聚球藻属蓝细菌、原绿球藻等。海洋病毒分布有一定的规律性,海洋浮游病毒丰度随宿主、水体深度与季节变化而变化,挪威沿海春秋最高,冬季最低,美国亚得里亚海沿岸夏末最高。海洋底栖病毒丰度与细菌密度具有相关性,随沉积层深度增加降低。病毒是海洋环境中最丰富的生物实体,需了解细菌、真菌、病毒病原微生物致病机理。但宿主生物亦有清除病毒的机制,如海绵、蟹、牡蛎、蛤等都有减少病毒丰度能力,其中海绵能够在 24 小时清除 98% 的病毒存在率。但外在环境因素如温度、潮汐、紫外线等对生物会有明显影响。要注意的是有些海洋微生物如蓝藻、海兔、河豚、西加鱼会产生毒素,海洋微藻产生的毒素种类有红藻、褐藻、金藻、甲藻和绿藻。此外,海洋微生物也有抗菌、抗肿瘤、抗病毒等活性物质。

海洋沉积物。主要是指大陆架与潮间带沉积物分布,包括陆源与浅海、半远洋、远洋沉积物,主要是从陆地入海的已分解矿物、砂、黏土、生物残骸,浊流沉积物如泥沙、珊瑚。

(2)河口生态系统。

河口生态系统在径流和潮汐掺混区域由海洋与陆地生物及非生物共同组成,生物群落处于陆地和海洋生态系统过渡状态,是融合河口、岛屿、潮滩湿地、沙洲湿地、淡水、咸淡水混合、海水的生态系统。

4)植物的生态功能

植物是地球上的生产者,收集太阳能,提供微生物、动物与人类需要。全球土壤含水总量的约 47.7% 位于植物根区。从土壤中吸收氮、磷等土壤养分后植物将其分配在新生组织中。叶与细根获得养分吸收量占绝大部分比重,叶芽与新叶开始生长时组织含有较高浓度钾、磷、氮,随着叶片长成浓度降低,至秋季含量更为迅速地降低,叶组织养分被植物收回储蓄为来年使用。植物叶养分受生长周期、生长期、季节变化与降雨影响。叶表面养分因雨淋而减少,表现为钾≥磷>氮>钙,其中最为显著的是叶组织钾含量季节变化。

森林是陆地生态系统的主体,是一个完整的生态系统,在维护生态平衡上具有非常重要的作用。森林是动植物多样性发展的重要生态系统,具有净化空气、保持水土、调节气候、改善生态的作用,全球热带雨林大面积减少,随着生境片断化小型物种一般先消失。地球森林覆盖面积不断破坏,使生物多样性更快丧失,也对人类生态环境产生严重影响。森林覆盖率较高的国家有芬兰、印度尼西亚、丹麦、新西兰、加拿大等。城市森林需构建合宜的森林结构,甄选育化的树种需要与当地气候、地理环境、四季相适宜。与此同时,区域林火是自然环境的组成部分,人类活动亦产生影响。世界各地林火发生次数增加可能使土壤养分损耗,过火后不同的损失率会改变土壤养分平衡与径流流量。2021 年夏季全球林火频发,中国山西、土耳其、西班牙、美国、加拿大、俄罗斯、希腊、阿尔及利亚、克罗地亚等国家和地区林火蔓延。陆地生态系统中的植被具有保持水源的重要性,其水分损失途径见表 3-25。

表 3-25　陆地生态系统水分损失途径及相对重要性

植被类型	降水量（毫米/年）	蒸腾量（%）	蒸发量（%）	径流和补给水量（%）	蒸发蒸腾量（毫米/年）
热带雨林	1 623	45	56		45
	2 000	49	26	26	65
	2 000	62	19	19	77
		40	10	50	80
	2 209	56	11	32	84
	2 851	31	21		60
	3 725	14	9		61
温带针叶林	366	52	53		52
	595	59	36		55
	626	50	49		50
	627	40	48		11
	710	47	39		55
	725	37	22	41	63
	1 085	49	15	41	77
	1 127	8	12	80	39
	1 225	49	15	38	77
	2 175	35	13	46	70
	2 355	16	11	72	50
	2 620	7	23		23
温带落叶林	349	39	58		40
	313	49	36	5	58
	549	54	9		86
	590	28~47			
	669	73	27		73
	763	33	15		69
	1 333	19	14		58
	2 175	28	12	55	70

（续表）

植被类型	降水量 （毫米/年）	蒸腾量 （%）	蒸发量 （%）	径流和补给水量 （%）	蒸发蒸腾量 （毫米/年）
寒带森林	250	46	25		65
	271	51			
	872	45	8		85
	502	39	35		53
	1 237	19	26		42
地中海 灌木林	475	60	40		60
	475	32	51	4	39
	590	35	55	10	39
热带草原	180	32	68		32
	570	59	41		59
	1 380	60	39		61
	2 500	72	28		72
温带草原	365	65			
	341	49	51		49
		67	33	0	67
	350	39	73		39
	477	37	67		37
	580	56	83		56
	580	39	49		44
干旱草原	144	45	55	0	45
	150	34	56	10	38
	275	55	34		62
沙漠	150	35	65		35
	150	38	62		38
	165	27	73		27
	210	72	28		72
	200	80	20		80
	260	21	36		37
	212	21	27		44

资料来源:[美]W.H.施莱辛格,[美]E.S.伯恩哈特.生物地球化学——全球变化分析[M].俞慎,齐涛,吴胜春,韦莉莉,译.北京:科学出版社,2016.

5）世界植物区划与中国植物区划

植物区系的形成是植物在发展演化过程中自然时空分布现象，植物区划是对植物地理起源、成分与种类组成、发展历史、等级特征以相似程度、关系密切程度分级。

（1）世界植被区划。

植物区系的形成受气候带条件与系统发育的影响。温度和水分是最主要的环境条件。气候带决定植物区系成分，不同的气候带植物群或植物区系各具特点。狄尔斯、恩格勒、古德、阿略兴、塔赫他间等都提出各自关于世界植被区系的划分方法（见表 3-26）。

表 3-26   世界植物区系分区

植物区	植物亚区	植物地区
I.泛北极植物区 （有 30 多个特有科）	A.北方植物亚区	1.环北方植物地区 2.东亚植物地区 3.大西洋—北美植物地区 4.落基山植物地区
	B.特梯斯（古地中海）植物亚区	5.幸运岛植物地区 6.地中海植物地区 7.撒哈拉—阿拉伯植物地区 8.伊朗—土兰植物地区
	C.马德雷（索诺拉）植物亚区	9.马德雷（索诺拉）植物地区
II.古热带植物区 （有 40 多个特有科）	A.非洲植物亚区	10.几内亚—刚果植物地区 11.苏丹—赞比亚植物地区 12.卡鲁—纳米布植物地区 13.阿森松和圣赫勒拿植物地区
	B.马达加斯加植物亚区	14.马达加斯加植物地区
	C.印度—马来西亚植物亚区	15.印度植物地区 16.印度支那植物地区 17.马来西亚植物地区 18.斐济植物地区
	D.玻利尼西亚植物亚区	19.玻利尼西亚植物地区 20.夏威夷植物地区
	E.新喀里多尼亚植物亚区	21.新喀里多尼亚植物地区
III.新热带植物区 （有 25 个特有科）		22.加勒比植物地区 23.圭亚那高地植物地区 24.亚马逊植物地区 25.巴西植物地区 26.安第斯植物地区

（续表）

植物区	植物亚区	植物地区
IV.好望角植物区 （有 7 个特有科）		27.好望角植物地区
V.澳大利亚植物区 （有 13 个特有科）		28.东北澳大利亚植物地区 29.西南澳大利亚植物地区 30.中部澳大利亚植物地区
VI.泛南极植物区 （不少于 10 个特有科）		31.胡安—费尔南德斯植物地区 32.智利—巴塔哥尼亚植物地区 33.亚南极岛屿植物地区 34.新西兰植物地区

资料来源：[苏]塔赫他间.世界植物区系区划[M].北京：科学出版社,1988.

本书采用 1978 年塔赫他间在《世界植物区系区划》中的划分区系。但植物区系分区并非一种方式,《植物地理学》一书中,G.狄尔斯把全球植物区系划分为泛北极植（包括东亚、中亚、地中海、欧洲—西伯利亚和北美植物区）、开普、古热带（包括马来西亚植物区、印度—非洲植物区）、新热带、澳大利亚和南极植物界。R.古德在此基础上将其分为南极、澳大利亚、南非、新热带、古热带、泛北极植物界。H.G.A.恩勒将其区分为 5 个带,32 个区。

（2）中国植物区系分区。

植物区系以地理学与植物学为基础,是植物演化与时空分布的综合呈现,是某一时段区域分类群的植被及所有植物总称,植物分布范围与自然环境相关,反映了古地理与现代自然条件及发展进程,也是一个地区植物物种在环境作用下形成的诞生、分化、隔离、扩散和绝灭。气候、地貌、水文、人类活动都会对植被产生影响。据 2011 年吴征镒等人的研究,中国植物区系分区归纳如下（见表 3－27）。

表 3－27　中国植物区系分区

植物区	植物亚区	植物地区	植物亚地区
I.泛北极植物区	I A.欧亚森林植物亚区	I A1.大兴安岭植物地区 I A2.阿尔泰植物地区 I A3.天山植物地区	—
	I B.欧亚草原植物亚区	I B4. 蒙古草原植物地区	I B4a.东北平原森林草原植物亚地区 I B4b.内蒙古东部草原植物亚地区 I B4c.鄂尔多斯、陕甘宁荒漠草原植物亚地区

（续表）

植物区	植物亚区	植物地区	植物亚地区
II.古地中海植物区	II C.中亚荒漠植物亚区	II C5.准噶尔植物地区	II C5a.准噶尔植物亚地区 II C5b.塔城伊犁植物亚地区
		II C6.喀什噶尔植物地区	II C6a.西南蒙古植物亚地区 II C6b.柴达木盆地植物亚地区 II C6c.喀什植物亚地区
III.东亚植物区	III D.中国—日本森林植物亚区	III D7.东北植物地区	—
		III D8.华北植物地区	III D8a.辽宁—山东半岛植物亚地区 III D8b.华北平原植物亚地区 III D8c.华北山地植物亚地区 III D8d.黄土高原植物亚地区
		III D9.华东植物地区	III D9a.黄淮平原植物亚地区 III D9b.江汉平原植物亚地区 III D9c.浙南山地植物亚地区 III D9d.赣南—湘东丘陵植物亚地区
		III D10.华中植物地区	III D10a.秦岭—巴山植物亚地区 III D10b.四川盆地植物亚地区 III D10c.川、鄂、湘植物亚地区 III D10d.贵州高原植物亚地区
		III D.11 岭南山地植物地区	III D11a.闽北山地植物亚地区 III D11b.粤北植物亚地区 III D11c.南岭东段植物亚地区 III D11d.粤、桂植物亚地区
		III D12.滇、黔、桂植物地区	III D12a.黔、桂植物亚地区 III D12b.红水河植物亚地区 III D12c.滇东南石灰岩植物
	III E.中国—喜马拉雅植物亚区	III E13.云南高原植物地区	III E13a.滇中高原植物亚地区 III E13b.滇东植物亚地区 III E13c.滇西南植物亚地区

（续表）

植物区	植物亚区	植物地区	植物亚地区
III. 东亚植物区	III E. 中国—喜马拉雅植物亚区	III E14. 横断山脉植物地区	III E14a. 三江峡谷植物亚地区
			III E14b. 南横断山脉植物亚地区
			III E14c. 北横断山脉植物亚地区
			III E14d. 洮河—岷山植物亚地区
	III F. 青藏高原植物亚区	III F15. 东喜马拉雅植物地区	III F15a. 独龙江—缅北植物亚地区
			III F15b. 藏东南亚植物亚地区
		III F16. 唐古拉植物地区	III F16a. 祁连山植物亚地区
			III F16b. 阿尼玛卿植物亚地区
			III F16c. 唐古拉植物亚地区
		III F17. 西藏、帕米尔、昆仑植物地区	III F17a. 雅鲁藏布江上中游亚地区
			III F17b. 羌塘高原植物亚地区
			III F17c. 帕米尔—喀喇昆仑—昆仑植物亚地区
		III F18. 西喜马拉雅植物地区	—
IV. 古热带植物区	IV G. 马来西亚植物亚区	IV G19. 台湾植物地区	IV G19a. 台湾高山植物亚地区
			IV G19b. 台北植物亚地区
		IV G20. 台湾南部植物地区	—
		IV G21. 南海植物地区	IV G21a. 粤西—琼北植物亚地区
			IV G21b. 粤东沿海岛屿植物亚地区
			IV G21c. 琼西南植物亚地区
			IV G21d. 琼中植物亚地区
			IV G21e. 南海诸岛植物亚地区

（续表）

植物区	植物亚区	植物地区	植物亚地区
IV.古热带植物区	IV G.马来西亚植物亚区	IV G22.北部湾植物地区	—
		IV G23.滇、缅、泰植物地区	—
		IV G24.东喜马拉雅南翼植物地区	—

资料来源：吴征镒,孙航,周浙昆,李德铢,彭华.中国种子植物区系地理[M].北京:科学出版社,2011.

生态系统内的能量传递和转化遵循热力学定律,植物固定太阳能形成基本能源单向流,植物区系根据起源地划出生成成分。划分区系需要研究各类群分化、进化和历史植物地理。一个地区内通常是年轻与较古老区的混合生长,确定历史成分依靠孢子花粉分析与古植物学资料。中国种子植物共有 301 科,2 980 属,连同蕨类达 27 150 种。其中欧亚森林植物亚区经第四纪冰期、间冰期交替,北界是欧洲与西伯利亚大森林,南界是泛北极区针叶林区,由东亚森林、荒漠与草原构成。青藏高原植物亚区是一个年轻区系,在青藏高原与喜马拉雅隆起过程中形成被高大山系四面封闭、局部开放的地理单元。东部以玉龙山—锦屏山—岷山为界,由横断山脉接四川盆地、云南高原与缅甸。南部是喜马拉雅山脉。西部是帕米尔高原、喀喇昆仑山脉与克什米尔、阿富汗、巴基斯坦。北部是祁连山、阿尔金山与昆仑山。

3.2.7　中国地质与森林构成

1）中国大地构造与地震带

（1）中国地质构造基本格局。

关于中国大陆地质构造"洋陆转换"推论认为中国大陆由海上漂移小碎陆块碰撞拼合而成,结构不连贯、不稳定,因此地震频发。根据王鸿祯先生对中国构造域的划分[《中国古地理图集》(1985)、《中国地质学》(1986)、《中国及邻区》(1990)],中国大陆构造域分为北方大陆南侧陆缘构造域、中国北部大陆及陆缘构造域、中国南部大陆及陆缘构造域、南方大陆及陆缘构造域、中国东部陆缘构造域。构造域由一个或以上大陆地台及其周围大陆边缘区组成,在地球历史上长期形成相对稳定的整体,分为大陆型和陆缘型构造域。前人研究认为中国地质构造格局主要是板块间相互作用与陆内构造活动形成综合反应。从构造形变综合形态、主体构造带展向、复合关系及其动力体系角度,划分为古亚洲、特提斯、华夏—滨西太平洋、贺兰—康滇构造体系域。中国地质构造显著特点是断裂构造,有 45 条曾发生过 6 级以上地震活动性断裂,分属不同构造体系域,其中包括 6 条板块结合带、6 条微板块结合带和 10 条地壳拼接带,多数有蛇绿岩带、构造混杂岩带发育。不少伴有规模较大韧性剪切带,其中 16 条已发现有蓝片岩带。在中央造山系发现含柯石英榴辉岩的超高压变质带。

（2）中国主要地震带分布。

中国大陆地质由多个微板块经多期造山旋回拼合而成,岩石圈性质差异大且结构复杂。活动断裂造成强震,是引起地表变形及伴生多种类型次生灾害的主要地质构造因素。太平洋地震带集中了全球 80% 以上 0～70 千米浅源地震、全部70～300 千米中源和深源地震。中国地处两个最大地震带——环太平洋地震带与欧亚地震带之间,受太平洋板块、印度板块和菲律宾海板块的挤压,地震断裂带活动频繁,强度大、震源浅、分布广,内陆地震占全世界内陆地震的 70%。在中国大陆的震源深度大多在 20 千米以内的浅源地震强度,强频率多。20 世纪以来中国共发生 6 级以上地震近 800 次,地震主要集中在台湾地区、西南地区、西北地区、华北地区、东南沿海地区和 23 条地震带上。遍布除贵州、浙江两省和香港特别行政区外所有地区。中国地震带分布是制定中国地震重点监视防御区的重要依据,全国地质灾害气象预警信息平台与信息发展机制初步形成。中国除浙江和贵州之外的省份历史上都发生过 6 级以上强震。地震较少的大中城市有杭州、贵阳、上海、郑州、长沙、南宁、西安、重庆、拉萨、广州。国家与上海科研机构通过地震观测系统开展滨海地震研究项目,基于城市安全风险预防,公布上海地震台阵数据处理及地震研究进展。地震台阵安装若干地震观测系统,采用地震数据处理,获得更强的地震监测能力,在地震可能发生的区域及时预警,做好防范与应对。

（3）中国自然灾害预报与预警。

中国自然灾害预警已经建立较为全面的体系。灾害预警指灾害发生前应急网络建立和灾害信息发布,形成如暴雨、台风、霜冻、寒潮、暴雪预警平台与管理研究机制。为便于应对特大自然灾害发生,需全方位、系统建立和完善自然灾害预警机制,减少灾害破坏。完善灾害预警系统,及时向社会发布规避自然灾害风险警告。让居民掌握避险常识和技能能自救互救。在风险发生时开放应急避难场所,转移疏散易受自然灾害危害人员和财产,实行有组织避险转移与自救。加强易受自然灾害危害区域、社区、公共场所安全保障,做好救助准备。

（4）中国东海海区及邻域地质地球物理分布与构成。

东海海区及邻域地质构造是海沟基底,为洋壳结构,其上常为深海黏土沉积和混杂堆积。岛弧基底多数陆壳结构主要为火山岩建造,向海沟一侧多分布有增生楔状体或混杂堆积体。发育成熟的弧后盆地基底多洋壳结构,发育初期或在发育中的弧后盆地基底有洋壳与陆壳结构。沟—弧—盆体系是一个多地震带,震源分布在一个从洋向陆倾斜面上(贝尼奥夫带)。海沟处多为浅源地震,岛弧震源约60～100 千米,弧后区震源深度超过 300 千米。重力异常表现为海沟负值,岛弧及弧后盆地正值,岛弧质量与海沟质量彼此相抵。琉球海沟、琉球岛弧和冲绳海槽盆地空间重力异常表现为条带状分布,等值线与东海及中国东部大陆构造走向一致。上海及邻域位于东亚大陆边缘,包括陆架、陆坡。紧邻大陆海岸线外侧是大陆架、边缘海、岛弧、深海沟,构造地貌为沟—弧—盆体系。了解东海地区地质结构,研究太平洋与欧亚板块间相互作用,认知全球板块构造发展与海洋环境,具有极其重要的根本意义。上海海陆地质灾害预防、海洋风险预测、陆海空一体化发展需要对海洋有更深入的认知。

(5)中国森林分布现状。

樊宝敏在《过去4000年中国降水与森林变化的数量关系》中研究记载:"中国森林主要分布在湿润与半湿润地区,年降水量400毫米等值线以东以南地区。古今划分线不同。如今400毫米等降温线在漠河—大兴安岭—吕梁山—六盘山—青藏高原东南缘一线。此线以西多为草原和荒漠,仅在新疆阿尔泰山和天山山脉大于300毫米与400毫米等降水线的高山区有少量森林。中国各个历史时期,由于人口、战争、政治、经济和社会发展不平衡,森林资源受到不同程度破坏。人口增殖、社会稳定、经济发展时,森林受到破坏的程度更严重。"1970年中国第一次林业普查中国森林覆盖率为12%。天然林过度消耗造成生态环境恶化。资源匮乏,森林覆盖率低,荒地、沙漠面积大,黄河与长江等河流上游水土流失。一些沿江地区森林覆盖率只有3%,1998年中国长江特大洪水主要由于长江流域上中游植被减少水土流失严重而造成。受20世纪粗放式工业化与城市化发展影响,中国区域森林减少且不均匀性导致气候变化。中国整体森林覆盖率仍较落后。尽管经过30年种植,中国林地有所增加,塞罕坝林场经过半个多世纪荒漠造林实现森林生态系统重建,但要达到30%的世界平均森林覆盖率,需因地制宜,合理绿化,持续种植。人类活动是造成土地沙漠化与石漠化的主要原因,西南地区石漠化严重。西北既有石漠化,沙漠化也极为严重。全国超过15万平方千米沙化土地需要治理,其中青海近5000平方千米,宁夏与甘肃超过1万平方千米,陕西2.2万平方千米,新疆超过3万平方千米,内蒙古超过8万平方千米。沙漠化土地需要恢复植被,因缺水森林植被无法生长。新疆荒漠化主要原因是缺水,如果解决区域水资源问题,新疆森林将会有根本改观。

森林覆盖率受气候、地质地理、土壤、水文及人类行为影响。受东南季风影响,陆地森林覆盖率影响气候变化,与降水关联密切,具有很强的蒸散作用,需要同时增加覆盖率与厚度。2018年中国森林覆盖率22.96%,森林蓄积175.6亿立方米,森林面积2.2亿公顷,年涵养水源6 289.5亿立方米,年固定土壤87.48亿吨,森林植被总碳储量89.8亿吨。2018年贵阳市森林覆盖率为52%,2019年福建森林覆盖率是66.80%。截至2021年3月21日,据中国国家林业和草原局公布数据,2020年中国完成森林抚育837公顷、造林677万公顷、防沙治沙209.6万公顷、种草改良草原283公顷、铁路绿化里程4 933千米,新增公路绿化里程18万千米。全国森林覆盖率达23.04%,森林面积2.2亿公顷。城市人均公园绿地面积达14.8平方米。国家森林城市建设441个。

3.3　人口变化趋势与生态承载力格局

3.3.1　中国人口数量结构与趋势

中国国土面积约963.405万平方千米，领海约470万平方千米。城镇人口增加主要受城镇区域扩张、城镇人口自然增长和乡村人口迁移影响。急速城镇化与粗放式生产、消费型生活方式造成自然环境恶化，生态压力加大。2019年年末中国国家统计局公布中国人口基本情况总人口140 005万人。其中城镇人口84 843万人，乡村人口55 162万人（见表3-28）。

表 3-28　中国人口基本情况　　　　　　　　　　　　单位：万人

指标	1982 年	1990 年	2000 年	2019 年
年末总人	101 654	114 333	126 743	140 005
男性人口	52 352	58 904	65 437	71 527
女性人口	49 302	55 429	61 306	68 478
城镇人口	21 480	30 195	45 906	84 843
乡村人口	80 174	84 138	80 837	55 162
0～14 岁人口	34 146	31 659	29 012	23 492
15～64 岁人口	62 517	76 306	88 910	98 910
65 岁及以上人口	4 991	6 368	8 821	1 760
出生率（‰）	22.28	21.06	14.03	10.48
死亡率（‰）	6.1 460	6.67	6.45	7
自然增长率（‰）	15.68	14.39	7.58	3.34
总抚养比（‰）	62.6	49.8	42.6	41.5
少儿抚养比（‰）	54.6	41.5	32.6	23.8
老年抚养比（‰）	8.0	8.3	9.9	17.8
平均预期寿命（岁）		68.55	71.40	
男性平均预期寿命（岁）		66.84	69.63	
女性平均预期寿命（岁）		70.47	73.33	

注：1.总人口包括中国人民解放军现役军人，但不包括香港、澳门特别行政区和台湾地区人口。

　　2.城镇人口中包括中国人民解放军现役军人。

资料来源：中国国家统计局.全国人口普查公报[R/OL].1982—2019. http://www.stats.gov.cn/tjsj/tjgb/rkpcgb/qgrkpcgb/

结果分析:1982—2019 年,年末总人口数量持续上升,人口出生率持续下降,从 1982 年 22.28‰下降到 2019 年 10.48‰。自然增长率持续下降,从 1982 年 15.68‰下降到 2019 年 3.34‰。少儿抚养比率持续下降,老年抚养比例持续上升。男性与女性平均预期寿命增长。

根据中国国家统计局公布第七次全国人口普查数据,至 2020 年 11 月 1 日零时中国全国总人口为 1 443 497 378 人。全国人口与 2010 年第六次全国人口普查的人数相比,增加 72 053 872 人。全国人口中,女性人口为 688 438 768 人,占 48.76%,男性人口为 723 339 956 人,占 51.24%(公报数据为初步汇总数据。全国人口指大陆 31 个省、自治区、直辖市和现役军人的人口,不包括居住在 31 个省、自治区、直辖市的港澳台居民和外籍人员。)。

3.3.2   中国生态承载力格局

生态承载力反映了自然体系恢复能力,自然植被与植物是评价生态系统结构、功能及人口承载力的重要因素,一个地区生态承载力由土地面积和土地生产力决定。1961—2008 年全球碳足迹增长了 284%,人均生态足迹由消费习惯、产品制造和服务效率决定。中国生态生物资源整体分布格局呈现出由东至西逐渐减少、由南至北先减少再增加的趋势。中国人均生态承载力格局以瑷珲—腾冲线为分界线,以西人均生态承载力高,以东人均生态承载力低。自 20 世纪 70 年代开始,中国消耗可再生资源速率高于资源再生力,生态超载,具有区域差异与不均衡特点。人口增长、消费模式、粗放式工业与城市发展导致中国生态足迹增长。据《中国生态环境状况公报》发布数据,至 2019 年底中国共建天然保护地超 1.18 万个,保护面积占全国海域面积的 4.1‰,陆域国土面积的 18%。

3.4   生态文明

生态文明是基于生态伦理对世界整体认知与规律探索,尊重生命,保护自然权与人权,保护生物多样性。反思"以人类为中心"的发展模式,强调人的自律与自然生态底线,保留人性中公正心、同理心和同情心。完善法律与社会运作机制,实现人类与自然协调发展,社会良性循环,一切有益的延承与认知发展,具有人道、人文、科学精神。

3.4.1   规律发展

规律是事物运动过程中本质联系。遵循自然规律、生命节律、生命尺度发展。在地球系统整体构成与演变规律中发展城市,在地球生态圈循环系统中建立有度、适宜、健康的社会。

1)尊重自然规律发展

自然是自然事物的总和与自然本性。自然是事物及其属性集合构成的系统,未受到人类干预。自然生态系统有其天然特质与内在规律,需要整体、全面、系统地认知与研究。尊重自然,遵循自然规律,发展人类社会与人居地学系统。

2)尊重生物节律发展

人体生物节律具有一定的时间性与周期,受到生命周期的影响,生命机能从幼年至成年至年老,呈现弱—强—弱转换。尊重人的生命节律,从其诞生、成长、发展直至生命终结。

3)尊重生命周期发展

城市需要从自然中取得能源、物质、环境支持,具有诞生、发展与消亡过程。城市的主体是居民,尊重人与动植物的生命周期,保护自然,发展社会,拟定与完善有益的法律,建立居民全生命周期社会福利保障,实现对居民的全社会支持。

3.4.2　智慧发展

智慧是对世界本质的探索和认知。认知自然,与自然共生,在更广阔的时空尺度上理解地球生态系统与循环,遵循自然规律和生物节律,汲取从古至今的智慧发展社会。智慧发展需要人文发展,对于人类的过去、现在与未来,有清晰的认知与判断,尊重古文明及人们在日常生活中形成的有益思想与文化。

3.4.3　公正发展

公正包含三个层次,保护自然环境物种、人与自然、人与人之间公正发展。人的尊严是由人的不可替代性出发,尊重人的内在自然价值。宪法基本原则与最高价值是国家有保护和促进人发展的义务,确保人的基本权利,建立公平正直的社会制度与立法、教育。居民能自主生活,能获得必要的生活与发展条件,享有教育、医疗的平等权利。康德提出人的思想自由"超越于一切价值之上,没有等价物可替代,才是尊严"。促进个人尊严生活,进行公正的社会分配,约束过度的公共权力。德国在《德意志联邦共和国基本法》规定:"人之尊严不可侵犯,尊重及保护此项尊严为所有国家机关之义务。"

3.4.4　平衡发展

需要以生态平衡为原则,制订国家与城市发展战略,防止生态系统退化与危机。目前所处的间冰期是比较温暖的时期,有利于森林植被与土壤恢复。社会及城市发展需尊重自然规律,谨慎维护自然生态系统的原始平衡。自然平衡机制有其精微之处,气候与地质是生物存续的核心影响因素,从地质时间螺旋中可看到不同时期的物种种类存量。生态系统的平衡被打破后有可能面临不可逆转局面。某种物种减少或灭绝会造成自然生态链缺失,自然生态系统发生根本变化后并不一定能够通过人工补偿修复。

3.4.5　整体发展

整体是指由事物内在要素构成的有机统一体,"整体并不是局部相加"。以地球上的自然生态系统与人工环境为整体平衡发展。自然生态系统是环境与生物有机整体,需要保护好自然生态结构,重建与自然平衡的关系。以地球构成为基础,保护地球生态的完整性,遵循地球系统循环与运行、生物演化规律、海陆环境演变、地球周期变化、轨道尺度演变、古今环境演变、自然生态系统周期。人地系统应符合自然法则,遵循时空与生命尺度。最大程度地保护自然环境生态系统,对动植物实行在地与迁地保护,保护植物种子,实现生物多样性。

3.4.6　人文发展

人道主义、艺术人文与科学精神是智慧生态城市与社会发展的基石。

1)人道主义

维护人的生命权、生存权与发展权,实现人的社会资源合理、合法取得。尊重人的自然与社会属性,完善人格塑造,保护人的灵性与情感,对人性中的良善、仁慈、创造力予以肯定与支持。建立完善且合度的社会保障体系,平等对待妇女、儿童、老人、弱势群体,帮助处于困境的人们获得有尊严的扶持与改善。保障居民以个人特质,实现终生学习与职业发展,取得正当的经济收益,得到公正、平等的社会支持,最大化自我实现。在法律保障下,居民能成为有思想、判断力、有爱心、负责任、意志坚韧的人。建立具有人道精神与生命关怀的社会与制度,将有利于实现生命平等与尊严,建立与完善一个健康具有生命力的社会。

2)人文精神

人文精神是指尊重人的生命价值、意志思想自由。社会文明程度内在表现为人的文明、人的精神觉醒、自觉、认知与行为能力,外在表现为制度文明、精神文明与物质文明。艺术人文是对世界存在的观察与认知,多元化、多视角的认知将避免局限。《礼记·经解》"温柔敦厚"强调"中和"之美,也指人性品质适中、节制、安定,具有秩序,中和有度,以"仁"为核心,克己复礼,内外兼修。《毛诗序》强调"礼归乎正"。"和"是中国一个审美概念,代表智慧、至善、极美。人文精神将艺术思想、人类认知与科学方法形成一个整体。通过对人文精神的回溯,建立行为尺度与社会秩序。

3)科学精神

科学是人类对事物本质、构成、特征、运作、相互关系与规律的认知。了解系统可能、客观与实然,通过观察与实验得到结论。科学平权精神指理性和实践平等,每一种科学理论与流派具有同等存在的权利。科学理论与研究成果受条件局限易错,纠错与宽容精神、精益求精是形成多元与追求真理的基础。近代科学的发展,从人的自觉与本性扩展到科学、民主精神,实现人的思想解放,个性化发展,保留人性中的良善、感性与直觉。

3.4.7　法制发展

人与自然的关系以法律的方式形成秩序与法则,通过立法、尊法、执法改善人与自然关系。以法律保障文明多样性、生物多样性,促进生态系统良性循环,保障自然—生命—社会—城市生态系统稳定。推动"自然生态权"生态立法,重视自然生物在人工环境里的生存权。发展生态法学,完善法律制度,实现自然生态与国土安全。

3.4.8　文明发展

1)文明是人类对客观世界的认知、适应与发展创造的精神与物质成果总和

建立公平的社会规则,文明才真正产生。文明涵盖了人与人、人与社会、人与自然之间的关系。文明的实现基于全面的认知与准确的判断,了解现实与规律,富有良知地推动社会发展。生命个体的自我发展目标蕴含着选择,需要具备独立思考能力。以赛亚·伯林在《现实感》中谈到"价值就是包括思考、感觉和意志生活的一部分……我们生来就处在一个世界和一个社会里……寻求通过对事实更充分的理解来消除这些矛盾"。文明发展是保留人的尊严、人道主义与人文精神,维护公共秩序。智慧生态城市需建立在自然生态系统平衡与社会文明发展基础上。

2)文明发展多层次并存

人类社会结构性问题是全球共同问题,丛林规则无法避免不公与战乱,正视大气、粮食、土壤、产业、生态与人口问题,减少因争夺资源发生的贸易摩擦与局部战争,城市发展的核心问题需以求真的世界观,善意、互助的生命观与价值观,建立公正与平等的社会规则,重新审视个人与社会行为尺度,以法律形成根本约束。

3)人与自然的关系

人类社会发展从遵从自然到改造自然、征服自然到人地协调。自然育化万物,中国自古以来注重整体和关联。老子认为"人法地,地法天,天法道,道法自然"。庄子在《庄子·齐物论》中提出"天地与我并生,而万物与我为一"的生态哲学思想。"天之道,利而不害"反映了人们的自然观与生命观。从中国古代文学、建筑、绘画中,都可以看出人与自然是一种浩然的天地人关系,除日常用取之外,自然更是一种审美,让人心生欢喜的归属。《逸周书·大聚篇》提出"春三月,山林不登斧,以成草木之长。夏三月,川泽不入网罟,以成鱼鳖之长"。在植物与动物生长、繁衍季节不得砍伐与捕捞,保护生物的生存发展。法家管仲在《管子》中记载说:"一年之计,莫如树谷;十年之计,莫如树木;终身之计,莫如树人。""爱之,利之,益之,安之,四者道之出。""地之生财有时,民之用力有倦,而人君之欲无穷。以有时与有倦养无穷之君,而度量不生于其间,则上下相疾也。"他提出土地生产财富受时令限制,强调尺度的必要与节制欲望,提议珍惜民生,使民安居,国之制度以民众为基本。《周易》呈现出事物与境地彼此转化,揭示自然与万物一体,一切行为中蕴含因果。天人合一观是包容与相融。儒家提出人性本善,天性良善端正,人与天地万物是一个整体,主张实现自然与人之间的和谐。自然界有着自组织的有序结构,社会结构、城市结构应与自然相融。

4)从全球古文化与古文明中汲取学习

保护自然生态系统,既容纳人类活动又能维持自然平衡发展。不同文明与国家留存下来的古代艺术美学都曾指向平和、圆融、和谐,组成均衡、稳定、具有秩序感的整体,建立恰当的尺度,达到一种有序的平衡状态。欧洲从古希腊、古罗马时

期开始注重探究物的实际,以物理为基础,以人为尺度,发展医学、法学、机械学、建筑学、规划学。人是自然的一部分,自然是富有生机的整体。在世界各国古代艺术中,如中国古代的山水画中,中国新疆、古波斯、古印度、土耳其、南美、非洲的绘画、音乐与建筑中呈现人物与自然关系。许多民族至今保留了人与自然共生的思想与生活习俗。"人是自然之子"准确界定了人类与自然的关系。不同的文明发展有交叠、对抗、并存、融合,并不是以替代方式更迭,不同地域的文化流动使文明得以延续,潜移默化地成为人们生活的一部分,文明以人们的日常生活作为载体,生活化的文明才能真正得以存在下来。如果没有人们在生活中的承载与应用,仅仅只有城邦废墟、古迹与文物的留存,不是活的文明。存在于人们日常生活中的情感、常识、思想、传统、习俗的保护与延续非常重要,是生命与社会基础秩序的反应,而非仅是硬件空间。乡村人居经过漫长的历史形成内在秩序,是一种与自然融合结合农耕生活的人居形态。不能认为城市的聚集形态结构一定优于乡村人居形态,城市无法代替乡村人居形态,两者是并存关系,而非替代关系。需在过度人工化的环境中恢复自然人居形态,有间地构成而非紧密地存在。留有空白,有间才能给自然与生命带来更为从容的生机与生长的余地。

5)相对于自然的形成,人类历史短暂,须谦逊有度,善始慎终

保护好地球,重塑城市空间与生活方式,未来建造适于不同环境多种空间形态的人居系统。认知自然与万物,尊重与人们同在一个区域的生物生命周期,让城市复归自然,动植物与人类共生。城市中的自然是居民日常生活不可或缺的自然,生活健康有序,保留良好的日常秩序与生活节奏。城市能够融于自然,人们能够友善交往不再隔绝孤立,与自然产生更深切的联接,从自然中获得安慰与启发。儿童在成长过程中有足够的时间亲近自然,在自然中嬉戏玩耍,陶冶心智,结交朋友,在虫鸣鸟唱日月星辰中感受到美好、愉悦与辽阔。

第4章 古今城市智慧生态发展借鉴

本章以历史和地理为轴分析古今中外城市智慧生态发展范例,研究城市发展的时空关系,在研究城市现状时,必然要研究其过往,了解城市兴衰条件,研究人居与环境融合的不同方式,从城市发展史中汲取智慧。

4.1 智慧生态城市发展历史与地理尺度

从古至今既有城市因失衡消失,也有城市实现均衡发展,探讨城市发展方向与适宜尺度很重要。城市发展与人类文明发展关联密切,玛雅文明、阿兹特克文明和印加文明皆因近代殖民消失,苏美尔文明与古埃及文明依然有许多未解之谜。中国自龙山时期始"道法自然"与"天人合一"的自然观延续至今。各地传统人居深具智慧,具有广泛的环境适应力,应珍视民居形式且习所长。南美洲、非洲与东南亚传统民居重视自然与天然散热方式,西班牙与中国南北境形成丰富的人居文化,欧洲国家更注重生态人居及森林发展。

4.1.1 智慧生态城市发展的历史尺度

4.1.1.1 古文明中城市的生态智慧

古代城市如秘鲁马丘比丘古城、约旦佩特拉古城、叙利亚帕米拉古城、伊朗波斯波利斯古城、希腊雅典卫城、意大利罗马古城、柬埔寨吴哥王城兴衰更迭,积淀了丰富的人类文明。

1)苏美尔文明——美索不达米亚平原城邦的起落循环

幼发拉底河与底格里斯河冲积平原为城邦与文明形成创造了基础条件,诞生了泰尔·布雷克、乌尔、乌鲁克、阿卡德等古城。城邦建立了运河与密集水网,发展贸易,修筑系统灌溉工程,实现农耕集约化。为避免战争损毁,城邦附近农耕区短期发展致使土壤严重盐碱化,城市人口和粮食需求不断扩大致使土壤无法修耕恢复肥力、粮食产量锐减,城市逐渐缩小为村落或是居民被迫放弃城市。其后以部落为基础的小范围农耕方式让土地活力渐渐恢复。此后又进入新一轮螺旋式发展,即城市化—战争—征税—集约化农业生产—产量增加—人口增长—土壤盐碱化—

产量下降—人地矛盾加大—城邦解散—分散式聚落发展。尽管城邦与聚落在密疏形态上有所变化,但对自然环境的损伤是永久性的,同一区域土地肥力并不能回复到原初状态。

启示:城市存续必须以自然环境生态活力为基础,建立合适的人居空间发展范围与尺度才能持续发展。城市需可持续发展,不能不断增加人口,依赖于扩大外部资源供给。要重视自然生态生机修复与活力还原,尤其是土壤与水文、空气的环境修复,制定自然生态修复与补偿机制。

2)纳巴特文明——水利系统是高山古城佩特拉存续的基础

佩特拉古城是纳巴泰首都,建立在高山岩石中,城市建有完整的高山引水、供水、集水灌溉系统及系统水利工程。穆萨泉是佩特拉古城最重要的水源,人们从山石中开凿引水渠,解决全城饮用水。在山谷内修建水坝与引水隧道,将冬季洪水引入穆斯里姆谷地。降雨径流是当地重要水源,人们修筑梯田、石墙、设计农耕灌溉系统收集雨水径流,减缓雨水流速、增加多次循环利用。建有收集雨水的地下水窖、蓄水池、水库、水坝、护土墙、沟渠等储水系统,调节旱季雨季用水。修建护土墙帮助土壤保存淡水。修筑集水农场,形成独特的种植农业体系,提高集水资源循环利用率。由于气候、降水稀缺限制古城扩大,后因商路改道、战争频发与地质灾害,古城失去居住功能。

启示:水利对城市发展作用重大,取水、蓄水、节水方式对城市居民生活亦有重要影响,须重视城市用水方式、水源水质,不完全依赖地下水开采,减少地下水开采以避免过度使用产生城市地质沉降,可以通过雨水收集、储存与有序多层次利用,改善日常用水方式,增加雨水径流的循环利用。除生活用水方式改进,佩特拉古城农耕循环用水方式亦值得现在的城市农林业借鉴。

3)印加文明——马丘比丘城市空间规划与农业灌溉系统

马丘比丘坐落在安第斯山脉与亚马逊雨林之间的高山上海拔 2 430 米处,依据自然环境建筑城市,以减少白蛉传播利什曼病对居民影响。自然气候旱季雨季分明,按周密的城市空间规划建设,古城建筑功能区域划分清晰,建有宗教、军事、居住区,石砌建筑工艺高超。梯田具有完善的高山灌溉系统,农业区在较高区域,住宅区在较低区域。水池之间用石头制成沟渠,以下水道相连。古梯田间隔均匀、排列整齐、具有韵律。多层梯田全部垒石修筑,从上到下多次利用水源灌溉农田。

启示:须注重城市选址、功能规划、农田灌溉系统和公共卫生疾病防治。

4)玛雅文明——城市的兴起与瓦解

玛雅文明是位于目前中美洲危地马拉、巴拿马、墨西哥、洪都拉斯等地区的热带雨林古文明,由 100 多座城邦组成,修建了金字塔、寺院,发展了天文、数学、农业、建筑、冶金等,文字语言与数字历法发展兴盛,分为前古典期、古典期与后古典期。阿兹特克帝国灭亡后,因未知原因社会完全瓦解。也有研究认为早期玛雅文明时期城市库班因大量砍伐森林,减少了植物的自然繁育,加速了土壤侵蚀,发生泥石流,农业生产减产,人口数量下降,最终人居聚落废止,文明崩溃。考古学者将玛雅城邦衰落、文明消亡的原因归于气候环境恶化、外部冲突与战争。

启示:玛雅文明表现在城邦空间规划与建筑设计具有高度秩序与美感。冶金、数学历法与文字语言综合发展甚为重要,因气候、自然环境变化及人为冲突,致使文明最终消亡。

5)迈锡尼文明——迈锡尼古城和提那雅恩斯古城对古希腊文化形成的影响

迈锡尼古城和提那雅恩斯古城遗址位于希腊伯罗奔尼撒东北部,建于公元前15世纪至公元前12世纪,古城属于古希腊青铜时代最后阶段,迈锡尼古城包括皇宫、城堡、蜂窝式墓葬、竖坑墓穴等,城墙保存完好,具有极大文物价值。迈锡尼和提那雅恩斯两座古城设计的狮子门、皇宫、城墙、运河是建筑典范。迈锡尼文明对古典希腊城市建设发展、文化形成具有深远影响,衰退原因推测是内部冲突、人口流动和多利亚人入侵。

启示:城市、建筑、文化形成需长期和平发展社会环境,城市与文明相互作用与影响。

6)两河文明——伊拉克巴比伦古城与萨迈拉古城

公元前4700年底格里斯河和幼发拉底河两河流域已形成城邦与国家,苏美尔文明、亚述文明和巴比伦文明共同组成了两河文明。巴比伦古城在巴格达南90千米处,公元前3000年创立了世界第一部法典,修筑了空中花园,创造了楔形文字,实行一周七日制、一日十二时辰,制作与使用陶盘餐具。萨迈拉古城是伊斯兰都城遗址,位于伊拉克巴格达以北底格里斯河两岸,公元833年萨迈拉村落发展为城市后,从巴格达迁都至萨迈拉,城市沿底格里斯河扩展建造宫殿和园林,以科学、哲学和文学艺术成就丰富了人类文明史。在建筑和艺术方面具有创新性,阿拔斯王朝时期的大清真寺和螺旋宣礼塔设计雄浑朴拙,具有极高艺术和历史价值。萨迈拉都城迁回巴格达后逐渐衰落,1300年成为废墟。

启示:以法学、历法、哲学、文学、艺术、科学、城市规划与建筑设计等为核心,整体协同发展,创造更高层次的精神与物质文明。

7)帕尔米拉古城——多种文明与文化交融

帕尔米拉古城拥有较高文明,居于东西商路通道上,是中国长安和罗马之间的贸易中转站,联系波斯湾和东西方各国商贸,曾是古丝绸之路最有文化底蕴、繁荣的绿洲城市。帕尔米拉古城遗址位于叙利亚中部幼发拉底河和地中海东岸之间的沙漠边缘绿洲上,由于地处几种文化的交汇处,文化呈现多元特点。城市建筑与艺术融合古希腊、古罗马、波斯文化与本地传统,恢弘端严,古典磅礴。古城现残存凯旋门、柱廊、王宫、神庙、角斗场、剧场、集市、街道、天廊水道和陵墓等,形成有序的城市整体规划,凝聚东西方艺术智慧。帕尔米拉古城的繁荣持续300年,公元2世纪60年代被罗马帝国统治,273年遭战争破坏衰落。

启示:融合多元文明与文化精粹建设城市,才能具有独特、多元的智慧。

8)埃及底比斯古城与伊拉克利翁古城——城市规划功能区分明晰

埃及是欧亚非三大洲的交通枢纽,埃及底比斯古城位于开罗南面尼罗河边,兴建于古埃及第十二王朝,是古埃及的政治、宗教中心。以河为界分为生者之城与死者之城,象征生命的生与死永恒循环。距今4000余年,不断扩建宫殿、神庙和陵墓,如拉美西斯二世宫殿、路克索尔寺院、卡尔纳克神庙、阿蒙诺斐斯三世寺院,建筑风格庄严宏伟。卡尔纳克神庙历经千年建造,是古埃及社会、文化、历史与文明的高度发展积淀而成。后因内部矛盾加剧、小亚细亚及爱琴海其他民族与亚述军队入侵,公元前27年地震后城市建筑倾塌。伊拉克利翁古城是埃及重要港口城市,发源于公元前7世纪,受洪水、地震影响沉入海底。

启示:借鉴底比斯古城规划思路,城市规划要有千年以上的长远规划,以更长远的战略方向引导城市往智慧、生态协同发展,以和平带来城市建设长周期。在长远规划中再分列百年与十年建设目标,逐步整体化与精细化建构城市功能。伊拉克利翁古城规划对沿海城市具有更重要的启示,港口城市选址需要有排解与抵御洪水、海平面上升等变化的前期判断能力,对城市所在区域地质结构以及地震历史要有周详信息收集、研究与公布,研发更精确的地震预警预报仪器与管理体系,城市智慧发展需要推广通识教育,帮助居民面对突发自然灾害与社会灾难,减少风险妨害,提高自救能力。

9)哈拉帕古城、波斯波利斯古城、希腊雅典卫城、意大利庞贝古城、赫库兰尼姆古城——自然灾难与战争威胁城市文明存续

(1)哈拉帕古城。

哈拉帕古城坐落于巴基斯坦旁遮普省印度河冲积平原上,建于公元前3300年至公元前2800年印度河文明"拉维时期",以农牧业为主,注重棉花、羊毛、商品生产与交易,发展了早期印度河文字、标准度量衡测量法。哈拉帕古城等早期印度河流域的人类聚落选择河岸定居,发展农业、畜牧业,通过产业发展与宗教联合,实现社会分工和社会发展,促进手工业和商业贸易发展,增加经济与政治实力。公元前2600年至公元前1900年,哈拉帕古城进入完全城市化时期,成为印度河流域政治经济中心之一。后因人口数量过高、基础设施耗损、法治秩序失衡等原因逐渐衰落。

启示:自然环境与人口、产业形式相互影响,人口数量与结构是否合理是关键因素。

(2)波斯波利斯古城。

波斯波利斯古城是波斯阿契美尼德王朝礼制都城,兴建于公元前520—515年,具有极高的历史、人文、艺术价值,具有中亚古代文明独特形制。城市位于伊朗扎格罗斯山,是阿契美尼德风格——融合古埃及与古希腊艺术,由万国门、宫殿、议事厅、营房、陵墓等建筑构成,百柱宫与阿帕达纳宫是古城核心建筑,由大流士一世开始建设,完成于薛丁斯统治时期。城市面积约0.135平方千米,建立在13米高

的石质平台上。波利斯古城繁荣富足,公元前 330 年随着波斯帝国战败,最终在战争中损毁。

启示:城市形成的人文艺术历史价值非常宝贵,避免战争城市才能真正得以发展。

(3)希腊雅典卫城。

雅典卫城位于希腊雅典卫城山丘之上,建于公元前 5 世纪雅典黄金时期,是政治、宗教、文化中心,具有宗教祭祀与军事防卫功能。雅典卫城的建筑群与自然环境、公共空间结合,包括埃雷赫修神庙、帕特农神庙、雅典娜神庙、山门、通廊等建筑,采用当地蓬泰利克大理石修筑。雅典卫城建筑与雕塑是古希腊艺术文明的杰作,秩序明朗、风格古典和谐、层次温和丰富、立面平整、结构简洁,流线设计通过坡度连接不同空间。雅典卫城在战争中被波斯占领破坏。

启示:城市与自然环境和谐相融具有非常高的艺术品质,应尽量避免战争人为破坏。

(4)庞贝古城与赫库兰尼姆古城。

庞贝古城是商业城市,位于小山上,东西长约 1 200 米,南北宽约 700 米,占地约 1.8 平方千米,石砌城墙依山而建。城内南北和东西走向大道相交,大小街道成网格状分布。以公民广场为中心,公共建筑群集中在广场四周,有太阳神庙、选举厅、市集、露天剧场、剧院、竞技场、体育场、公共澡堂、庙宇等。建筑内有供暖设施。庞贝民居建筑的核心部分在中庭,中庭具有采光与收集水源的功能。将雨水汇集起来流入雨池、汇入蓄水库,并设有神坛可进行宗教活动。另外还有店铺、商行和手工业作坊等经营用房。

赫库兰尼姆古城位于埃尔科拉诺,面向那不勒斯湾,城市非常富裕。公元 79 年维苏威火山爆发,赫库兰尼姆古城、庞贝古城、斯塔比奥古城受到摧毁倾覆掩埋。

启示:城市是文明的创造与呈现,只有在自然环境安全的前提下才能减少自然灾难侵害,实现社会的有序繁盛。城市应修建在安全的自然环境中,建立整体完善的城市规划、供暖系统与雨水收集方式。需要注重人口数量、法制与基础设施完备,避免战争与自然灾难。

10)柬埔寨吴哥与泰国阿育他亚大城——城市、乡村、森林、古迹融合

柬埔寨吴哥位于金边西北,始建于公元 802 年,12 世纪以宗教和政治理念为基础设计建造完成。吴哥王朝都城与吴哥窟繁荣发展,建筑布局体现宇宙结构,建有图书馆、宫殿、回廊、浴场等建筑,建造运河、贮水池、沟渠系统等水利灌溉系统,15 世纪没落并掩映于丛林。阿育他亚大城位于曼谷以北湄南河畔,17 世纪全盛时期贸易发达且民生富裕,人口超过 100 万。发展佛教并建造众多古都建筑、寺庙、皇宫及佛像,雕塑典雅庄严,18 世纪被摧毁。大城古迹遍布城市和郊外,保持乡村田园风貌,融合了城市与乡村、古城与今城。

启示:森林与乡村,古建筑与居民日常生活工作区域相融,建造古—今—城—

乡—建筑—森林融合的居住形态。

11）城头山、交河故城、嘉峪关古长城与喀什古城——生土建筑古城、关隘与城墙

城头山夯土城墙是迄今为止中国最早的夯土古城墙土遗址，距今 6 000 余年，修筑有夯土城墙、天然护城河（澧水支流鞭子河）、环壕、制陶窑址、灰沟、道路、居住房址、瓮棺墓葬、古稻田、祭坛、船艄遗址，主要功能是防御。由于古城位于南方平原地带，主体土制结构疏松易受潮霉变磨损，更需预防梅雨、洪水、地下水、酸雨等侵蚀。经夯土建筑研究机构研究，往生土里加入一定比例的砂石夯实，可解决夯土建筑承重结构与耐水问题。

交河故城是保存完好的生土挖造台地古城，当地人称之雅尔和图（崖儿城），位于古河床交叉台地上，源于博格达山、塔尔朗河的牙尔乃孜沟河流分成四条支流汇于城下。故城曾是吐鲁番盆地的政治、军事、经济中心，主要功能是军事防御。城台长 1 650 米，宽处 300 余米。整座城市浑然一体，如绿洲上的一艘航船，用减地留墙方式从台地表面向下挖凿而成，主要建筑方法有压地起凸法、剁泥法、生地挖造法。主体建筑修建于唐代，包括民居、寺庙、宫署、手工作坊、军营、街巷、墓葬群等，保存三座城门，遗存 1 000 余米防护墙。据《汉书·西域卷》记载"楼兰、姑师邑有城郭，临盐泽"。车师原在罗布泊（古蒲昌海）水域边。城市废止的主要原因是河流冲刷、河床下切等自然环境变化导致居民迁徙。交河故城始建于公元前 2—公元 5 世纪，由车师人建成，承袭苏贝希文化，随着家族扩大形成公共权力发展为城邦国家，早期是车师前国都城。北魏至唐初为高昌王国交河郡时期，公元 5—7 世纪兴盛于唐代安西都护府时期，8 世纪中叶—9 世纪中叶为回鹘高昌交河州，经西辽、元朝，据推测损毁于 13—14 世纪末。

嘉峪关于明代修建，就地取材客土夯筑，所处地貌土壤中杂砂砾戈壁，城墙所用夯土主要从黑山取土以增加建筑牢固度，建成版筑夯土结构城墙，是保存完整的防御性建筑群，由城壕、外城、内城、瓮城组成，外接全长 60 千米的悬臂长城。内部建筑主要用黄土夯筑城墙，城墙外再筑城砖，城砖为砖土混合材质。长城建于山脊，以黄土与砾石合夯而成。嘉峪关外的长城墩为夯土墙建筑遗存。古长城防线包括堡城、墩台、城台，形成关隘、燧、墩、堡、城整体防御体系。2012—2016 年嘉峪关大修，对周边自然、关城与长城建筑进行病害、风速、测斜、压力、裂缝实时预警监测，通过修复周边植被与环境实现整体预防保护。

喀什古城高台民居是现存仍有居民居住的土生建筑古城，位于吐曼河与克孜勒河交界处，以维吾尔族居民为主，海拔 1 288.7 米，占地 8.36 平方千米，居住 22 万居民。受自然与人文因素影响，古城呈不对称状以清真寺为中心，建筑就地取材、因地制宜，用麦草涂抹土坯外墙，民居大门向西开制，建有过街楼和不规则街巷以方便行人通行与交流。建筑形制有毗连式、套间式与穿堂式，注重色彩装饰，用色质朴醇厚，与环境协调美观。

　　启示:建筑主要材质与结构与当地自然环境关系密切,城市亦因地理环境不同有着不同功能设定。城头山古城是迄今发掘的最早年代劣土古城与形制。交河故城呈现了绿洲国家由原始步入文明的过程,是融合多民族不同文化的军事古城。交河故城与嘉峪关都是边境城市主要实现防御功能,建筑采用压地起凸法、剁泥法与夯筑法,气候干燥使得土制城市与建筑得以保存。交河故城与嘉峪关应首先考虑遗址的妥善保存,古迹与周边自然环境一并保护修复。喀什古城高台民居迄今仍有居民居住,是难得的土建筑古城活化石。好的古城保护与发展是有居民在其中生活,保护不同的生活方式。

4.1.1.2　中国古代城市对比与演变

　　据历史考古证实中国在龙山时期已开始形成城市与阶级社会,形成新的政治、军事、经济、文化中心。龙山文化遗址源自山东,后扩至中国其他区域,由于政治军事发展聚落面积增大,形成阶层体系。大多数城池都由夯土建成堡垒式城市,具有明显向心式聚落中心,分布在中国郑州—洛阳地区。城子崖聚落群形成有序体系。龙山时期山东景阳冈地区形成等级聚落群,四川成都平原形成以河道防御的长方形夯土城邦,长江中下游亦形成等级聚落,良渚地区发掘没有修筑城墙的四级聚落群。区域聚落间军事与贸易冲突频发,多修建环壕与护城河(见表 4-1)。西周城市格局内城与外城并列,《考工记》原是《周礼》的一部分,"匠人营国,方九里,旁三门。国中九经九纬,经涂九轨,左祖右社,面朝后市,市朝一夫。"记载了城市理想结构、规划原则与程序,包括水利、建筑、礼器等技术。

表 4-1　中国古城演变

形态	年代	人口	面积(万平方米)	聚落/城邦	结构
农业聚落	前 5000—前 4000 年新石器晚期仰韶早期	450～600 人	5	姜寨一期(甘肃临潼)	村落布局,居住区,墓葬区,道路,制陶区,广场,围栏,窖穴,环壕
农业聚落	前 4000—前 3500 年汤家岗文化、大溪文化、屈家岭文化、石家河文化		7.6	城头山(常德澧县)	四次筑城地层,古稻田,祭坛,天然护城河,圆形夯土城墙
农业聚落	前 3500—前 2800 年		270	大地湾(天水泰安)	坡地聚落,宫殿,布局规整,对称平衡,设防火保护层
农业聚落	前 3300—前 2300 年	2～3 万人	550	良渚(浙江余杭)	古城,广场,祭坛
农业聚落	前 2500—前 2100 年新石器时期龙山文化	21～2 000 人	0.2	城子崖(章丘龙山)	方形,墙高 8～10 米,护城河

（续表）

形态	年代	人口	面积（万平方米）	聚落/城邦	结构
礼乐形成	前 1970—前 1600 年夏	1.8～3 万人	3.75	二里头	中轴线都城,宫殿,道路,贵族聚居区,作坊,祭祀墓葬区,无城墙
	前 1600—前 1046 年商	10 万人	25	亳(郑州)	方形,12 门
	前 1046—前 221 年周、战国		9	王城(洛阳)	近方形,12 门,双子城,宫殿,祭祀区,手工业作坊,夯土城墙,人工沟渠,天然护城河
		35 万人	20	临淄	方形,双子城
中央集权	前 206—220 年 汉	24～28 万人	36	长安(西安)	近方形缺西北角,12 门,二重城,夯土城墙,八条大街,十干道,九市,宫殿,武库,礼制建筑群
	618—907 年 唐	100 万人	87	长安(西安)	长方形,12 门,5 路 7 街,2 市,三重城(皇城、宫城、廓城),居民区
	960—1126 年 北宋	150 万人	32	开封	13 门,三重城(外城、内城、皇城),四水灌都
	1368—1850 年 明、清(中)	100 万人	62	北京	长方形,宫殿,衙署,宗教文化设施等,内城 9 门,四重城墙,京城(内城、外城)、皇城、宫城

资料来源:根据以下文献整理

何介钧.长江中游原始文化初论[J].湖南考古辑刊,1982(1).

周念念.南方史前土遗址保护与开发——以城头山遗址为例[D].长沙:湖南师范大学,2014.

李遇春.汉长安城的考古发现和研究[J].河南师范大学学报(社会科学版),1981(2).

王美子.隋唐长安格局、遗存及标识[D].西安:西安建筑科技大学,2007.

薛凤旋.中国城市及其文明的演变[M].北京:世界图书出版公司,2015.

潘付生.洛阳东周王城布局研究[D].郑州:郑州大学,2007.

赵春青.姜寨一期墓地初探[J].考古,1996(9).

二里头遗址是夏代都城斟鄩核心区域所在地。位于汝、颖、洛、伊四水交汇谷地,农业发达人口密集,对陕西东部、山西南部、长江中游、湖南、江苏南部等周边地区聚落实施人口迁入、军事控制与政治管理。据《史记》记载中原地区逐渐形成中央集权文化体系的"华夏",影响内蒙古、河北、河南、江苏等地。文化统一,手工业发展,贸易路程更远,形成社会阶层。

　　中国古代城市职能由政治、军事向经济生产转换是缓慢、自发的过程。中国传统文化对古代城市规划影响体现在礼制上,从周朝起建城都需要符合礼制。《周礼·考工记》是古代城市建造的基本规制,唐代长安城、宋代汴梁城、元大都建设都是中轴对称、方格路网、宫城居中、三重城墙,呈现出端正四方的制式。尊重天地山川环境,道路宽度受礼制规范,唐以前中国古代都城道路尺度巨大,唐洛阳道路宽度普遍缩小。宋开封道路宽度缩小,道路两旁分布各种店铺,形成商业街,成为城市生活中心。古代城市道路功能与形态由礼制首位转为适应社会经济需要。但由于地形地貌不同、战乱防御与经济发展需要,中国古代的城市并不都按《周礼》建成方形,而是形成强调整体长远发展的思想,如《管子》提出“因天材,就地利”的城市规划观点,《商君书》则更注重城乡经济发展需要的城市地理条件。

　　城市的发展受到社会周期性危机影响,呈波浪曲线向前发展的轨迹。中国古代城市的繁盛多不能持久,随朝代兴盛衰落,以“发展—兴盛—破坏—衰落—恢复”的方式循环。每隔一段时间社会发生分裂和动乱,以战争的方式造成社会破坏,城市是被破坏的主要目标。秦汉时期,中国城市主要集中在北方中原地区。宋代以后江南城市发展繁盛,经济集聚产生了城市,社会结构多元化,城市空间结构适应社会职能转变。明清以前中国农业社会主要经济生产场所大多在农村,城市是政治、军事和商业消费的场所,城市分布和发展极不平衡。

　　中国古代城市选址原则:一是广阔的平原地区。平原地区是中国城市最早兴起的地区,平原地区水源丰富、地形平坦、自然环境优越、物产丰盈、交通方便。二是水陆交通便利满足居民给养。中国早期城市是地区政治、商业、文化中心。如南北朝时期中国南方兴起港口城市。三是水源丰富地形有利。水源是城市生命线,城市内地形要利于引水,选在地形险要地区易守难攻。四是地形高低适中。城市选址在地势较高且平坦的地区,免受洪水威胁与引水不便。五是城市建立在气候温和物产丰盈地区。冷热相宜、雨量充足、干湿适中适于生活地区。

　　中国古代城市具有悠久的历史和完整的建制规范,形成了成熟的古建筑营造法式。理解中国古文明中人与自然关系,借鉴中国古城、古建筑中形成的规划尺度、功能与美学,有益于智慧生态城市延承“天人合一”思想。

4.1.1.3　现当代城市发展逻辑:资源、资本与土地金融

　　工业化与后工业化社会发展依赖商品制造、货币循环与资本增值,城市化过程中通过资源土地金融化产生的超级地租利润实现土地资本升值。但仅以改变土地的自然价值与属性将土地金融化、以资本逻辑运作城市土地,并不能实现社会与生态均衡持续发展。

　　城市发展的启示:不再将土地价值金融化,而是以优化升级产业结构、提升与扩展居民认知、实现商业供需均衡为基础,真正推动实体经济的有序、有度、循环发展,才有可能推动社会合理发展,实现代际平衡。上海未来城乡发展需要避免土地

过度资本化与社会福利保障系统过度产业化，不能走依赖城市超级地租金融实现货币增长的路径。需要通过法律降低并消除社会贫富分化，通过公正的发展机制与福利保障体系增加社会稳定性，为每一个城市居民提供基本福利保障与发展空间。由于受政策影响城市土地属性已经往资源化、资本化转变，并且有些研究依旧在推动土地金融化。需要将土地从资源市场与资本市场原有经济规则中解放出来，还原陆地、海洋生态系统的自然本质，而不是将自然分解为经济学视角中产生货币价值的资源、原料。恢复土地、河流、湿地、森林与海洋在自然界的原始生态价值，让城市与人回归自然是建设智慧生态城市的基础。通过城市规划与管理优化城市功能与产业、经济、金融、社会与人口结构，以可持续发展产生合理的经济收益，以税收、财政制度完善增加城市创新、绿色、循环经济发展能力，改善居民生活，归还人类与自然尊严，实现真正合理、有序、有节的发展。

4.1.1.4　现当代城市化发展趋势

1）发展趋势一：特大城市与特大城市群发展

据联合国经济与社会事务局预测，至2025年世界特大城市将发展为50个，本节分析伦敦与纽约特大城市发展思路，供上海参照。

（1）大伦敦规划发展启示。

伦敦市全域空间范围划分为外伦敦、内伦敦和中央活动区，核心是中央活动区。外伦敦总面积约为1 200平方千米，承载了全伦敦60％的人口和40％的就业，是未来伦敦人口增长的重要地区。外伦敦总体战略是"促进发展"，关注经济、交通、基础设施和生活品质整体提高。经济方面保持核心产业，通过增加教育科研机构，发展知识产业，刺激新经济转型。增加大型交通基础设施投入，加强中心城市交通，便利居民换乘。内伦敦总面积约263平方千米，居住着大量移民，须调节贫富差距，因此均衡增长、经济与社会稳定更加重要。中央活动区具有经济发展动力，地区人群结构差异明显，就业平衡发展，实现了公共住房和商品房平衡。

伦敦发布的《机遇性增长地区规划框架》目标包括：一是空间规划的战略和设计导向性探索，特别考虑核心开发区融入政策体系。二是积极规划，在规划程序早期确定和解决争议政策问题。三是增加确定性，给予开发程序与投资足够确定性。四是形成共识，促进公共与私人达成共识。五是跨越自治市边界战略考虑。六是过程与成果同样重要。规划聚焦于机遇性增长地区的实施、明确机遇与挑战。包括在规划用地、基础设施、能源需求、空间整合、地区复兴、投资分期等方面的改进。拟定交通、开发容量、公共领域和高层建筑战略。规划框架确定采取高密度与多元混合发展，确定主要混合使用与就业增加地区将容纳新住宅，增加就业机会。发展公共领域与社会基础设施，支持社区，建设学校、社区中心、图书馆和教堂，改进公共巴士系统，加强交通枢纽建设。制约高层建筑高度，建立世界遗产空间完整保护规则，提出高层建筑群应规划在正确位置并不破坏历史建筑背景。至2030年增加提供约100万人口的住房，降低住房成本，确保所有伦敦人距离绿地公园在10分钟步行路程之内。

（2）纽约城市规划（2030）解析。

纽约将长期目标与持续措施相结合，且注重近期措施，对规划实施进行制度化持续跟进，每四年对规划进行一次修编，每年进行一次进展评估。《纽约城市规划：更绿色、更美好的纽约》（2007）自颁布以来，向公众开放了学校运动场地。《纽约城市规划：更强更具弹性的纽约》（2013 年）规划核心词"弹性"包含在变化和灾难之后的恢复能力，具有在困境中准备、回应和恢复的能力。纽约 2030 年城市规划以桑迪飓风灾情介绍和对气候的科学分析为切入点，以城市基础设施与建成环境、弹性规划和社区重建为主，探讨资金来源、分配使用和规划实施。规划涵盖海岸保护、建筑、经济复苏、公共基础设施、社区准备和回应（交通服务、电信服务、卫生保健、公园）、环境保护和补救（给排水、食物供给与配送网络）。社区重建和弹性规划包含布鲁克林区和皇后区滨水地区、曼哈顿南部地区和斯坦顿岛等。推进社会的融合，消除隔离和歧视，提高伦敦可达性，不侵占开放空间，将伦敦建成更繁荣适宜生活且拥有经济增长基础的绿色城市。

（3）城市经济增长与城市规模之间无必然联系。

城市化与超大城市发展的普遍趋势，在以土地资本化、且以消费经济作为社会发展动力前提下，如不恢复理性消费、以实业发展、产业结构优化实现社会有度发展，仅依靠通过城市面积扩张形成城市资源集聚、实现消费经济快速增长是行不通的，因为城市规模大小与经济增长快慢并无必然联系。

2）发展趋势二：生态城市、花园城市、海绵城市、森林城市发展

由于城市粗放式工业化发展造成空气、土壤与水源污染，生态环境恶化，且随着城市面积不断扩张，居民必须依靠车辆才能解决远距离日常通勤。种种原因促使人们反思，什么样的城市才是真正适宜人类居住的城市。在此基础上形成共识——需要生态发展城市，发展与自然和谐相处的城市，推动生态城市、花园城市、海绵城市、森林城市规划与建造。森林资源丰富的加拿大、美国、德国、芬兰、丹麦等城市环境优美，绿化率达 50％以上。日本和美国注重城市森林，推动生态城市建设。芬兰与德国把城市森林定义为市郊森林和城市内较大林区。中国城市森林发展理念是"森林环城、林水相依"，已有 22 个森林城市。据中国《全国森林城市发展规划（2018—2025 年）》，计划到 2025 年建成 300 个森林城市，确定"四区、三带、六群"森林城市发展格局。中国森林城市发展人工林种植、育化，恢复植被覆盖，森林连接城市，区域森林城市群将提高城市生态承载能力。

3）发展趋势三：智能城市与超大城市群结合发展

城市群是产业集聚与扩散共同作用的产物，以经济和商业为纽带，已成为现代城市经济发展的最重要方式之一。纽约、伦敦、巴黎、东京城市群集聚度高。随着技术发展，城市发展方向从生态、生命、生物方向再次转向以机械化、工业电子化、人工智能化与信息化为核心动力，通过政策推动智能城市与城市群集合。但由此

又带来新问题,因此以资源、信息与人工智能技术为重心的发展过程中,资源与技术使用需有法制与伦理底线。

(1)纽约城市群。包括纽约、波士顿、巴尔的摩、费城和华盛顿。人口 6 500万,区域总面积约 13.8 万平方千米,城市化水平为 90%。

(2)伦敦城市群。以伦敦—利物浦为核心,包括伦敦、伯明翰、谢菲尔德、曼彻斯特、利物浦等大城市和众多中小城镇。人口 3 650 万,总面积约 4.5 万平方千米,经济总量约占英国 80% 左右。

(3)巴黎城市群。巴黎城市群包括大巴黎都市圈、荷兰—比利时、莱茵—鲁尔城市圈构成,包括法国巴黎、德国科隆、比利时安特卫普、布鲁塞尔、荷兰阿姆斯特丹、鹿特丹。人口 4 600 万人,总面积 14.5 万平方千米,城市以高速铁路网联接。

(4)东京城市群。核心区是东京市区,包括东京都、千叶、群马、神奈川、琦玉、杨木、茨城、山梨。人口有 3 400 多万,总面积约 1.34 万平方千米,城市化水平80% 以上,大力发展轨道交通。

4)不能持续发展城市类型与原因

城市发展目标与资源匹配是发展核心问题,不能持续发展城市有如下类型:

(1)资源枯竭型城市。

资源枯竭型城市指以依靠资源开发存在与发展起来的城市(如矿产、能源、煤炭、水利等),矿物资源开采进入后期的城市,或城市自然资源供给匮乏(如土壤肥力枯竭无法再进行种植)。共性是产业结构单一,地方财力薄弱,资源总量减少,居民收益减少,生产与生活无以为继。例如美国匹兹堡原是钢城,经济衰退后转型为轻型产业与服务业经济。洛杉矶从油城转为综合产业城市。休斯敦因油气产业下滑转型为宇航中心,以高新技术产业重新发展。德国鲁尔区是去中心化的城市集群,原以钢铁业与采矿业为主要支柱是欧洲工业中心,转型后发展公立高等教育,形成新的产业结构。法国洛林原是煤钢城市,环境污染严重,整治土地污染后转型为高新技术产业。中国资源枯竭城市共有 69 个,如玉门、焦作。

(2)环境威胁型城市。

安全是城市择址的首要原则,须建立在没有自然灾难与人为灾难威胁的区域。受到潜在自然灾难威胁的城市有:一是,受地震威胁城市。德黑兰处于北安纳托利亚地质断层带上。洛杉矶地处安德烈亚斯断裂带上。名古屋位于活跃的地震断层带与火山带上受地震引发海啸威胁,东京、大阪、神户地处沿海平原易受地震、海啸、台风与风暴潮影响,横滨地处太平洋断层带上易受地震、海啸威胁。马尼拉易受地震、台风、洪水威胁。雅加达处于断裂带附近且部分区域低于海平面,易受洪水与地震威胁。二是,受台风、风暴潮与洪水威胁城市,如上海、中国长三角与珠三角城市群、加尔各答、新奥尔良。

由于人为灾害原因产生环境威胁的城市类型有:一是空气污染严重城市,如伊朗阿瓦士因持续沙尘暴空气质量差,对居民的呼吸系统产生伤害。二是水源严重污染城市,如刚果首都布拉柴维尔、俄罗斯捷尔任斯克、印度瓦尔萨德和拉尼贝特水资源化学污染严重,地表水与地下水污染,当地居民因饮用有毒水质患上各种疾病。三是土壤污染城市,如俄罗斯鲁德纳亚、赞比亚卡布韦、多米尼加海纳的土壤铅污染造成当地儿童犯有血铅疾病。秘鲁拉奥罗亚因金属加工熔炼产生二氧化硫造成土壤重度污染。四是核污染城市,如乌克兰切尔诺贝利、日本福岛、美国汉福德因核泄漏事故造成土壤及水源辐射污染,产生放射性沉降物。五是放射性物质污染城市,如吉尔吉斯斯坦梅鲁苏因铀矿废弃物而存在放射性威胁。

4.1.2　智慧生态发展须尊重气候与地理环境

智慧生态发展须尊重所在地自然环境、民居形式、传统习俗和地域文化。全球人居形式丰富与当地自然条件密不可分,许多传统民居深具智慧。例如秘鲁迪迪卡卡湖上的芦苇浮岛与芦苇民居。俄罗斯西伯利亚与冰岛雷克亚未克极严寒地带木质民居具有膨胀与收缩度,能耐温差变化。美国印第安村庄、非洲丛林与沙漠边缘村庄保留与自然环境相适宜的人居形态与风土民俗。萨卢姆河三角洲由半咸水水道环绕红树林、干树林、岛屿、大西洋海洋环境组成。

4.1.3　距离消失带来全球化城市变化

以前依赖城市地理位置和规模实现工业、金融与经济发展,在全球范围内调配生产、仓储、运输、销售,依靠中心城市调度原料、能源、资源及人力。随着信息技术的发展,打破了原有地理空间依赖与紧密性,转为时间信息差的获利能力。信息产业与巨型城市空间并无多大关联,也不受空间约束与城市控制。全球化城市的性质已经发生变化,或许不再是空间实体中的资源产品集约生产与销售,而是金融、服务、知识、创新型生产方式、生活方式、生命发展与城市蜕变。即从机械规模价值转为生态发展价值。通过巨型城市组团实现功能结构互补的方式或将被淘汰,未来将有可能从微小的城市基础结构分形实现功能的叠加与生态的改变。

4.2　全球城市智慧生态发展借鉴

4.2.1　欧洲城市智慧生态发展案例

2007 年,欧盟开始实施智慧与生态城市建设目标,每个国家战略重点与模式各不相同。其中奥地利、比利时、瑞典、芬兰、卢森堡、荷兰等国家的城市智慧程度比较高,节能减排,建立智慧化基础设施、现代化工作环境、人文生活元素,融合自然环境,吸引高端人才,建立长效智慧生态发展与管理机制。

1)瑞士、卢森堡智慧与生态城市发展

(1)瑞士。

瑞士国土面积 41 284 平方千米,截至 2018 年 6 月人口约 850.89 万。19 世纪末苏黎世已建立污水净化设施。瑞士全境以高原和山地为主,100 年前日内瓦开始对城市进行长期绿化规划,避开战争,稳定发展银行业、服务业与旅游业。瑞士制定长期稳定持续发展政策,建立安全金融体系和银行保密体制,拥有发达的金融产业,服务业在瑞士经济中占有重要地位,成为全球金融中心之一。瑞士智慧生态城市发展注重政府责任、科技先导、大力发展生态农业。2012年瑞士联邦政府颁布《适应环境变化战略》和《生物多样性战略》。20世纪末政府鼓励民众使用公共交通工具,自然、畜牧业与城市共存,重视资源保护与产业转型,发展高品质制造业、酒店管理业、会务服务业,发展新能源、新材料。设立瑞士国家基金,重点研究气候变化对冰川影响。桑联邦理工大学研究新能源存储,把光能有效地转化为氢。瑞士西部高等学院研究清洁能源,让二氧化碳转变为甲醇,革新废水处理模式,政府补贴生态农业,培训农民喂养牲畜时少使用非天然饲料,种植时减少使用肥料。

(2)卢森堡。

卢森堡面积2 586.3平方千米,截至2018年1月人口约60.2万。卢森堡位于欧洲中央地带,交通便捷,制定完善的福利政策与明确的法律规范。三大经济支柱产业是钢铁业、金融业和卫星通信业,拥有铁矿资源是钢铁大国。从1970年开始人均钢铁产量世界第一,产量和技术均占据行业制高点,年利润约为卢森堡财政年收入的50%以上。卢森堡大力发展金融业,投资基金是支柱产业,是欧元区最大财富管理和私人银行中心、全球第二大投资基金中心,25个国家142家银行分支机构在卢森堡设立分支机构,第一个在欧洲推行欧盟可转让证券集合投资计划,率先实现基金跨境销售。持续发展卫星通信业及媒体传播业,拥有欧洲最大的广播电视集团(RTL集团)、欧洲卫星公司(SES总部)。卢森堡佛兰德林木稀少,森林覆盖面积不均占总面积10%以内。人口密度大,人口数量600万。因此,建立可持续城市森林是政府社会政策的重要目标之一,通过城市林业工程可行性研究,佛兰德十年土地利用结构规划的核心目标是建设大面积城区及亚城区森林,改善并加强城区内外生态空间结构,以实现在最适宜林木生长的地方建设城市森林,不断改进、完善方法并在欧洲得以广泛介绍。根特市选择城市森林地点时也借鉴了佛兰德的经验,渐进式标准包括排选、适宜性、可行性三个阶段,在最能被接受地方进行城市绿化。在城市西南区域建设城市公园,保留新老社区设计的连续性、新旧空间的历史持续性。

2)德国智慧与生态城市发展

德国是联邦国家,共16个州,除梅克伦堡与勃兰登堡人口密度小于每平方千米100人外,平均人口密度为每平方千米231人,超过10万居民的城市80个,超过50万居民的城市14个,大城市比重不高。德国崇尚分散均衡发展,自然资源、金融资源、文化资源、人力资源均衡分布在各区域。中小城市多且均匀分布,每个城市根据自身资源环境均衡发展。城市与区域政府被赋予更多处理权。教育资源均衡,大多数大学历史悠久。城市化集中发展,在进行国家产业结构调整时作为二三产的资源集中地,人口向城市集中汇聚,工业化带动城市化发展,其中萨克森、莱茵与威斯特法伦城市化发展快,人口增长率高。

德国注重空间规划法,发展生态建筑、森林城市。实现环境国民经济核算、生态经济发展与工业城市生态恢复,重新定义绿色智能工业,全面实施工业 4.0 计划。政府对自然资源保护立法,重视自然保护区建设。"近自然林业"理念是德国森林可持续发展的重要基础,每株树都兼具生态、社会与经济功能,实行轮伐经营。重视森林生态保护与生态效益的可持续性,实现基于自然独立价值的森林功能与社会效应,改善了当地居民生活环境,增加了就业岗位与经济收益。2019 年德国通过《城市自然系统整体规划》,目标是削弱气候变化的负面影响,保护城市中生物多样性,提高居民生活质量。德国森林法历史悠久,将林业政策和技术发展融合于森林法制定与实施中,林业政策维持稳定,森林法制定基于符合林业生产周期的规律。健全的法律制度促进森林科学管理,林业健康发展。德国高度重视建筑规划,以规划指导生态城市建设,立法机关需保障城镇能够"可持续的城建发展"。以风险预防性为主的城市发展政策中,德国的生态城市建设实现环保与发展兼顾。德国建筑法典第一条第五款明确规定:"建筑指导规划应当保证可持续的城建发展,保证按照社会公益的土地使用符合公众的利益,并有助于确保环境合乎人的尊严,有助于保护和发展自然的生存基础。"据此,生态城市建设在德国立法中被确立为首要位置。法律普遍适用于:自然和风景的干预,假如是不可避免的,控制在尽可能小的程度上,做到节省和保护土地资源。内部发展先于外部发展,首先要对使用过的地皮回收利用。德国埃尔兰根为解决 25 年快速发展带来的城市生态问题,执行"21 世纪议程"有关决议,综合生态规划编制与实施,节水节能,修复生态系统。

3)英国智慧与生态城市发展

布里斯托城市信息运营中心推出"开放的布里斯托"项目,联合布里斯托市议会、大学、行业建立数据分享和分析平台,构建新型"城市运营中心"。市政府建设光纤网络,布置传感器,建设涵盖城市生活项目的信息高速网络。公共信息包括空气质量、能源供给、交通状况等城市系统。利兹市议会牵头开创"自我修复城市"概念,公路利用无人机和机器人自动检测道路的小型裂缝,并由机器人利用夜间尽快修复。英国高速公路须探索其他方法来即时修复道路网络,未来汽车通过携带的软件在高速公路上寻找裂缝,并自动将信息传输到英格兰高速公路管理机构,按危险紧急顺序安排维修。英国以绿色生活方式实验为主,进行零能耗建筑研究。英国零碳工厂建筑事务所开发漂浮公寓,顶部装有太阳电能电池板、零排碳防洪墙,建筑自产能效最大化,在东部郊区街道应用。布里斯托还建立了城市信息运营中心。伦敦泰晤士重建与改善河口生态区,覆盖东伦敦地区 2 227 平方千米,是欧洲城市及周围更新地区的结合项目。原有工作与居住人口 200 多万,此后人口急剧增加,需通过 30 余年持续更新再造计划,帮助产业工业区工人改善生活质量,帮助当地居民重新认识自然存在价值,实现更优生存环境与经济循环。泰晤士河口工程再建绿色通道包括市郊农场、居民住宅区、政府机关、运动场、城市公园等,绿化面积主要是河口内外公共户外空间与居民私人花园,包括环境退化严重区域、工业废弃地、废弃物堆积地。实现这项改造更新计划的泰晤士河口合作联盟包括5所大学、伦敦开发署、13个地方政府部门、东伦敦培训与技能委员会,与国家城市林业部、林业委员会、社区、企业战略机构共同对河口区域进行生态更新,重建和恢复当地自然、社会、经济,实现城市森林可持续发展。

4)北欧五国智慧与生态城市发展

北欧五国在国土空间规划与自然保护、智慧生态城市方面全面发展,建立了幸福指数较高的社会运行机制、法律依据和社会福利保障体系。

（1）丹麦。

丹麦人口密度较高,面积狭小,资源有限,但有着完善的国土空间规划与法律制度,国家空间以国际、区域、城市和局部四个层次规划。丹麦地处斯堪的纳维亚半岛,国土面积4.3万平方千米,人口547万。从20世纪50年代到70年代中期,丹麦人口从农村迁移到城市,贯彻可持续发展理念,空间规划原则以保护与改善当地环境质量为基础。空间战略是小集中、大均衡,从国家空间布局出发,在国土空间总体上实现人口、经济的均衡分布,在小区域范围内实现人口集中分布,提高土地资源利用效率。商业区建立在历史文化古城中心之外的郊区。改造老城区,提升建筑质量。区域政策和农村政策目标是在乡村与城镇之间建立平衡、完善基础设施。通过空间规划促进人口在空间中合理分布与平衡,划分农村区、休养区和城市区,其中农村区域占全国面积的90%,推动农业、渔业和林业发展。

1949年,丹麦议会制定《城市管理法》反对城市向外蔓延。1956年,国家制定《区域划分法》。1992年,以《国家、区域规划法》《城市规划法》《城市和乡村地区法》为基础实施《规划法》,保障土地利用和配置规划,实现包括动植物保护和人居条件的可持续发展,要求不在滨海地带上3千米内进行项目开发。城镇中零售商店的建立以零售业规划目标进行,对环境有重大影响的大型开发项目在立项前进行环境影响评价评估,召开公开听证会。城市规划与区域规划需符合国家战略要求。通过规划法促进公众参与规划决策过程,推行积极、和谐的民主专业模式。2002年丹麦发表《一个共同的未来——均衡发展》国家可持续发展战略。区域规划在战略环境评价、公共服务机会均等、生态系统、文化遗产、沿海地区规划、农村发展、城市发展、地下水等方面都有详细规划。

首都哥本哈根超大城市发展模式。大哥本哈根规划含48个自治市,占国土面积7%,区域内人口占全国总人口数三分之一,形成集合型超大市区,统一总体结构、城市模式、中心结构、基础设计、劳动力与住房市场。哥本哈根城市发展始终坚持"指形规划"原则。完善公共交通设施,发展沿线轨道交通,使居住地向交通走廊沿线分布,核心发展区的间隔以森林、农田、休闲空间组成。政府注重公共设施建设、大力推动公共交通、步行或骑车。通过提高税费的方式控制汽车总量,引导并改变人们的出行方式。

儒尚地区位于波罗的海地区,与欧洲大陆、北欧相连,是北欧国家中最大的城市连绵区,具有研究和教育优势,交通便捷,区内有 300 万居民。瑞典与丹麦政府计划将其发展为欧洲最清洁城市,综合空间规划,保留原有绿化功能结构与极好的流动性。稳定人口,阻止城市蔓延,保护沿海地区景观和未开发区开放性延伸,发展城镇之间绿色空间,通过重新利用荒地与修复城市废地对城市进行改造。制定保护自然的法律体系,如《森林法》《自然保护法》《环境保护法》《供水法》等,保护河流、湖泊、海滩、森林、自然保护区、国际保护区、农业用地与文化古迹。进行行业规划、沿海地带和水域规划,拟定自然、农业和环境综合规划,进行数字管理、生态评估与城市复兴发展规划。

森纳堡市是欧洲实现零二氧化碳排放港口城市,位于日德兰半岛南端,已发展成清洁能源谷,计划到 2030 年之前全面实现零碳排放。

(2)瑞典。

瑞典政府在衣、食、住、行等生活与消费方式上进行引导,《21 世纪议程》包含大气、水、土壤资源保护、废弃物处理等方面。采用行政管理、经济制约和信息服务对生态环境进行保护,通过税收、治污费用分解到整个经济链。发展都市垂直温室与农耕建筑。发展公租房,为公众提供高质量教育、医疗卫生、社会服务以及自由选择权利。

维克舒尔市是欧洲人均碳量最低的城市之一,在能源、交通、供热、商业与家庭生活方面停止使用化学燃料,降低碳排放。推动环保型机车使用,进行有利于公共交通的设计。

斯德哥尔摩是“气候智慧型城市”,温室气体排放控制处于世界领先水平,制定“2030 环境保护规划”,倡导绿色、洁净城市,绿化城市和环境,致力于提升环境质量。对于改善环境和可持续发展有长远目标。鼓励自行车出行,发展节能环保的公共交通系统。公共交通系统广泛应用清洁能源和再生能源,有轨电车采用再生能源产生的电力。推动可持续的消费,建设完善的废弃物管理体系。1990 年起实施区域集中采暖,推进生态化能源的城市应用,集中采暖和制冷系统再生能源应用。斯德哥尔摩哈姆滨生态城设计“环境—能源循环链”,设立环保目标,污水净化后循环使用,能源供应来自沼气、太阳能、垃圾。设立良好的自行车网络与停放设施。每户公寓拥有不低于 15 平方米绿地,对生活垃圾进行严格分类,可燃烧垃圾用作供电,有机垃圾转化为肥料,除危险物、废弃物外,可回收垃圾再利用循环。居民的日常生活供水排水、能源、垃圾回收利用形成循环。以总体战略规划为基础,融合多学科设计。土地混合利用允许建筑底层灵活使用功能。

(3)芬兰。

芬兰生态法律体系完备,制定了《森林法》《土地资源开采法》《自然保护法》,通过法律鼓励公民参与生态建设与保护,制定最佳发展方案与解决办法。采用卫星遥感和人工方式相结合的模式，进行全国森林资源普查，监控森林变化，为政策拟定与决策提供客观数据。芬兰森林面积占陆地面积的 86％，占全世界森林面积 5％。新的土地使用规划、交通和林业规划、发展计划需要经过环境效益评估。由国家制定科学的建设规划体系，遵照《芬兰自然 2000》指导，明确环境、资源、人口发展规划，国土治理目标、土地结构、基础设施标准与环境保护准则一致，建立生态保护体系。对环境保护投资很大，保障林木生长量和采伐量平衡，保护森林覆盖率。国家自然保护区 136 万平方千米，野生自然保护区 150 万平方千米。每年国家投入自然保护区补偿金和购买金。生态产业发达，旅游业、山地畜牧业和造纸业发展态势好，纸张出口量占全球总量的 25％。公众广泛参与城市发展，环保教育普及。对燃料中的碳含量收税。芬兰与瑞典合作联合中欧、东欧国家，减少威胁波罗的海的跨国污染排放，积极保护国土安全。从农业到工业社会的长期发展过程中维护稳定的社会秩序，没有经历社会动荡与战乱，没有在城市化过程中先破坏再治理，持续并保护良好的生态环境。

维内斯生态城市是森林城市，自然环境优美，生态结构丰富，基本规划目标是保持生态多样性，维护区域自然特征，保护敏感脆弱的生态环境和丰富的地形地貌，改善地区微气候和现有水系统。

坦佩雷智慧城市发展计划搭建 5G 技术平台，推动城市产学研发展，推进自动驾驶。建设重心不是城市结构建设，而是创造社会价值，改善生态环境，普惠公共服务，创造人人可以享有和使用并能够激发创新力的智慧科技环境。

（4）冰岛。

冰岛受北大西洋暖流影响，气候温和湿润，洋流和地热能丰富，为冰岛提供了生态能源。冰岛是全球绿色能源开发、地热利用程度最高、可再生能源运用比例最高的国家。雷克雅未克市是低碳、绿能、无烟海港城市，城市公交车采用氢燃料。1928 年，雷克雅未克开始使用地热能源建立全区地热供热系统，地热区为首都提供热水和暖气，零污染且费用低廉。地热能亦为城市工业提供能源。冰岛拥有独特语言历史，文学普及，思想发达，是世界上作家比例最高的国家。雷克雅未克是冰岛文学之城，有深厚的民间文学基础，形成了多层次、多元化的文化机构、文学组织、公立图书馆、艺术展览馆，推动了文学作品的创作、编辑、出版和展览。

（5）挪威。

首都奥斯陆是全球宜居森林城市之一，城市空间紧凑，交通系统便捷、优质。城市的三分之二区域为森林、水域与农田，生态区受到保护，采用可再生能源供暖。通过技术改善生活方式、注重民众生活体验、社会价值驱动科技创新。未来的商业逻辑在于分享企业价值观、基于社会可持续发展形成社会企业家。智慧城市侧重于成熟的物联网应用，探索科技驱动的环保型生活方式，实现家居智能化，服务自主化，每个家庭都能实现智能家居控制。用技术推进城市可持续发展，发展新型电力交通工具与产业，计划在 2030 年前实现零排放目标，2040 年全面使用电力交通。尊重人权和职业差别,贫富差距较小,设计考虑残疾人需求。奥斯陆"无车空间"计划推广绿色出行,发展更发达的公共交通网络,汽车开入市区须付费,大众交通系统有电车、巴士、轮渡、区间火车,建设地铁和无轨电车,建造自行车道。扩展公共区域,建设更具活力的公共空间与街区。

5)奥地利智慧与生态城市发展

维也纳以智慧促进绿色城市发展,艺术与自然共生。阿斯本湖畔地区建设能源利用示范区,减少能源消耗,管理高效,运用技术感测整合城市运行信息。"气候保护计划"与"智慧城市维也纳"项目融合。通过高新科技改造城市基础设施、自然保护、农业和林业、能源、交通、废物管理等。"维也纳市政能源效率计划"支持环境友好生产,鼓励生态购买。节能建造、平屋顶绿改,提升建筑环境标准。拥有高密度公共交通网络,打破行政分割,统筹城市规划、基础设施建设。注重新技术应用、污染监测、节能改造。发展城市能源需求、公共交通、医疗服务。采用多种平衡方法,使经济增长复苏,与环保创新、能源效率紧密相联。大力发展环保技术和服务,国民生产总值10%以上来自绿色经济。政府制订环保政策,企业提供先进环保技术。30多年前奥地利面临严重环境问题,现在空气清新,日照率高,用水清洁,恢复了土壤活力。

6)荷兰与比利时智慧与生态城市发展

荷兰环境评价署提出提高荷兰森林管理和农田单产,降低农田扩张,扩大保护区面积,降低海洋捕鱼强度,改变饮食习惯,减缓气候变化,保护生物多样。面对海平面的上升,荷兰实施"与水共生"整体平衡的生态立国策略。阿姆斯特丹发展漂浮建筑,建立首个海上社区"伊杰诺格水上乐园",修建人工岛、配套学校、超市、商店、餐厅等基础设施,建筑由水底混凝土锚固在海面上,计划为5万居民提供2万套住宅。海尔许霍瓦德市"太阳城"社区运用太阳能、风能、地热供暖,建立太阳能公共供电系统。

比利时布鲁塞尔生态社区的都市楼宇"垂直森林"项目,将老工业区改造为复合型生态社区,包括住宅、办公、零售与休闲空间的整体社区设计,将乡村、林地与城市结合起来。改造海运码头,将码头转化为公共、零售商店与办公区域,公共区域用通廊联接。栽种室内绿植,改变工业区域属性,建造充满水景与植被的室内生态公园。改变思维方式和生活模式,活化原有已经荒废的城市建筑空间与公共区域,塑造立体生态综合体,优化城市环境。

7)西班牙智慧与生态城市发展

巴塞罗那滨海新区建设,改造城市公共空间,注重城市资源的可持续利用和历史文脉延续。16世纪托雷多曾是西班牙的首都与文化艺术中心,托雷多老城人文历史空间与自然相融,富有生活气息,古城建筑群保护完好,包括哥特式、新古典式、摩尔式等各种建筑风格。城市文化保护融于居民日常生活,生活成为城市艺术与历史延续的底色。毕尔巴鄂是纳尔温河入海港口城市,属温带海洋性气候,拥有森林、海岸、山区良好自然环境。城市纺织、电工、造船业兴盛,曾是西班牙最大的钢铁化学工业中心,改造城市产业结构,引入古根海姆博物馆,通过艺术改良城市生活与生产生态,丰富城市文化生活。

8)意大利智慧与生态城市发展

罗马古城古今文明相融。佛罗伦萨是文化商业中心,建于阿尔诺河谷丘陵,15—16世纪起是欧洲艺术文化中心,城市历史文化保护作用显著,旅游业、珠宝业兴盛,有40多所美术馆、博物馆,历史建筑保护良好,艺术文化发达,是文艺复兴时期艺术品最丰富的保存地之一,但自然环境退化,森林减少。米兰以生态建筑实践为主,斯坦法诺·博埃里设计的树塔式绿色建筑垂直森林公寓是人与自然相融合的生态建筑,种有700多株乔木、10 000多株草本植物、5 000多株灌木,采用循环浇灌系统,通过太阳与风能实现能源自给净化城市空气,形成新的城市自然生态系统。马塞腊塔位于意大利中部,坐落在起伏的群山之间,在海山之间发展生态旅游。奥里斯塔诺是中世纪古城,位于撒丁岛中部西海岸,保护城市自然历史文化,在城市规划体系内进行城市更新与生态改造。历史文化名城佩鲁贾的工业主要有皮革、纺织、服装、冶金等。经济以农业为主,生产粮食、蔬菜、橄榄、葡萄酒,畜牧业发达,文化和旅游业占有重要地位。古城得到良好保护,风光优美,面对台伯河谷和特拉西梅诺湖,新区和火车站在山下。公元前6世纪形成居民点,曾是要塞,最早由埃特鲁里亚人建立,保留2 000多年前城门和完整的埃特鲁里亚建筑。建有考古博物馆、国家艺术馆,保留中世纪和文艺复兴时期建筑与雕塑、五世纪与十世纪建筑与艺术品。

4.2.2　美洲城市智慧生态发展借鉴

1)美国智慧与生态城市发展

美国的城市建设先后经历了20世纪的"田园城市",20世纪80年代的"边缘城市",21世纪"生态城市"智慧发展。克利夫兰、伯克利、波士顿和洛杉矶等城市进行生态城市规划建设,构成城市森林格局。美国重视立法,颁布《国家环境政策法案》《空气法修正案》《沿海管理法案》,通过立法改善公共规划领域。1972年美国国会通过《城市森林法》确立城市森林地位。注重科学规划城市森林,目前美国城市平均树木覆盖率为27%,以商业中心区树林覆盖度达到15%、居民区及商业区外围达到25%、郊区达到50%为发展目标。1975年,美国生态学家理查德·雷吉斯特创建"城市生态学研究会",在伯克利开展生态城市建设,推动生态工业园建设与生态农业发展。美国的智慧生态城市注重城市与自然的关系。波士顿形成非常丰富的人文艺术城市生活。西雅图在城市复苏计划中,注重河流修复以保障鲑鱼洄游,注重河流以自然生态形式进行排水,多层次种植补涵养水源。费城开放公共空间,建立空气库。旧金山推行本地农场,保护在地农业与农作物。美国国家信息基础设施(NII)与全球信息基础设施(GII)计划实施,重新定义基础设施。伯克利智慧生态城市发展重视自然特征,以步行尺度确定中心,鼓励土地混合使用,继承与保护历史文化,创建慢速街道系统,利用风力发电、太阳能、地热为城市提供能源。哈佛大学景观设计研究自我管理城市生态网络"生态盒子"。

2)加拿大智慧与生态城市发展

多伦多市区绿化有 100 多个公园,公共绿地有 300 万多棵树,每棵树都受法律保护。城市具有优美的环境和高品质的生活,犯罪率极低,是全球最适宜居住的城市。温哥华背山临海,城市面积 150 平方千米,总人口是 210 万。城市森林创造健康居住空间和精神空间,因为开发区域有限,非常注重规划,合理布局居住区、工作区以及娱乐、休闲区。强调可持续发展,注重多元文化社区建设。从高密度往高质量城市设计转变,多元化土地使用,完善社区基础配套,倡导亲近水域、森林生活。提出视野保护理念,提出建筑设计使视野更加宽阔,街道间距需做合度设计。推广保护自然与公共环境艺术。公共区功能性综合利用,为低收入家庭提供住房保障。交通便捷,配套完整,政策完善。格兰维尔岛建有公共市场和美术馆,道路设计合理,限制车辆通行。

3)巴西智慧与生态城市发展

库里堤巴又称为松树之城,是绿化好、率先推行智慧生态建设的城市之一。实施公交导向式的城市开发规划,实行垃圾回收项目,推行环境教育与"将绿地还给民众"的市政理念,垃圾循环利用计划使垃圾循环回收达到 95%。

4.2.3　大洋洲城市智慧生态发展借鉴

1)澳大利亚城市发展

森林城市墨尔本绿化率达 40%,重视周边环境协调、科技支撑、政策和资金支持,鼓励公众参与。阿德莱德的"影子规划"在城市生态规划发展框架下创建生态城市,从 1836 年早期到 2136 年生态城市建成,时间跨度为 300 年。"水敏城市设计行动纲要"将城市水资源保护列入国家战略,海绵城市建设成为城市发展重点。1984 年面对雨洪风险、淡水资源短缺、水体恶化,澳大利亚开始水资源可持续管理研究,设计水敏性城市,与德国分散式雨洪管理、英国可持续城市排水、美国低冲击排水和绿色基础设施一样具有系统性和前瞻性。

2)新西兰智慧与生态城市发展

新西兰终年温和多雨,天然农牧场占国土面积的一半,国家公园和森林公园禁止开发,注重绿色生态,植被覆盖率约 80%。810 万公顷森林中原始森林约占78%,拥有丰富的珍稀动植物资源。新西兰资源管理法案目的是保护可持续环境。新西兰处于板块碰撞地带,地热能丰富。奥克兰用电多来自清洁能源,拥有绿色能源,发展地热能、水能、风能,发展绿色产业、制造出口绿色产品。奥克兰生态城市推动生态社区建设,发展雨洪管理体系。

4.2.4　非洲城市智慧生态发展借鉴

南非智慧与生态城市发展措施主要体现在开普敦再生能源应用。开普敦推行非洲大陆规模最大的环保计划,目标是促进节能技术普及,扩大可再生能源使用。

2008 年南非首个商业化风电场向开普敦供电。南非制定目标到 2020 年将可再生能源比例提高到 10%。

4.2.5 亚洲城市智慧生态发展借鉴

1）新加坡智慧与生态城市发展

新加坡智慧城市建设强调以人为本的应用、居民与社区参与，立足长远规划，先规划后发展，注重法律制度建设。"绿色和蓝色规划"保护自然环境，充分利用绿地和水文提高城市生活质量，充分利用海岸线，使岛内水系统适合生活需要，用绿色廊道连接公园、建设公共绿地与公园城市。建立起一个市民、企业、政府合作的电子政府体系，从智慧城市向智慧国家建设转变。利用技术优化政府决策程序，采用整体政府模式，科研机构合作开发无人驾驶汽车。政府制定政策规划，建立基础设施和信息共享平台，提供种子基金。

2）日本智慧与生态城市发展

日本智慧生态城市建设在河流仿生自然复原、历史古城保护、高效节能基础设施与能源供需循环方面卓有成效。20 世纪 70 年代到 80 年代，多学科共同研究东京生态系统和城市规划，研究"能源供需循环的自动化"和城市基础设施高效节能模式。计划到 2024 年为全国所有家庭安装智能电表，实时监控家庭能源消耗量。计划于 2030 年之前全国范围安装家庭能源管理系统。2016 年 4 月份实现了能源市场自由化，消费者可选择能源提供商。2018 到 2020 年间建设了智能电网。北九州市建立了生态环境基础研究教育基地。

3）马来西亚智慧与生态城市发展

马来西亚拥有兰卡威、仙本娜群岛、拉贡山森林保护区等优质自然生态环境。为实现人类与自然和谐共生，制定森林城市总体规划。吉隆坡引入城市大脑运用于交通、规划与环境，建设分层立体交通和垂直绿化的森林城市，为濒危物种如海龟和海马提供庇护。利用生物技术处理废水，满足森林城市灌溉需求。

下篇　实践篇

第5章 上海人居地学环境现状

上海自然环境构成与生态系统承载力是上海智慧生态城市发展的物理基础，本章分析上海气象、地质、地貌、水文、生物、潮汐与海岸带自然生态系统现状。

5.1 气象现状与变化趋势

5.1.1 上海典型气象参数时间变化趋势

（1）上海月平均干球温度（见图5-1）。

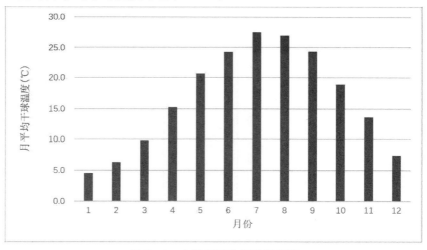

图5-1 上海月平均干球温度图

结果分析：上海月平均干球湿度7月、8月最高，1月、2月最低。全年递增与减弱梯度变化有规律。

（2）上海干球温度小时分布图（见图5-2）。

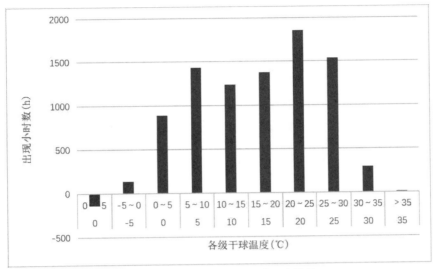

图 5-2　上海全年各级干球温度频数

结果分析：上海全年 5℃～10℃、20℃～25℃、25℃～30℃干球温度频数较高。0℃～5℃、−5℃～0℃、30℃～35℃干球温度频数较低。

（3）上海月平均含湿量（见图 5-3）。

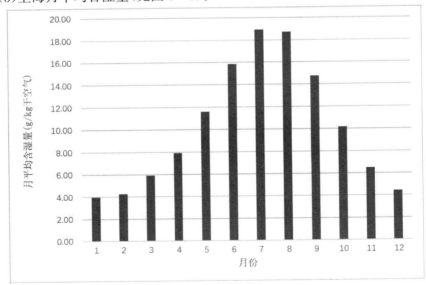

图 5-3　上海月平均含湿量图

结果分析：上海月平均含湿量相对比较大的月份是 6 月、7 月、8 月。月平均含湿量比较低的月份是 1 月、2 月、12 月。

（4）上海月平均相对湿度（见图 5-4）。

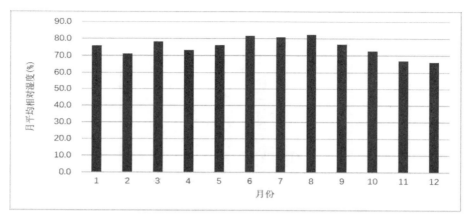

图5-4　上海月平均相对湿度

结果分析：上海月平均相对湿度6月、7月、8月份较高，11月、12月份较低。

（5）上海含湿量小时分布图（见图5-5）。

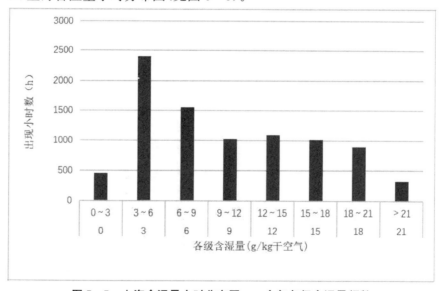

图5-5　上海含湿量小时分布图——全年各级含湿量频数

结果分析：上海全年含湿量频数最高是每千克质量干空气中所混合水蒸气质量3～6克，含湿量频数最低是每千克质量干空气中所混合水蒸气质量>21克。

（6）上海太阳月总辐射（见图5-6）。

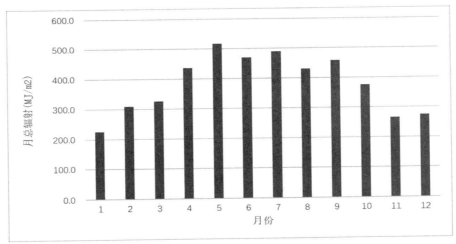

图 5-6　上海太阳月总辐射时间变化趋势图

结果分析：根据上海太阳月总辐射时间变化趋势分析，得出结论，1 月、11 月、12 月上海太阳月总辐射时间低，5 月、6 月、7 月、9 月上海太阳月总辐射时间高。

（7）全年各级太阳散射辐射强度频数（见图 5-7）。

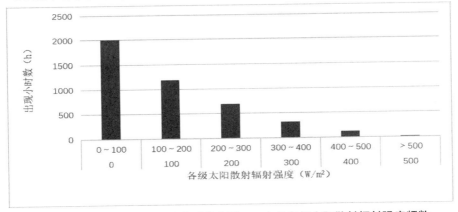

图 5-7　上海太阳散射辐射小时分布图——全年各级太阳散射辐射强度频数

结果分析：根据上海太阳散射辐射小时分布变化趋势分析，全年 0～100 级太阳散射辐射强度频数最高，400～500 级太阳散射辐射强度频数最低。

5.1.2　上海气象变化趋势（2001—2010 年）

1）温度

（1）上海年平均温度变化分析（2001—2010 年）（见图 5-8）。

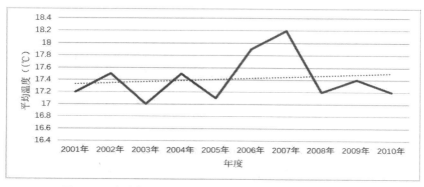

图 5-8　上海年平均温度时间变化趋势图（2001—2010 年）

结果分析：根据 2001—2010 年十年间上海全年平均温度分析，结果是上海十年间全年平均温度为 17.42℃。2003 年全年平均温度相对较低，为 17℃；2007 年年平均温度最高，为 18.2℃。2006 年年平均温度 17.9℃。2001 年、2008 年、2010年年平均温度 17.2℃。2002 年、2004 年年平均温度 17.5℃。2009 年平均温度17.4℃。十年间的平均温度波动在 17℃～18.2℃区间。

（2）上海月平均温度时间变化趋势分析（2001—2010 年）（见图 5-9）。

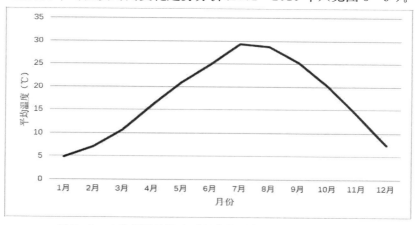

图 5-9　上海月平均温度时间变化趋势图（2001—2010 年）

结果分析：根据对 2001—2010 年十年间上海月平均温度进行分析，结论是上海全年月平均温度是 17.42℃。月平均温度最高是 7 月 29.29℃，月平均温度最低是 1 月 4.85℃。每年冬季温度偏低温度在 10℃以下，12 月至次年 2 月 4.85℃～7.44℃。3 月、4 月、5 月、10 月、11 月气温较为温和，平均温度在 10.71℃～20.95℃之间。每年 6—9 月高温持续在 24.91℃～29.29℃之间。3 月、4 月、11 月是10.71℃～15.88℃。5 月、10 月是 20.1℃～20.95℃。

2)降水(2001—2010 年)

(1)上海全年降水时间变化趋势分析(2001—2010 年)(见图 5 - 10)。

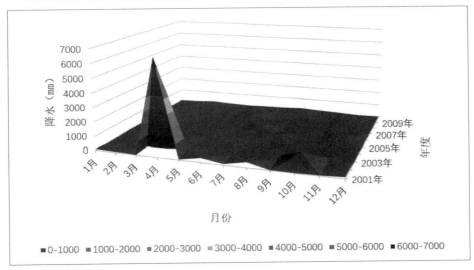

图 5 - 10　上海全年降水时间变化趋势三维曲面图(2001—2010 年)

结果分析:根据对 2001—2010 年上海全年降水时间变化趋势进行分析,十年间上海全年最大降水量主要集中在 3~5 月。

(2)上海全年平均降水时间变化趋势分析(2001—2010 年)(见图 5 - 11)。

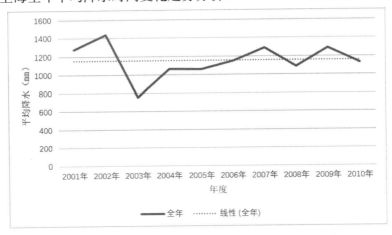

图 5 - 11　全年平均降水时间变化趋势图(2001—2010 年)

结果分析:根据对 2001—2010 年十年间全年平均降水趋势分析,结论是全年平均降水量为 1 153.48 毫米。全年平均降水量最低年度是 2003 年为 756.9 毫米。全年平均降水最高年度是 2002 年为 1 435.4 毫米。降水量较为接近的年份是

2004 年、2005 年、2008 年为 1 059.8~1 086.5 毫米。2006 年、2010 年为 1 149.7~
1 128.9毫米。2001 年、2007 年为 1 276.8~1 290.4 毫米。

（3）上海月平均降水时间变化趋势分析（2001—2010 年）（见图 5 - 12 ）。

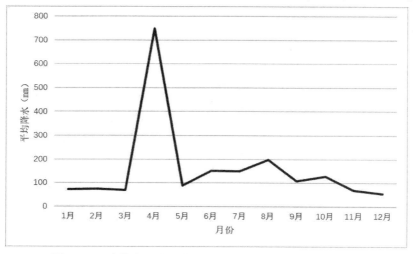

图 5 - 12   上海月平均降水时间变化趋势图（2001—2010 年）

结果分析：通过对 2001—2010 年上海十年间月平均降水量分析，得出结论如
下，上海全年平均降雨总量在 1 153.48 毫米。上海强降雨期在每年 3 月，平均降雨
量是 748.91 毫米。降雨量较少的月份是 1～3 月、5 月、11 月、12 月，平均降雨量在
54.43～74.78 毫米。降雨量较多的月份是 6～10 月，平均降雨量 108.32～198.46
毫米。

3）湿度

（1）上海全年湿度时间变化趋势分析（2001—2010 年）（见图 5 - 13 ）。

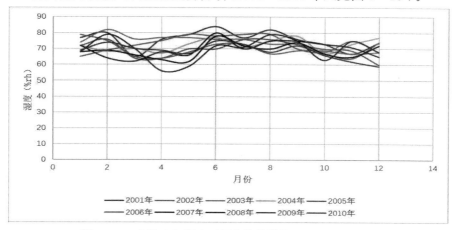

图 5 - 13   上海全年湿度时间变化趋势图（2001—2010 年）

结果分析:从 2001—2010 年上海全年湿度时间变化数据分析,趋势是每年春季与秋季湿度平均值小,夏冬季湿度平均值大。湿度最高月份为 5 月份湿度平均值是 76.3%。湿度最低月份是 4 月份湿度平均值是 67.9%。2001 年全年湿度平均值最高为 76%,2007 年全年湿度平均值最低为 68.8%。

(2)上海年平均湿度时间变化趋势分析(2001—2010 年)(见图 5‑14)。

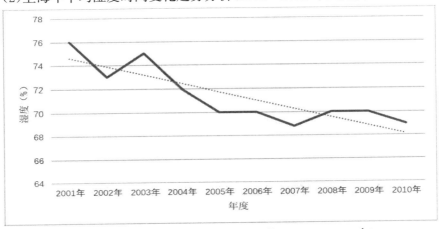

图 5‑14　上海年平均湿度时间变化趋势图(2001—2010 年)

结果分析:从 2001—2010 年上海平均湿度变化趋势观察,可得出以下结论,从 2001 年至 2010 年,年平均湿度数值呈下降趋势。十年年平均湿度为 71.38%。其中 2001 年年平均湿度值最高,为 76%。2007 年年平均湿度值最低,为 68.8%。2005 年、2006 年、2008 年、2009 年年平均湿度值持平为 70%。2001—2004 年区间数值有小的起落。

(3)上海月平均湿度时间变化趋势分析(2001—2010 年)(见图 5‑15)。

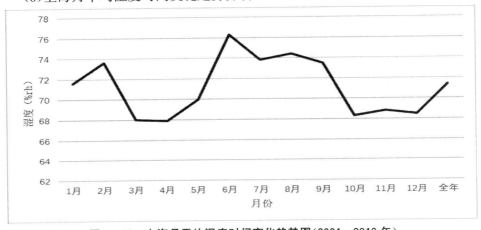

图 5‑15　上海月平均湿度时间变化趋势图(2001—2010 年)

结果分析:根据对 2001—2010 年上海月平均湿度进行分析,上海全年月平均湿度是 71.38%。湿度最高月是 6 月份相对湿度 76.3%,湿度最低月是 4 月份相对湿度 67.9%。相对分为三个梯度,1~5 月月平均湿度是 68%~70%,2 月、7 月、8 月、9 月月平均湿度是 73.5%~74.4%,4 月、10 月、11 月、12 月月平均湿度是 67.9%~68.8%。

4)日照

(1)上海日照时数时间变化趋势分析(2001—2010 年)(见图 5-16)。

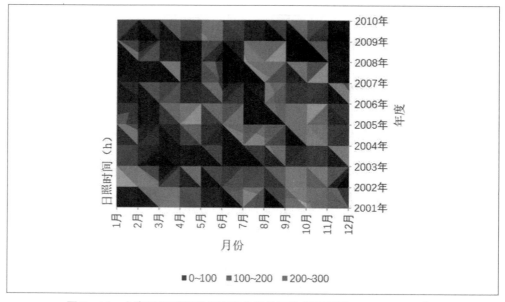

图 5-16　上海日照时数时间变化趋势曲面俯视框架图(2001—2010 年)

结果分析:日照时数是指太阳在上海实际照射地面的时数。日照时数直接影响地表可获得的太阳辐射能量,影响其他气象要素和地表通量空间分布。

(2)上海全年平均日照时数时间变化趋势分析(2001—2010 年)(见图 5-17)。

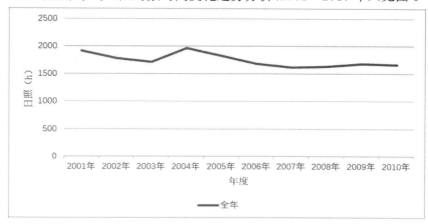

图 5-17　上海全年平均日照时数时间变化趋势图(2001—2010 年)

结果分析:通过 2001 年至 2010 年十年间年平均日照时数数据分析,可得出以下结论,十年间全年年平均日照时数为 1 747.71 小时。高峰值为 2001 年 1 914.9 小时和 2004 年 1 965.6 小时,2004 年数值最高。2005 年是 1 829 小时,2002 年是 1 780 小时,2003 年是 1 714 小时。2006—2010 年为 1 616.9~1 680.9 小时。

(3)上海月平均日照时数变化特征分析(2001—2010 年)(见图 5‐18)。

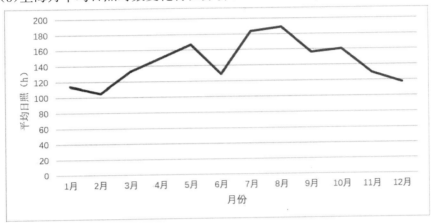

图 5‐18　上海月平均日照时数时间变化趋势图(2001—2010 年)

结果分析:根据对 2001—2010 年上海十年间月平均日照数据进行分析,结论是,平均全年月平均日照总量为 1 747.71 小时;7 月、8 月月平均日照量最高为 183.46~188.75 小时;1 月、2 月、6 月、11 月、12 月份月平均日照量相对较少,为 105.55~129.4 小时;3 月、4 月、5 月、9 月、10 月份是 133.22~166.73 小时。

(4)影响因素分析。

上海四季日照时数变化与降水量、降水日数、水汽压、云量、水汽压呈负相关。因夏季降水量增加,致使夏季日照时数减少。因冬季水汽压和降水量增加,致使冬季日照时数减少。年降水量与年日照时数呈负相关。

5)上海气象参数汇总

上海冬季日照率 43%。日平均温度≤+5℃期间内的平均温度为 4.1℃,日平均温度≤+5℃的天数为 62 天,日平均温度≤+8℃期间内的平均温度为 5.3℃,日平均温度≤+8℃的天数为 109 天。冬季大气压力为 1 025.1 帕,夏季大气压力为 1 005.3 帕。

结果分析:上海冬季空气调节室外计算干球温度为−4℃,上海冬季室外计算干球最低日平均温度为−9℃。上海夏季空气调节室外计算干球温度 34℃,上海夏季空气调节室外计算干球日平均温度为 30.4℃(见图 5‐19)。

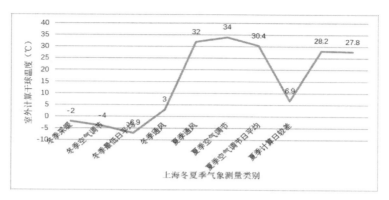

图 5 - 19　上海冬季夏季室外计算干球温度图

　　结果分析：上海平均风向风速情况是北风平均风速 0.7 米/秒，东北风平均风速 0.5 米/秒，东风平均风速 0.35 米/秒，东南风平均风速 0.2 米/秒，南风平均风速 0.1 米/秒，西南风平均风速 0.3 米/秒，西风平均风速 0.8 米/秒，西北风平均风速 1 米/秒（见图 5 - 20）。

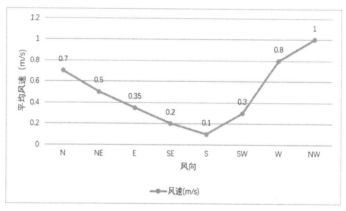

图 5 - 20　上海平均风向风速图

5.1.3　上海各月主要气象指标（2017 年）

2017 年上海各月主要气象指标见表 5 - 1。

表 5 - 1　上海各月主要气象指标（2017 年）

月份	平均气温（℃）	极端最高气温（℃）	极端最低气温（℃）	平均最高气温（℃）	平均最低气温（℃）	日照时间（小时）	降水量（毫米）	降雨日（天）	蒸发量（毫米）
1 月	6.8	22.1	−3.5	10.1	4.0	106.7	62.9	8	52.6
2 月	6.8	19.9	−3.4	11.3	2.8	137.0	20.6	8	57.5

（续表）

月份	平均气温（℃）	极端最高气温（℃）	极端最低气温（℃）	平均最高气温（℃）	平均最低气温（℃）	日照时间（小时）	降水量（毫米）	降雨日（天）	蒸发量（毫米）
3 月	10.4	22.2	0.8	14.3	6.6	152.0	75.7	12	77.1
4 月	17.1	30.1	5.7	22.0	12.7	195.8	93.3	10	104.5
5 月	21.9	32.9	12.4	26.5	17.9	207.7	72.8	8	126.7
6 月	24.0	32.9	17.0	27.4	21.2	106.8	158.3	15	95.4
7 月	31.9	39.1	24.0	36.1	28.2	230.8	37.6	8	152.2
8 月	29.4	37.7	22.1	33.6	26.5	157.2	319.5	14	131.2
9 月	24.6	33.9	14.7	27.7	22.1	111.0	351.5	17	97.6
10 月	19.3	31.9	6.9	22.4	16.5	126.5	96.9	8	97.5
11 月	13.6	23.3	2.1	17.3	10.3	115.8	79.5	10	63.9
12 月	7.1	18.1	−4.2	11.0	3.2	161.9	20.2	6	55.4

资料来源：上海统计年鉴委员会.上海统计年鉴［R］.2018.

结果分析：根据 2017 年上海各月主要气象指标分析，得出结论是上海全年气温平均 17.7℃，全年平均极端最高气温 28.68℃，全年平均极端最低气温为 7.88℃，全年平均最高气温 21.64℃，全年平均最低气温 14.33℃，全年平均日照时间 150.77 小时/月，全年平均降水量为 115.73 毫米/月，全年平均降雨日 10.5 天/月，全年平均蒸发量为 93.63 毫米/月。上海最冷的月份是 1 月、2 月、12 月，平均气温在 6.8℃～7.1℃。最热的月份是 7 月、8 月 31.9℃～29.4℃。全年降水量比较大的月份是 6～9 月，降水量在 158.3～35.51 毫米/月。全年蒸发量大月份是 4～5 月、7～8 月，蒸发量在 104.5～152.2 毫米/月。全年日照时间长的月份是 3～5 月、7～8 月、12 月，日照时间 152～230.8 小时/月。上海全年平均气温在 6.8℃～31.9℃，适宜居住。

5.1.4　气象变化对人群影响及对城市环境影响

气象与大气湿度环境对城市生活影响密切，不同年龄层人群对温湿度变化耐受力不同，温度低于 6.5℃～6.8℃老人与成人易高发感冒。湿度在 10.9℃易引起 14 岁以下儿童高发感冒。寒冷季节日照时间加长有助于居民心态健康与舒朗。上海城市与郊区同属东亚副热带季风气候区域，冬季受大陆季风影响，夏季受海洋季风影响，水汽压夏季比冬季高。上海城市化程度高，人口密集，随着经济的发展和城市的扩张，城市热岛、干岛、湿岛效应显著，城郊温差强度显著增大。根据上海市气象站数据分析上海秋季热岛效应最为显著，呈现多中心特征，中心城区为全市高温中心，金山区、青浦区的西部、奉贤区大部分区域是热岛效应低温区域。城市湿岛类型有雨天、雪天、雾天、结霜、凝露、融雪湿岛,与热岛呈正相关关系。近 50 年来上海地区城郊温差呈上升趋势。20 世纪 90 年代后城郊温差强度显著增大。热岛年平均强度为 1.17℃,秋季热岛显著。道路下垫面材质改变显著影响夜间近地面温度。

5.2　地质结构

　　地质环境是上海实现可持续发展的基础,要在地质环境承受能力范围内发展区域经济,处理好城市建设与生态环境保护关系,建立良性城市生态系统。本节将参考上海市地质调查研究院、上海市测绘院出版的《上海市地质环境图集》对上海地质环境基本条件、地质资源分布规律、利用状况、内在特征与规律进行分析。

5.2.1　上海地质与构造

　　上海地质与构造如图 5‑21 所示。

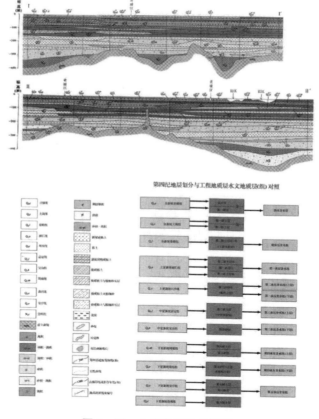

图 5‑21　上海地质与构造图

资料来源:《上海市地质环境图集》编纂委员会.上海市地质环境图集[M].北京:地质出版社,2002.

上海城区基岩埋深最浅 60 米,对城市深层地下空间开发有一定影响。上海基岩地质包括露出地表的基岩零星多呈孤丘出现,总面积约 2.5 平方千米,大片的基岩隐伏地下。据钻探提示的地层有前震旦纪的变质岩系,震旦—奥陶纪的碳酸盐岩系,志留纪碎屑岩,侏罗纪火山岩及火山沉积岩系,白垩—第三纪碎屑岩。其中,火山岩及火山沉积岩分布最广,约占市域面积的 70%。区内缺失泥盆纪、石炭纪、二叠纪及三叠纪地层(见图 5 - 22)。

图 5 - 22　上海基岩埋藏深度图

资料来源:《上海市地质环境图集》编纂委员会.上海市地质环境图集[M].北京:地质出版社,2002.

第四层地质。上海自晚新生代以来属缓慢沉降地区,堆积的厚度一般为 200～320 米,以黏土与砂交互的碎屑沉积物,由下而上具明显韵律变化。按沉积相可划分为两部分,下部以褐黄色为主称为"杂色层",埋深通常约在 145～320 米,杂以蓝灰、黄绿色网纹或杂斑杂色黏土与灰白色为主的砂砾互层,为早更新世陆相沉积物。上部以灰色为主称为"灰色层",埋深约 145 米以上,夹有绿、蓝、褐、黄色黏土与浅灰、黄灰色砂互层,属中更新世以来海陆频繁过渡海洋沉积物。第四承压含水层向弹性变形态势转变,土体表现为微量回弹(见图 5-23)。

图 5-23　第四地质图

资料来源:《上海市地质环境图集》编纂委员会.上海市地质环境图集[M].北京:地质出版社,2002.

5.2.2　构造与地震

　　上海地处长三角洲前缘河口滨海平原和太湖流域东缘低地。上海大地构造单元属于扬子准地台浙西—皖南台褶带和下扬子台褶带的北东延伸部分,在地质历史时期总体表现为隆起状态,构造变动以断裂为主,由断裂分割而成的正向隆起断块是"上海台隆"。区内断裂构造较为复杂,先后形成了近东西向、北东向、北东向和北西向等4组断裂。上海区内断裂构造切割深度较浅,一般小于10千米,规模较小,尚未发现深大断裂,已有地震震级历史记载属中小级。上海归属于中国东部地震频率低、强度弱的地区,影响地震烈度的主要震源区为南黄海震源区,地震烈度不超过6度,划为稳定区。

5.2.3　水文地质

　　上海水文地质如图 5-24 所示。

图 5-24　上海潜水含水层结构图

资料来源:《上海市地质环境图集》编纂委员会.上海市地质环境图集[M].北京:地质出版
社,2002.

　　上海全境被第四纪松散沉积物所覆盖,厚约 180～320 米,其间砂层平均累计
厚度达 160 余米,均为地下水充填。地下水类型主要为松散岩类孔隙水,碳酸盐岩
溶水与孔隙水仅在小范围局部分布。孔隙水按形成时代、成因和水理特征可分为
潜水含水层、第一承压含水层、第二承压水层、第三承压含水层、第四承压含水层、
第五承压含水层,底界埋深 120～150 米,第三承压含水层承压水为"浅层水"。
1965 年以前主要开采利用的水源是"浅层水",开采量占总开采量的 80%,1965 年
以前 98% 的开采量为工业供水水源,除第一承压含水层地下水偏咸不宜开发利
用,后因开采该层地下水易诱发地面沉降逐年压缩。自 1965 年以来逐年扩大开发
利用"深层水"是上海主要利用的地下水源,开采量占年总开采量的 78%。区内地
下承压淡水体均为优质饮用水源。80 年代中期调整为生活供水水源(见
图 5-25)。

图 5 - 25   上海潜水资源分布图

资料来源:《上海市地质环境图集》编纂委员会.上海市地质环境图集[M].北京:地质出版社,2002.

上海地下水属于长江三角洲地下水系统,与相邻地区彼此有密切水力联系,地下水开发利用受地面沉降与地区开采程度制约。上海同一层次、不同地区与不同地区、不同层次年龄有差距,承压水自上而下年龄变化是 1.5 万年~5.0 万年,同一层次由西往东缓慢递增。上海地下水属于径流缓慢的古水是后期置换水。

上海工程地质。上海基岩是由数十亿年来不同年代的岩石组成,地质构造有褶皱、断裂、隆起、凹陷。上海地区基岩上覆厚度达 300 余米,土体是第四纪泥沙松散堆积物,为软黏性土、硬黏性土、砂性土。建筑物、交通与管道等市政工程活动主要发生在 0~75 米深土体中(见图 5 - 26)。

图 5 - 26   上海工程地质分区图

资料来源:《上海市地质环境图集》编纂委员会.上海市地质环境图集[M].北京:地质出版社,2002.

　　除剥蚀丘陵外,上海地层从区域地貌类型看,泻湖沼泽平原区地层共分为9层,滨海平原区地层分为12层,河口、砂嘴、砂岛区地层共分为8层,潮坪区地层分为9层(见图5-27、表5-2)。

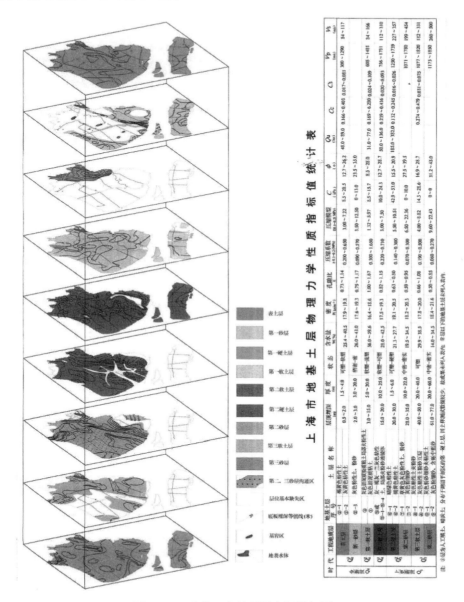

图 5-27　上海工程地质层多层叠加图

资料来源:《上海市地质环境图集》编纂委员会.上海市地质环境图集[M].北京:地质出版社,2002.

表 5-2　上海区工程地质层划分简表

成因类型	岩性特征	主要分布范围
河口—滨海	褐黄色黏性土 灰黄色黏性土 淤泥质黏性土	全区分布
	灰色粉土、粉砂	河口砂岛、东部海岸带、冲积平原
滨海—浅海	灰色淤泥质粉质黏土	普遍分布、河口砂岛局部地区缺失
	灰色淤泥质黏土	广泛分布
滨海沼泽	灰色黏性土	普遍分布
溺谷相	灰色砂质粉土、粉砂	分布在古河道区
溺谷相	灰色黏性土	分布在古河道区
溺谷相	灰绿色黏性土	分布在古河道区
湖泊、沼泽	暗绿—褐黄色黏性土	广泛分布，但在河口砂岛及古河道深切区缺失
河口—滨海	草黄色—灰色粉土、砂土	广泛分布，但在河口砂岛及古河道深切区缺失
滨海	灰色黏性土	普遍分布，但在浦东新区中部及南部缺失
湖泊	暗绿—褐黄色黏性土	湖沼平原区西部
河口	草黄色粉性土	湖沼平原区西部
滨海	灰色粉质黏土夹粉砂 灰色粉质黏土与粉砂互层	普遍分布，浦东新区中部及南部缺失
冲湖积	蓝灰—褐黄色粉质黏土	湖沼平原区
冲海积	灰色砂质粉土夹粉质黏土	湖沼平原区
冲湖积	褐黄色粉质黏土夹粉砂	湖沼平原区
冲海积	灰色粉质黏土	湖沼平原区
河流	灰色细砂、灰绿细砂、含砾中细砂、含砾中粗砂	普遍分布
冲湖积	蓝灰、褐黄、杂色粉质黏土夹细砂	分布较普遍
冲海积	黄灰色粉细砂、中细砂、砂砾石	普遍分布

资料来源：严学新，史玉金.上海市工程地质结构特征[J].上海国土资源，2006(4).

　　地下水环境容量是城市自然生态承受力的一部分。以地下水质、地面沉降量、地下水临界水位作为评价指标对地下水环境容量进行评价，应用于上海市地面沉降防治工作，实施地下水资源管理和地面沉降控制（见图 5-28）。

图 5-28　上海工程地质承压地下水环境图

资料来源:《上海市地质环境图集》编纂委员会.上海市地质环境图集[M].北京:地质出版社,2002.

5.3　地貌

5.3.1　地貌

　　上海中心城区东部是地面高程 4.50 米左右地势较高的滨海平原,以中部贝壳沙堤为界。西部是河湖众多的碟形洼地,地面高程小于 3.5 米。上海地貌形态基本为堆积地貌类型。除西南有百米以下的剥蚀残丘外,全区在全新世海侵旋回和构造沉降背景上,在长江与海潮的共同作用下逐渐形成平坦的滨海平原。上海土壤类型主要是东部滨海盐土、碟缘高地草甸土和淀泖低地水稻土,土质地疏松、母质养分丰富。淀泖低地水稻土分布在金山区北部、松江、青浦,及奉贤、嘉定、闵行区西部,地貌有湖荡洼地、湖积平原,是在长江老三角洲古太湖基础上发育而成的湖沼平原。碟缘高地草甸土分布在浦东、宝山全区和奉贤、嘉定、金山区的滨海平原区,地势较高,平原上分布多条与海岸平行的贝壳堤和古海塘残迹。东部滨海盐土主要分布在奉贤和金山南部及崇明东、北部地区。滨海盐土是全剖面含盐土壤,盐分组成单一,以氯化物为主(见图5-29)。

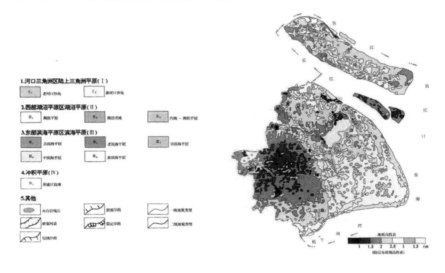

图5-29   上海地势图

资料来源:《上海市地质环境图集》编纂委员会.上海市地质环境图集[M].北京:地质出版社,2002.

5.3.2   土壤

上海土壤分类。上海的土壤多为中偏碱性土壤。土母质是由长江泥沙为主在江海作用下形成石灰性冲积平原。根据土壤属性、成土过程和条件,上海土壤分类为土类、亚类、土属、土种与变种。上海绝大部分土壤是水稻土、盐土与潮土,按卡钦斯基制对土壤质地判定分类为粘质、壤质、砂质。水稻土有草甸型水稻土、沼泽型水稻土、草甸盐土和浅色草甸土。按不同水文类型分为渗育型水稻土、潜育型水稻土、沼育型水稻土、潴育型水稻土。根据淋溶程度分为轻潴、中潴、强潴草甸型水稻土。潮土集中在河流冲程地区,分为灰潮土与菜园土潮土亚类。盐土分布于沿海,土壤中含过量可溶性盐,亚类属海滨盐土,划分为湖积物、江海冲积物、河湖相沉积物、江河冲积物。

5.3.3   湿地滩涂

(1)湿地。

上海湿地类型依据《湿地分类 GB/T24708—2009》划分。2015年3月据上海市林业局保护处公布上海市第二次湿地资源调查结果,上海市湿地分为5类13型,总面积37.70万公顷。湿地面积见表5-3。

表 5-3　上海湿地面积

类型	分类	面积（万公顷）	总面积（万公顷）	占比（%）
自然湿地	近海与海岸湿地	29.67	31.91	84.64
	河流湿地	0.73		
	湖泊湿地	0.58		
	沼泽湿地	0.93		
人工湿地	—	—	5.79	15.36

注：调查范围包括宽度在 10 米以上，长度在 5 千米以上的河流湿地，面积 5 公顷以上的人工湿地、湖泊湿地、沼泽湿地、近海与海岸湿地。以上数据不含水稻田湿地。

资料来源：蔡友铭,周云轩,田波.上海湿地[M].第二版.上海：上海科学技术出版社,2015.

2018 年据上海市绿化市容局等 7 部门公布首批 13 块湿地（见表 5-4）。包括核心、脆弱、敏感区域的市级湿地保护区,涵盖岩石海岸、潮间盐水沼泽、河口水域、淡水湖、库塘类型。其中九段沙沙洲、崇明东滩湿地面积占 80%。其中国家湿地公园 1 个、国家森林公园 2 个、自然保护区 4 个、饮用水水源保护区 4 个、水产种质资源保护区 1 个。上海健康状态的滩涂湿地有崇明东滩和九段沙湿地,较健康状态有崇明西滩,亚健康状态滩涂有浦东边滩、宝山边滩、横沙岛周缘边滩、崇明北滩、南滩、南汇边滩、杭州湾北沿边滩、长兴岛周缘边滩。

表 5-4　上海市级重要湿地面积

湿地类型	湿地名称	湿地面积（公顷）
潮间盐水沼泽	浦东九段沙	40 898.06
	崇明东滩	24 083.03
	崇明西沙	241.83
河口水域	崇明长江口中华鲟	45 545.5
库塘	崇明青草沙水库	6 317.79
	崇明北湖	1 277.86
	崇明东风西沙	335.42
	崇明东平森林公园	16.97
	奉贤海湾森林公园	95.4
	青浦金泽水库	269.21
	宝山陈行—宝钢水库	313.97
永久性淡水湖	青浦淀山湖	1 796
岩石海岸	金山三岛	118.51

资料来源：上海市绿化市容局,等.上海市重要湿地名录（第一批）[R].2018.

（2）滩涂。

滩涂分布如图 5 – 30 所示。

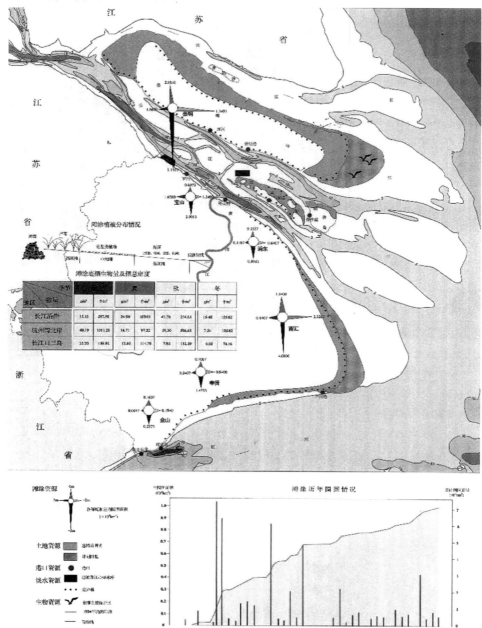

图 5 – 30　上海滩涂资源分布图

资料来源:《上海市地质环境图集》编纂委员会.上海市地质环境图集[M].北京:地质出版社,2002.

5.4　水文构成

5.4.1　上海水资源量

据《2018 年上海市水资源公报》数据统计,2018 年上海降水量 1 266.6 毫米。上海地下水与地表水资源不重复计算量为 6.67 亿立方米,上海本地水资源总量 38.70 亿立方米,长江干流来水量 8 420 亿立方米,太湖流域来水量 190 亿立方米,全市主要骨干河道河长 719.8 千米。全市取(用)水总量 76.19 亿立方米。人均年用水量 314 立方米,水土流失面积 3 平方千米(见表 5-5、表 5-6)。上海过境水资源量包括太湖流域来水量与长江流域来水量。太湖流域来水量经黄浦江干流下泄入长江口。2018 年通过黄浦江松浦大桥断面年平均净泄流量为 605 立方米/秒,年净泄水量 190 亿立方米。长江干流来水量 2018 年长江徐六泾水文站年平均流量为 26 700 立方米/秒,折合年入海水量为 8 420 亿立方米,比上年减少 16.6%,较多年(1956—2011 年)平均值减少 8.42%。

表 5-5　上海取(用)水量(2018)　　　单位:亿立方米

城市	地表水	地下水	其他水源	全市总量
上海	76.17	0.02	0.003	76.19

资料来源:上海市水务局.2018 年上海市水资源公报[R/OL].2018.
http://swj.sh.gov.cn/szy

表 5-6　上海取(用)水量(2018)　　　单位:亿立方米

城市	农业用水	工业用水	城镇公共用水	居民生活用水	生态环境用水
上海	16.49	34.41	11.23	13.26	0.80

注:工业用水总量中包含火电工业用水 24.71 亿立方米。

资料来源:上海市水务局.2018 年上海市水资源公报[R/OL].2018.
http://swj.sh.gov.cn/szy

(1)上海地表水资源量(见图 5-31)。

地表水资源量是降水形成的年径流量。2018 年上海年地表径流量 32.03 亿立方米,折合年径流深 505 毫米。上海市水务局发布的《2018 年上海河湖报告》统计数据表示,上海共有河道 43 104 条,长 28 778.36 千米,面积 504.379 平方千米。其他河道 4 028 条,长 1 084.76 千米,面积 41.672 平方千米,河网密度 4.54 千米/平方千米。湖泊 41 个,面积 72.717 平方千米。其他湖泊 1015 个,面积 10.083 平方千米。全市河湖面积共 628.854 平方千米。小微水体共计 52 828 个,面积 68.781 平方千米。

图 5 - 31　上海水系图

资料来源:《上海市地质环境图集》编纂委员会.上海市地质环境图集[M].北京:地质出版社,2002.

(2)上海地下水资源量。

地下水资源量是降水和地表水入渗对地下水补给量。2018 年上海市地下水资源量为 9.62 亿立方米。

(3)水质。

2018 年,上海市水利控制片共 14 个,共监测断面 250 个,湖泊 2 个,河道 122 条段。全市评价的主要省界来水河流 18 条、湖泊 2 个,水质属 II-V 类(见表5-7)。

表 5-7　水利控制片监测河湖水质情况(2018)　　　　单位:个

水利控制片	断面总数	Ⅲ 类水质	Ⅳ 类水质	Ⅴ 类水质	劣 Ⅴ 类水质
总计	250	73	124	16	37
嘉宝北片	46	11	23	3	9
蕰南片	28	0	17	3	8
淀北片	20	1	1	1	17
淀南片	6	2	3	1	0
青松片	26	18	6	1	1
太南片	2	2	0	0	0
太北片	2	2	0	0	0
浦南东片	9	2	6	1	0
浦南西片	14	1	13	0	0
商榻片	3	3	0	0	0
浦东片	62	0	54	6	2
崇明岛片	30	30	0	0	0
横沙岛片	1	1	0	0	0
长兴岛片	1	0	1	0	0

资料来源:上海市水务局.2018 年上海市水资源公报[R/OL].2018.
http://swj.sh.gov.cn/szy

　　2018 年,上海市海域符合第一类、第二类海水水质标准监测点位占 10.8%,符合第三类、第四类标准监测点位占 18.4%,劣于第四类标准监测点位占 70.8%。上海水质指标监测从色度、浑浊度、臭和味、菌落总数、总大肠菌群、一氯胺(总氯)、耗氧量进行评测,提高上海生活饮用水卫生标准。

　　(4)供水与排水。

　　上海建设路面积水监测站 747 个。日常潮位、水位预报、实测水位包括吴淞口、黄浦公园、米市渡、芦潮港。上海水资源可将雨水净化应用规划包含其中。提高排水标准与污水净化系统,内河减排化学需氧量 5.23 万吨/年,长江减排化学需氧量 3.9 万吨/年。日常通报供水水质、供水水量、水压、水质综合合格率。供水水源执行国家《地表水环境质量标准》(GB3838)和《地下水质量标准》(GB/T 14848)。供水水质遵照国家《生活饮用水卫生标准》(GB5749)与上海市地方标准《生活饮用水水质标准》(DB31/T 1091)。上海城市供取水留有余量、全民节约用水,改善水源地——黄浦江上游水源地、长江水源地水质质量。形成全市供水管网,包括中心城区和分区供水区。主城区供水区域覆盖上海市中心城区、宝山、闵行、嘉定、青浦、松江、浦东。须改善东风西沙原水系统、青草沙—陈行原水系统,保障上海市与崇明岛供水安全和水量需求,建立地下应急水源保障体系和工厂应急取水口。须构建上海市地下水应急供水深井保障体系,在长宁、黄浦、浦东、闵行、虹口、嘉定、松江等区建设应急供水深井。保护现有水厂取水口、建设应急取水口,提升水源、水厂、管网和二次供水水质水量安全保障,建设绿色生态、安全韧性城市供水系统。

(5)上海最高潮位与多年平均降水量(见图5-32)。

图5-32　上海实测最高潮位及多年平均降水量等值线图(1893—1997)

资料来源:《上海市地质环境图集》编纂委员会.上海市地质环境图集[M].北京:地质出版社,2002.

5.4.2　东中国海环流影响

东中国海环流对上海海域具有直接影响。据魏泽勋在《中国近海环流及其季节变化的数值模拟》,研究表明"黑潮在台湾以东海域入流,夏季最强,冬季最弱;黑潮在吐噶喇海峡的出流夏季最强、秋季最弱。太平洋的海水通过西表岛—冲绳和冲绳—奄美大岛之间与东海黑潮交换。西表岛—冲绳为入流。冲绳—奄美大岛之间的入流一般发生在表层,冬、秋季强且明显,春、夏季甚至为出流(流出东海),从26.5 米层开始四季基本均为流出东海。黑潮深层存在南向逆流。台湾—对马—津轻暖流系统得到良好模拟。台湾暖流的水主要由台湾海峡和黑潮入侵水共同贡献,各个季节各有差异。下层水主要来自台湾东北方向黑潮的次表层水。对马暖流有三个来源,黑潮分支一直是主要来源。台湾暖流贡献冬、秋季较弱,主要在次表层以下有贡献,夏季最强"。

5.5　生物构成

上海生态系统由生物和环境系统构成。生物系统有生产者、消费者和还原者。环境系统包括太阳辐射、有机成分和无机成分等。

5.5.1　动物

1) 鸟类

世界鸟类学家联合会对全世界鸟类名录定期更新。至 2018 年 12 月底,据上海鸟类种类与生境观测结果,上海市鸟类 A—D 类的鸟种共计 22 目 78 科 238 属484 种。其中雀形目鸟类 37 科 101 属 223 种,非雀形目鸟类 21 目 41 科 137 属 261种。A 类鸟种 457 种、C 类鸟种 21 种、D 类鸟种 6 种、E 类鸟种 7 种、F 类鸟种 57种。据栾晓峰、胡忠军、徐宏发《上海农耕区鸟类群落》研究,记录到鸟类 76 种隶属13 目 26 科。包括鸊鷉科、鹭科、鸭科、鹰科、隼科、雉科、秧鸡科、鸻科、鹬科、鸠鸽科、鸥科、雨燕科、翠鸟科、杜鹃科、戴胜科、燕科、百灵科、鹡鸰科、伯劳科、鸭科、鸦科、椋鸟科、文鸟科、山雀科、雀科、鹟科鸟类。观测到小鸊鷉、白鹭、苍鹭、池鹭、草鹭、英中白鹭、大白鹭、中白鹭、夜鹭、牛背鹭、黄班苇鳽、赤腹鹰、苍鹰、绿头鸭、红隼、黑水鸡、环颈雉、鹌鹑、灰头麦鸡、凤头麦鸡、剑鸻、金眶鸻、矶鹬、红脚鹬、青脚鹬、林鹬、须浮鸥、海鸥、珠颈斑鸠、山斑鸠、四声杜鹃、戴胜、白腰雨燕、云雀、普通翠鸟、金腰燕、家燕、水鹨、树鹨、田鹨、黄鹡鸰、白鹡鸰、灰鹡鸰、红喉鹨、棕背伯劳、红尾伯劳、灰椋鸟、白头鹎、喜鹊、白腹鸫、红胁蓝尾鸲、北红尾鸲、乌鸫、画眉、极北柳莺、褐柳莺、大苇莺、短翅树莺、棕扇尾莺、黄眉柳莺、黄腹柳莺、棕头鸦雀、黑脸噪眉鹛、麻雀、斑文鸟、白腰文鸟、大山雀、金翅、锡嘴雀、黑头蜡嘴雀、栗耳鹀、灰头鹀、三道眉草鹀、田鹀等鸟类。优势种为麻雀、家燕、白头鹎、棕背伯劳和白脊鸟。

据上海野鸟会公布的《上海市鸟类名录 2021》种类统计,截至 2021 年 12 月 31日,上海鸟类共增加了 7 个 A 类新记录鸟种,包括白顶玄燕鸥、叉尾鸥、短尾贼鸥、岩鹭、纵放腹小鸮、四川柳莺、棕眉柳莺。3 个 E 类鸟种,包括羽鹤、饰胸鹬和库页岛蝗莺。2 个新记录亚种,包括斑尾塍鹬、红腹滨鹬。

上海鸟类群落由留鸟、夏候鸟、冬候鸟、旅鸟构成。鸟类栖息生态环境构成有公共绿地、湿地、林地、农田。以树上筑巢和灌草丛筑巢的鸟类最多。鸟类栖息地生境以崇明东滩最好,湿地面积广阔。大陆边滩湿地和内陆淀山湖湿地生境相对较弱。天马山、查山、大金山岛植被自然性好。公共绿地鸟类群落密度最大,湿地生境多样性最高,农田优势度最高,林地鸟类生物量最高。湿地生境冬候鸟最多,夏候鸟最少,珍稀鸟类最多。上海鸟类物种丰富度有待增加,荒地对保持鸟类多样性非常重要。保留自然微生境,如河流堤岸、田边地角,增加荒地面积,减少农田的农药、化肥污染,注重林木多样性与增加林地面积,增加农田与森林面积,乔木、灌木与芦草搭配,增加鸟类可栖息地选择。

崇明滩涂湿地地处东亚—澳大利亚鸟类迁徙路线中部,是候鸟停歇的重要中转站。主要栖息地有湿地、滩涂、传统种植水稻水田。传统模式水稻田冬季有水,且具备良好的水深条件,留存有部分水稻。田间芦苇能增加隐蔽性,水鸟数量、种类数、多样性高于机械耕地区域。崇明东滩湿地鸟类群落的演替规律:鸟类的物种丰富度随着滩涂演替的推进经历由低到高再到低的过程。处滩涂演替中间阶段的海三棱藨草带、藨草带的鸟类物种数最丰富,芦苇带最低,盐渍藻类带的物种其次。非水鸟物种数比例随着滩涂植被演替推进逐渐增大。鸟类密度随滩涂植被演替推进呈递减趋势。盐渍藻类带鸟类年平均密度居三个演替阶段首位。春夏秋三季各植被演替阶段,鸟类密度变化规律与全年一致,冬季不同。海三棱藨草带大于盐渍藻类带大于芦苇带。相邻植被演替阶段鸟类群落相似性高于相隔植被演替阶段。鸟类群落多样性与优势种所占数量比例呈负相关,鸟类群落优势种和群落多样性呈负相关关系。

2）鱼类

根据上海水产学院上海鱼类调查研究,上海鱼类包括淡咸水鱼类和溯河洄游鱼类。上海鱼类有104种,分隶83属,28科。据华东师范大学张衡《长江河口湿地鱼类群落的生态学特征》研究,上海长江口湿地全部为硬骨鱼类,有123种隶属18目46科98属。长江河口北支57种,南支水域80种,口门区70种。长江河口湿地鱼类是河流淡水鱼类区系和海洋鱼类区系的过渡类型。潮间带是河口地区鱼类重要栖息生境,共记录鱼类有93种隶属15目33科,口门区潮下带鱼类42种隶属21科,海洋鱼类偶入河口湿地17种,海洋鱼类季节性进入河口湿地和河口定居种10种,淡水类和河口鱼类均为1种,以小型鱼类幼鱼为主。潮间带鱼类夏季和秋季差异较小,夏、秋季与春季鱼类群落结构差异较大。分为口门咸、淡水鱼类群落和口内淡水鱼类群落。在淡水区或咸淡水区,水温和鱼类丰度相关系数较盐度稍高,河口鱼类群落水温和鱼类丰度相关系数较盐度低。通河口低盐淡水区潮间带鱼类随季节、半月相和昼夜变化,鱼类丰度昼夜变化随季节变化有所差异,春季白天和夜晚潮涨水鱼类丰度无显著差异,夏、秋、冬季存在显著差异。春、夏和秋季鱼类丰度大于冬季。小汛潮期季节平均丰度与种类数小于其他汛潮期。鳊、鲫、斑尾刺虾虎鱼和光泽黄颡鱼季节性出现在潮间带,不同水深鱼类丰度和体长分布存在一定差异,利于幼鱼繁育和生长,有助降低鱼类种内和种间食物资源竞争。仔稚鱼分布规律不明显。17 种河口、沿岸鱼类如龙头鱼、日本鳗鲡、刀鲚、棘头梅童季节性洄游见表 5-8。

表 5-8　长江河口湿地鱼类生态类型

鱼类类型	种类数量
淡水鱼类	66
终生河口湿地鱼类	35
季节性河口湿地—海洋鱼类	26
潮河洄游鱼类	6
降河洄游鱼类	3
临时性河口湿地—海洋鱼类	70

注:兼具两种生态类群 8 种。

资料来源:张衡.长江河口湿地鱼类群落的生态学特征[D].上海:华东师范大学,2007.

　　上海长江河口鱼类重要育幼场在潮间带湿地。河口区潮间带鱼类群落主要以小型鱼类为主。潮间带湿地对幼、稚、仔鱼具有重要哺育作用。长江河口潮间带湿地鱼类以小型鱼类幼鱼为主,成鱼较少出现在潮间带水域。近 20 年来长江河口湿地鱼类数量丰度下降,鱼卵、仔稚鱼群落结构复杂。淡水区鱼类银鱼、麦穗鱼为优势种,短尾大眼鲷、风鲚、小公鱼属为咸、淡水区优势种。长江口鳗苗捕捞活动对鳗苗资源严重破坏,对红狼牙虾虎鱼、刀鲚、棘头梅童、风鲚等种群负面影响较大。由于每年 1 月至 3 月,对刀鲚、风鲚幼鱼或成鱼过度捕捞,导致刀鲚衰退。经戴小杰、韩璐等对《长江河口区仔稚鱼资源现状的调查》研究表明长江河口水域经济种类仔稚鱼资源已受到严重威胁。

5.5.2　植物

　　上海以北温带、泛热带和东亚植物分布为主,植物群落以落叶阔叶林和常绿阔叶林类型为主。可以分为落叶针叶林、常绿针叶林、常绿阔叶林、针阔混交林、常绿落叶阔叶混交林、落叶阔叶林和竹林。上海裸子植物包括苏铁科、银杏科、罗汉松科、松科、杉科、柏科。被子植物包括双子叶植物杨柳科、杨梅科、胡桃科、榆科、桑科、睡莲科、毛茛科、小檗科、木兰科、蜡梅科、樟科、海桐科、金缕梅科、悬铃木科、蔷薇科、豆科、芸香科、苦木科、楝科、黄杨科、卫矛科、冬青科、槭树科、夹竹桃科、山茶科、玄参科、紫葳科、茜草科、忍冬科、菊科。单子叶植物包括禾本科、棕榈科、鸢尾科、久雨花科、天南星科、百合科、龙舌兰科、石蒜科、兰科等。苔藓以耐旱性强土石生种类为主。

5.5.3　微生物

　　微生物对长江河口与海洋的影响。据张东声的《长江口及其邻近海域微生物的多样性和生态分布特征研究》表明,不同环境沉积物系多样性和群落结构有明显差,变形菌是长江河口及临近海域沉积物细菌优势类群。长江河口内以陆源或淡水生境细菌种类为主,东海陆架区以海洋环境种类为主。长江口海域河口生态系统、海域微生物时空分布规律、沉积物中有机物含量和沉积物底质影响细菌丰度。通过 16Sr 核糖核酸基因分析表明,长江口及其邻近海域沉积物中的细菌多样性程度较高,主要包括放线菌门、酸杆菌门、变形菌、硬壁菌门、拟杆菌门、硝化螺旋菌门、疣微菌门、绿弯菌门、浮霉菌门、热袍菌门和异常球菌—栖热菌门。据李云、李道季《长江口邻近海域浮游细菌分布与环境因子的关系》的研究结果表明,长江口邻近海域以 30 等盐线为界,三类细菌的空间分布具有显著差异。据郭沛东等 2003 年的研究,中国长江口浮游生物有 87 种,甲壳类 59 种。据汤琳等研究,长江口邻近水域浮游真核微藻 219 种,主要为硅藻门、绿藻门、甲藻门、裸藻门、隐藻门,浮游原核微藻主要为蓝藻门。

5.6　海岸带

数千年来,长江及其支流冲积的沉积物与泥沙在长江口形成近海三角洲平原或岛屿。由于河流、潮汐、海洋共同作用,在近 2000 年向海伸展过程中,造陆 7 500 平方千米。上海位于中国大陆海岸线中部,长江入海口和东海交汇处,大陆岸线总长 211 千米,海岸线总长约 518 千米,海域面积约 10 000 平方千米,横沙岛、长兴岛、崇明岛有居民居住,23 个无居民岛屿或沙洲,含九段沙、佘山岛、大金山岛等。拥有海域、海岛、岸线、滩涂、能源与航道等海洋生态与资源,海岸环境总体稳固。据相关研究长江入海口未来可能发生变化。

5.7　潮汐

上海沿海潮汐主要受海平面上升、上游洪水因素影响。上海沿海主要水文测站有芦潮港、堡镇和高桥。历年潮位、潮差、潮时等水文要素变化趋势是:平均潮位变化趋势与海平面上升趋势一致。潮差长江口北港变小,杭州湾变大。苏州河与黄浦江是感潮河流,上海地下水属于半日潮类型,地下水潮差大小与埋藏深浅、含水层富水性、距地表水体远近有关系。

第 6 章　上海人地系统现状

　　人地系统是个复杂系统,因此,本章将从上海城市发展历史、城市空间结构与土地利用结构演化、社会结构展开研究,目的是从时间过程、空间演变、组织序列及整体联动中,客观地呈现某一时间段上海人地系统现状,为后续协调人地关系、优化城市结构、推动城市可持续发展决策与管理提供依据。

6.1　城市发展历史

6.1.1　上海陆地形成历史

　　上海陆地区域经过漫长时间由海变陆,在长江与海潮共同作用下至东晋、南宋时已基本成陆。上海市中部有一条由海潮中泥沙与介壳堆积的带状高地,又称"冈身"。"冈身"以西成陆在公元前 4035 年左右,"冈身"以东成陆在公元前 3230 年左右,是六千年前形成的第一条海岸线。"冈身"宽度在吴淞江故道以南约 2～4 千米、以北约 6～8 千米,东线从娄塘到拓林。参考唐开元年间《新唐书地理志》记载:"盐官,有捍海塘,堤长百二十里,开元元年重筑。"《绍熙云间志》记载:"旧瀚海塘,西南抵海盐界,东北抵松江,堤长一百五十里。"几千年来,上海大陆成型既有向外不断淤涨延伸状态也有内坍状态。中段不断向外涨滩。北段有坍有涨。南段内坍状态为主,仅在近百年有淤涨情况。内坍状态有上海大陆南缘杭州湾北岸、上海大陆北缘浏河口至高桥一线。据历史记载、考古发现与野外调查,金山卫南部海区曾是陆地,有内坍现象。流域人为因素与水土保持与否引起河道频繁变化,对上海成陆产生综合影响。

6.1.2　上海行政区划变化

　　(1)第一阶段,326—334 年东晋咸和年间"沪渎垒"军事交通城堡时期。

　　(2)第二阶段,唐开元、天宝年间至清道光二十二年"商埠"时期。

　　据文字记载,金山、青浦、松江较早出现城镇。秦代,上海地区出现县级以上城市会稽郡海盐县,居民以煮盐为主要产业。唐代,在吴淞江以南段筑捍海塘后,海岸相对稳固,土地免受海潮侵害,保障农业生产与发展。黄浦江与吴淞江治理成功。经历青龙镇、黄姚镇。1023—1030 年,北宋天圣年间设上海务。1291 年,元代将华亭县所属五乡设立上海县。1542 年,明嘉靖二十一年设青浦县,疏浚吴淞江,使黄浦江从支流变为主流,改善上海港自然地理条件。清朝雍正年间,上海地区分属太仓道和松江府行政区划,相继建立奉贤、南汇、宝山、金山四县。乾隆年间,上海地区分太仓州行政区划。嘉庆、同治年间,上海地区和苏州地区分属太仓州、松江府、苏州府合成的苏松太道。苏松太道驻地是现上海市区,华亭县是松江府驻地,川沙厅是浦东新区前身。

(3)第三阶段,1843 年后上海成为殖民地半殖民地城市"三界四方"时期。

1845 年规定英租界,1849 年规定法租界,1863 年规定美租界。后规定公共租界。城市处于华界、法租界、公共租界"三界"与中、美、英、法"四方"格局。

(4)第四阶段,上海成为独立行政区域。

1928 年,上海成为一个独立行政区,行政区划包括市中心区、宝山区、浦东新区小部分地区和闵行区大部分地区,管辖 15 乡 4 市。1930 年改称上海市。1952年,上海行政区划市区和郊区分离,上海郊区属于江苏省,上海市区包括市中心区、闵行区、宝山区、浦东新区少数地区。1981 年,上海行政区划上海市行政范围包括10 县 12 区,其中离市区 2 个、市中心区 10 个。2019 年上海行政区划管辖 16 个市辖区和 7 个飞地,外省飞地包括位于江苏南京的上海梅山冶金基地、位于江苏徐州的上海大屯煤矿、位于江苏盐城的上海农场局大丰农场、位于安徽黄山的上海农业局黄山茶林场、位于安徽黄山的上海农业局练江草场、位于安徽宣城的白茅岭监狱、军天湖监狱,位于浙江舟山的洋山港。

6.1.3   上海近代城市规划范式与城市规划建设法规

1843—1949 年上海近代城市规划建设深受西方城市规划思想影响,为上海基础设计、城市规划、商贸与工业技术发展、引进城市管理制度和城市化打下基础。上海引入欧美早期城市规划建设模式与欧美近代城市规划思想,借鉴城市发展模式,实现范式转换。

上海城市化过程以开埠发展商业贸易为主要推动力,以商贸发展汇集人、财、物。由于港口贸易的发展影响租界城市发展,沿老城厢、租界、黄浦江、苏州河形成城市核心区域。不断扩大城市规模,形成城市近代功能分区,房地产业兴盛。由于开埠之后租界城市空间从基础设施到市政管理都遵照完全欧美化标准,上海成为欧美洲文化城市载体,形成租界内局部规划与管理协调、城市整体无序的形态。城市中心区域在多圈层密集状态中扩展,留下严重的城市结构问题。多条河网支流填埋并修建成道路。

1847 年中英拟定的《上海土地章程》是上海最早的规定区域市政组织、行政管理、土地管理、城市建设、治安、建筑规范、税收、租赁等的综合法规。1855 年制定1923 年修正的《上海市建筑规则》,包含市政工程、建筑结构、设计、施工等相关城市建设规范,涉及建筑密度、建筑物高度、用地分区、街道控制线与建筑线退让等,为近代上海城市规划及管理逐渐进入制度化建设奠定基础。1854 年对《租地章程》(1845)进行修改，订立《上海英法美租地地皮章程》，删去"华洋分居"规定，确立华人可进入租界从事经商、居住。

至 1865 年，上海租界内居民以中国人为主，外侨不到 3 000 人，中国人占 98%，租界内人口达到近 15 万，上海县城人口也在 15 万左右。1854 年成立工部局即市政委员会，负责市政建设、安全防卫、卫生、警务、教育和财税等城市行政管理职能。法租界成立公董局，上海逐渐形成城市管理雏形。开埠初期到 19 世纪 70 年代之前，上海外滩以码头与洋行为主。开埠后上海黄浦江滩变成港口。有两种主要的用地形式，一是江岸成为船舶停靠的码头。约有十余座洋行私设码头，道路码头委员会在福州路、广东路、北京路、汉口路外滩交叉口处的四座公用码头。二是经营贸易洋行形成商住一体建筑。19 世纪 60 年代，外滩确立以金融、商务、休闲为主功能定位，保留外滩滨水休闲功能，引入金融机构形成商务中心。外滩向银行、保险公司、航运公司转化，成为上海租界的中心商务区。以多层券廊式砖木混合结构文艺复兴式、哥特式风格建筑为主。

上海租界时期发展的港口城市、商贸城市、功能主义城市的模式，影响到 1927 年起的上海近代城市规划与后继发展。上海也从城市局部的街区、道路网络规划发展到城市整体规划管理。1927—1949 年，上海近代城市规划发展经历了两个不同的时期，从"大上海计划"至"上海市都市计划"实现范式转换，从建筑空间形式组织为主转为运用欧美城市规划理论解决城市规划建设管理实践问题。

6.1.4　上海港口城市的商贸金融属性

上海是商业型港口城市，城市规划历史过程中以商业与金融特性为主导，航运、贸易是贯穿上海历史发展全过程的"灵魂"。至开埠前，上海县城集县署、上海道台府、江南海关等重要行政管理机构。1833 年县城人口达到 12 万，街道 60 余条，修建有城墙与护城河，城墙之内的县城内是主要的政治、文化与居住区域。城外十六铺是港口贸易集中区域，其东南侧东门外街道繁密。1843 年上海开埠，租界发展，航运贸易增长，城市没有全面发展，租界实行"华洋分居"政策。1853 年，城市人口稀少，除了贸易相关的经济机构外，文教商业均不发达，除外滩沿线一带繁茂以外，租界内部区域变化不大。

6.1.5　上海超大城市规划与超大城市群发展趋势

上海以西方城市理论为规划基点，至 21 世纪形成超大城市群发展趋势。地理环境与西班牙毕尔巴鄂有相似之处，都是滨海港口城市，都曾以纺织、钢铁业、银行业为核心产业。上海的城市发展以 1946—1949 年的规划为基础，1986 年开始城市总规划以疏散为重要内容，提出城镇体系框架，以区域发展为重点。提出中心城区规划为多中心开敞式结构，与早前城市规划思想基本一致。在前三个调整期过程中，上海压缩城市中重工业生产，实现城市向生态、金融、海洋转型。城市空间结构不断调整，从浦东金融商务区重点建设到中心城区与区域中心城区分散集中式建设,发展全球超大城市建设规划。以产业经济利润、商品生产交换、金融周转利益为重心,以社会价值作为发展衡量标准,以资源、人力、能源集约化思路塑造城市空间结构,以资源集中生产实现商业贸易与经济社会繁荣。

6.2 城市空间结构与土地利用结构演化

6.2.1 上海城市空间结构演化及其形成原因

上海城市空间构成包括社会空间、经济空间与环境空间,以线性方式呈团块化发展,其中居住生活、工作生产空间构成人们在城市中的基本动线,形成城市组织形态和内部构成。近现代上海城市空间结构经历以下几个时期。

(1)同心圆城市空间结构形成初期(1843—1949)。

(2)功能轴线城市空间结构调整期(1950—1989)。

(3)多层次城市空间结构重构时期(1990—2020)。

(4)生态城市空间结构展望与规划时期(2020—2040)。

6.2.2 上海土地利用结构时空演变分析(1980—2018)

(1)上海土地利用现状(1980—2018)。

上海建立在河口冲积平原与海岸堆淤基础上,须基于自然环境可持续发展城市。土地利用结构是一定范围内各种用地组成情况。本节通过 1980—2018 年上海市土地利用格局遥感影像数据动态趋势,分析城市空间变化(见图 6-1)。

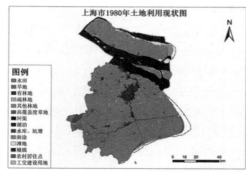

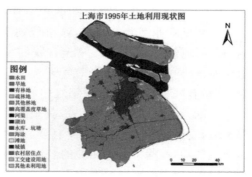

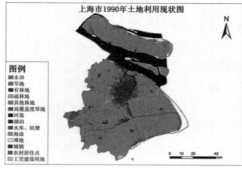

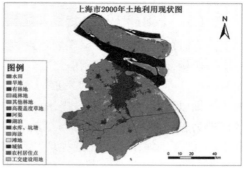

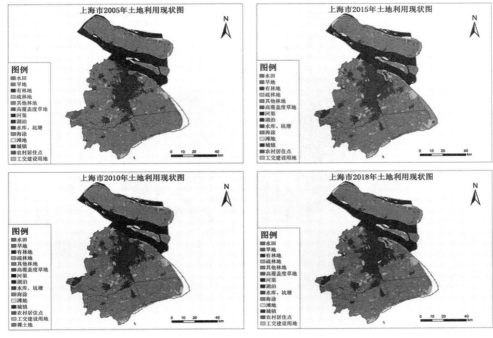

图 6-1 上海市土地利用现状图（1980—2018）

资料来源:地理国情监测云平台.上海市土地利用现状图.1980—2018.http://www.dsac.cn/.

从图 6-1 可看出 1980—2018 年城区面积持续增长。根据 1994 年上海土地利用数据航拍资料的统计和 1996 年全国土地利用现状调查统一标准,总面积为 7 945.58 平方千米。其中农用地面积为 5 166.08 平方千米,占上海全市总面积的 65.02%;建设用地面积为 2 294.64 平方千米,占全市总面积的 24.30%;未利用土地为 484.86 平方千米,占全市面积 6.10%。

（2）上海土地利用结构分析（1980—2018）（见图 6-2）。

结果分析:耕地水田占 63%、耕地旱地占 4%、水域河流占 16%、水库坑塘占 2%,建设用地城市建设用地占 4%,农村居民用地 5%,林地、草地各占 1%。海域扩张占 1%。

（3）上海市土地利用面积分析（1980—2018）（见图 6-3 与图 6-4）。

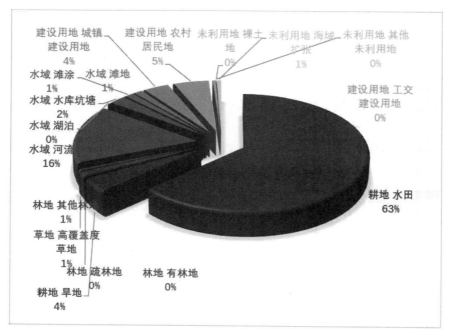

图6-2　上海土地利用结构图（1980—2018）

资料来源：地理国情监测云平台 http://www.dsac.cn/（图表自绘）

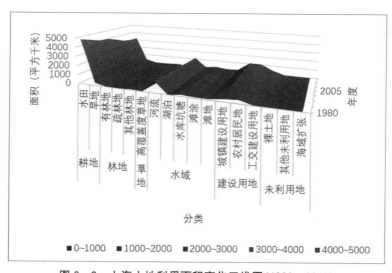

图6-3　上海土地利用面积变化三维图（1980—2018）

资料来源：地理国情监测云平台 http://www.dsac.cn/（图表自绘）

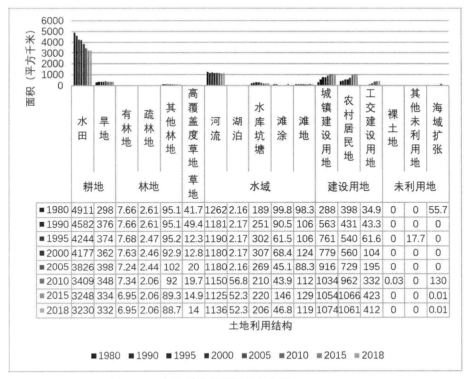

图 6-4　上海土地利用面积变化图（1980—2018）

资料来源:地理国情监测云平台 http://www.dsac.cn/（图表自绘）

　　结果分析:根据 1980—2018 年上海土地利用结构与面积变化分析,结论是,耕地中水田面积持续减少,旱地面积持续增加。林地中有林地与疏林持续减少,其他林地在一定范围内增减小幅波动。草地减少后有所增加但总量趋势是大幅减少。水域中河流面积呈规律性减少,水库坑塘小幅增加。滩涂总体趋势是逐渐减少,仅2015 年大幅增加。城镇建设用地与农村居民建设用地总体趋势逐年减少,公交建设用地面积总体增加十倍以上。未用地中海域扩张 1980 年与 2010 面积有所增加。

　　(4)上海耕地面积变化轨迹(1980—2018)(见图 6-5)。

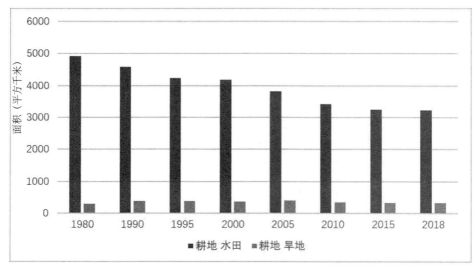

图6-5 上海耕地面积变化(1980—2018)

资料来源:地理国情监测云平台 http://www.dsac.cn/(图表自绘)

结果分析:从1980—2018年,水田面积逐步递减,旱地面积保护平稳。

(5)上海林地面积变化轨迹(1980—2018)(见图6-6)。

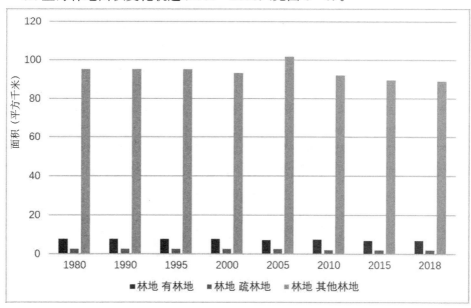

图6-6 上海林地面积变化(1980—2018)

资料来源:地理国情监测云平台 http://www.dsac.cn/(图表自绘)

结果分析:1980—2018年,林地中有林地与疏林地面积保持平稳,其他林地面积比重最大,在一定范围内有所波动。

（6）上海草地面积变化轨迹（1980—2018）（见图 6 - 7）。

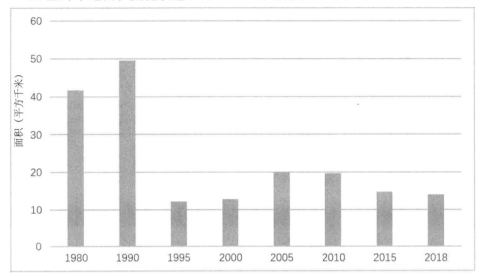

图 6 - 7　上海草地面积变化（1980—2018）

资料来源:地理国情监测云平台 http://www.dsac.cn/（图表自绘）

结果分析:根据 1980—2018 年上海草地面积变化趋势分析,得出结论,1980—1990 年,草地面积比重大并呈增长趋势。1990—2018 年,草地面积呈大幅递减变化状态。

（7）上海水域面积变化轨迹（1980—2018）（见图 6 - 8）。

结果分析:通过 1980—2018 年上海水域面积变化进行分析,结论是河流面积呈总体递减趋势,湖泊面积保持平稳且小幅递减,水库坑塘面积呈波动变化状态,滩涂面积除 2015 年有所增加总体呈递减趋势,滩地面积除 2005 年减少外总体平衡小幅增减。

（8）上海河流面积变化（1980—2018）（见图 6 - 9）。

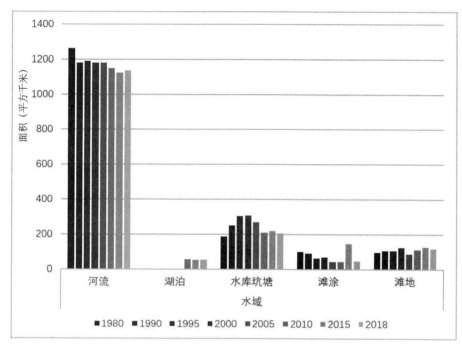

图 6‑8　上海水域面积变化（1980—2018）

资料来源：地理国情监测云平台 http://www.dsac.cn/（图表自绘）

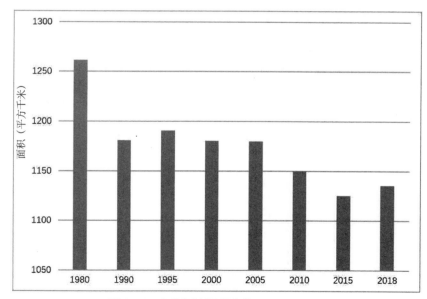

图 6‑9　上海河流面积变化（1980—2018）

资料来源：地理国情监测云平台 http://www.dsac.cn/（图表自绘）

结果分析:1980—2018 年上海河流变化结论是上海河流面积呈总体下降趋势。

(9)上海湖泊变化(1980—2018)(见图 6 – 10)。

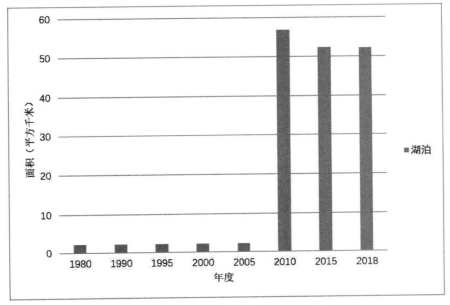

图 6 – 10　上海湖泊变化(1980—2018)

资料来源:地理国情监测云平台 http://www.dsac.cn/（图表自绘)

结果分析:通过对 1980—2018 年上海湖泊变化分析,结论是,1980—2005 年上海湖泊面积少。2010—2018 年,上海湖泊面积大幅增加。2015—2018 年湖泊面积减少。

(10)上海水库塘坑变化(1980—2018)(见图 6 – 11)。

结果分析:通过对 1980—2018 年上海水库塘坑面积变化分析,结论是,1980—2000 年上海水库塘坑面积呈增长状态,2000—2010 年水库塘坑面积呈下降状态,2015 年面积有所回升,至 2018 年面积又有下降。

(11)上海滩涂、滩地与海域扩张面积变化对比(1980—2018)(见图 6 – 12)。

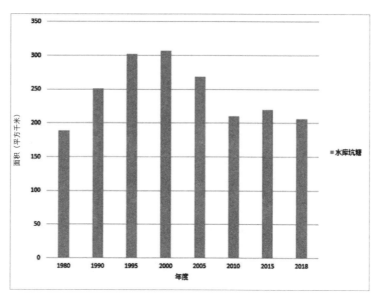

图 6‑11　上海水库塘坑变化（1980—2018）

资料来源：地理国情监测云平台 http://www.dsac.cn/（图表自绘）

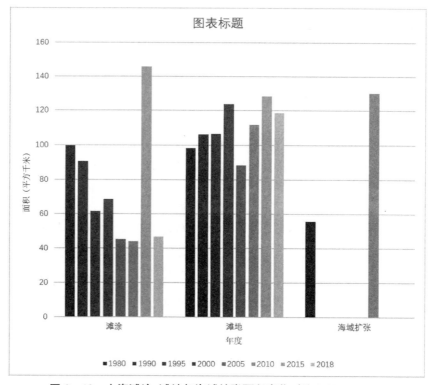

图 6‑12　上海滩涂、滩地与海域扩张面积变化对比（1980—2018）

资料来源：地理国情监测云平台 http://www.dsac.cn/（图表自绘）

结果分析:根据对 1980—2018 年上海滩涂、滩地与海域扩张面积变化对比,结论是,滩涂、滩地与海域扩张面积具有变化与特殊性,是海岸带海洋与陆地交汇之处,面积变化同时受自然与人工影响。海域扩张是当年海域扩张面积,主要是沿海涨潮时海涂、海滩变为海域面积。1980—2018 年滩涂面积变化趋势呈逐年递减状态,除 2015 年滩涂面积大幅增加。滩地面积增减呈波动状态。

(12)上海建设用地面积变化(1980—2018)(见图 6-13)。

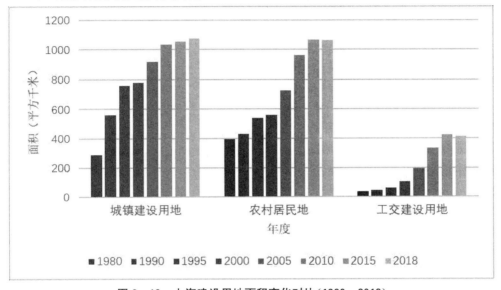

图 6-13　上海建设用地面积变化对比(1980—2018)

资料来源:地理国情监测云平台 http://www.dsac.cn/（图表自绘）

结果分析:根据 1980—2018 年上海建设用地面积变化对比,结论是除 2018 年农村居民地与工交建设用地小幅减少外,城镇建设用地、农村居民地、工交建设用地逐年增加。

(13)上海未利用地面积变化(1980—2018)(见图 6-14)。

结果分析:根据 1980—2018 年上海未利用地面积变化对比,结论是裸土地存量很少,其他未利用地面积在 20 平方千米以下,海域扩张面积有两次变化分别是50 多平方千米与 130 多平方千米。

(14)上海土地利用结构(1980)(见图 6-15)。

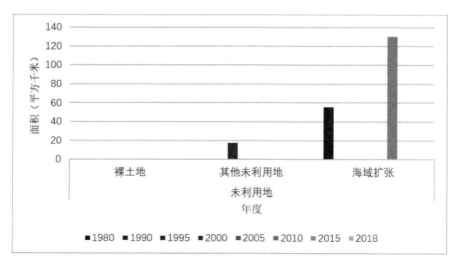

图 6 - 14　上海未利用地面积变化对比（1980—2018）

资料来源：地理国情监测云平台 http://www.dsac.cn/（图表自绘）

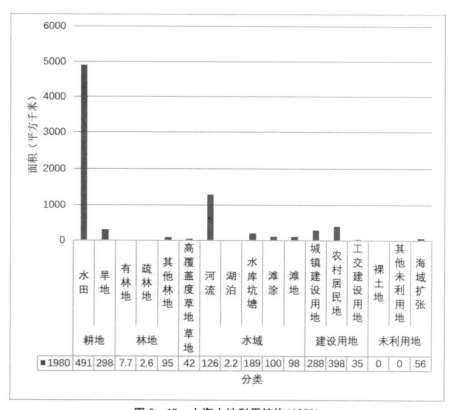

图 6 - 15　上海土地利用结构（1980）

资料来源：地理国情监测云平台 http://www.dsac.cn/（图表自绘）

结果分析:根据对 1980 年上海土地利用结构分析,结论是水田与河流面积最大,耕地中水田面积是 4 911 平方千米,旱地面积是 298 平方千米,河流是 1 262 平方千米,水域总面积是 1 651.26 平方千米。林地总面积少,只有 105.37 平方千米。建设用地总面积是 720.9 平方千米。海域扩张 55.7 平方千米。

6.3　上海社会结构

6.3.1　经济结构

(1)上海市社会经济发展结构指标现状(1990—2017)(见图 6 - 16)。

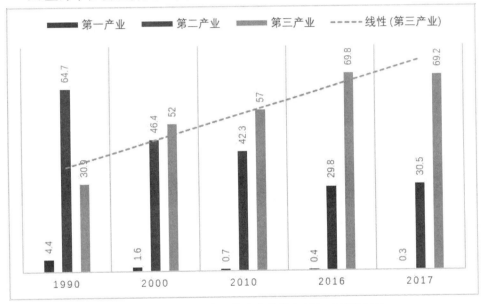

图 6 - 16　上海市生产总值产业结构(1990—2017)(%)

资料来源:上海市统计局.上海统计年鉴[R/OL].1990—2017. http://tjj.sh.gov.cn/tjnj/index.html (图表自绘)

结果分析:通过对 1990—2017 年上海市生产总值产业结构进行分析,得出结论是,第一产业占比持续下降。第二产业占比 1990—2016 年占比持续下降,2017 年占比微回升。第三产业 1990—2016 年占比持续上升,2017 年占比微回落。目前上海市第三产业是全市生产总值产业结构主导。

(2)上海市生产总值所有制结构(1990—2017)(见图 6 - 17)。

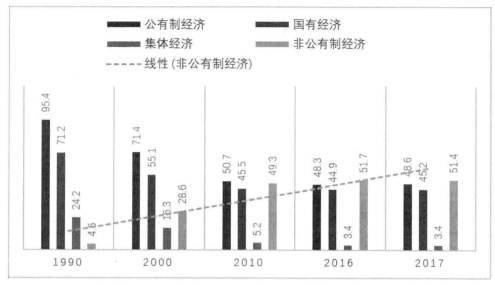

图6-17 上海市生产总值所有制结构(1990—2017)(%)

资料来源:上海市统计局.上海统计年鉴[R/OL].1990—2017. http://tjj.sh.gov.cn/tjnj/index.html

结果分析:通过对1990—2017年上海市生产总值所有制结构进行分析,得出结论是27年来公有制经济、国有经济、集体经济占比持续下降,非公有制经济占比持续上升。

(3)上海市全社会固定资产投资所有制结构(1990—2017)(见图6-18)。

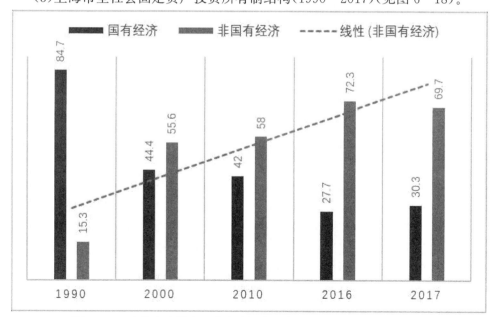

图6-18 上海市全社会固定资产投资所有制结构(1990—2017)(%)

资料来源:上海市统计局.上海统计年鉴[R/OL].1990—2017. http://tjj.sh.gov.cn/tjnj/index.html

结果分析:通过对 1990—2017 年上海市全社会固定资产投资所有制结构发展趋势进行分析,得出结果是国有经济与非国有经济的占比一直是变化的。从 1990 年国有经济占 84.7%,非国有经济占 15.3%,到 2017 年国有经济占 30.3%、非国有经济占 69.7%,27 年里国有经济占比持续下降,非国有经济占比持续上升。2000 年与 2008 年两者占比落差较小,相对平衡。

(4)上海市一般公共预算收入结构(2000—2017)(见图 6-19)。

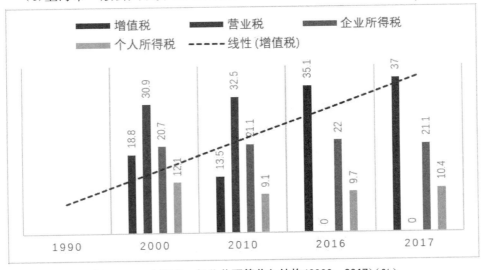

图 6-19 上海市一般公共预算收入结构(2000—2017)(%)

资料来源:上海市统计局.上海统计年鉴[R/OL].2000—2017. http://tjj.sh.gov.cn/tjnj/index.html(图表自绘)

结果分析:通过 2000—2017 年上海市一般公共预算收入数据分析,可以看到增值税占比持续增长、营业税减少,企业所得税与个人所得税保持平稳。

(5)上海市农业总产值结构(1990—2017)(见图 6-20)。

结果分析:通过对 1990—2017 年上海市农业总产值结构进行分析,得到结论是种植业持续上升的趋势中占比有轻微起伏。牧业在持续下降的趋势中占比有轻微起伏,渔业在波动中占比增长。种植业在农业总产值中占比 54% 以上,是主要产业。

(6)上海市货物运输总量结构(1990—2017)(见图 6-21)。

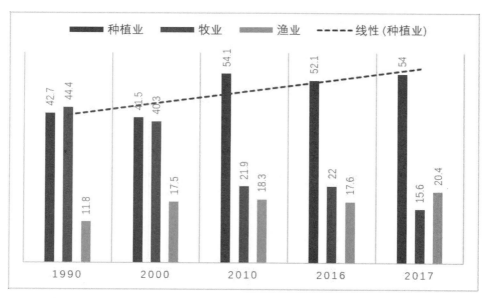

图 6-20   上海市农业总产值结构(1990—2017)(%)

资料来源:上海市统计局.上海统计年鉴[R/OL].1990—2017. http://tjj.sh.gov.cn/tjnj/
index.html(图表自绘)

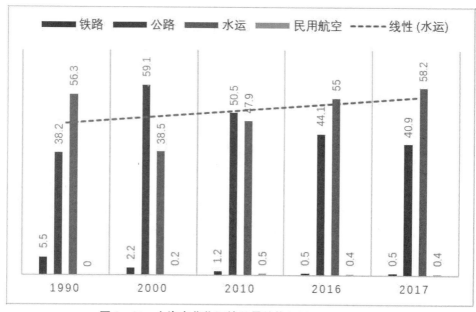

图 6-21   上海市货物运输总量结构(1990—2017)(%)

资料来源:上海市统计局.上海统计年鉴[R/OL].1990—2017. http://tjj.sh.gov.cn/tjnj/index.
html(图表自绘)

结果分析:通过对 1990—2007 年上海市货物运输总量结构进行分析,得到结论是,公路与水运是上海市主要货运主式,1990 年以来占货物运输总量的 94.5％以上,占比持续上升,至 2017 年占比达到 99.1％。2000—2010 年,公路占比高于水运,1990 年、2016 年、2017 年水运占比高于公路运输。2016—2017 年水运占比持续增长。铁路与民用航空的货运总量占比很低,1990—2017 年,铁路占比持续下降,从 1990 年的占比 5.5％下降至 2017 年的 0.5％。1990—2017 年,民用航空占比持续上升到 0.4％,并保持平稳。

(7)上海市出口总额结构(2000—2017)(见图 6‐22)。

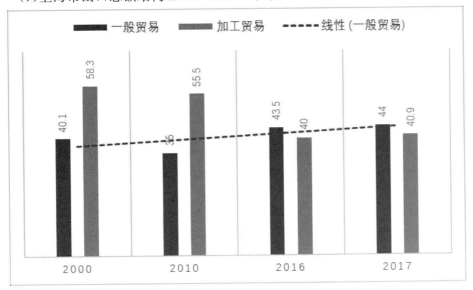

图 6‐22　上海市出口总额结构(2000—2017)(％)

资料来源:上海市统计局.上海统计年鉴[R/OL].2000—2017. http://tjj.sh.gov.cn/tjnj/index.html(图表自绘)

结果分析:通过对上海市出口总额结构进行分析,得出结论是上海一般贸易占比在波动中持续微量上升,加工贸易从占比 50％以上往下回落,2016 年开始占比低于一般贸易。两种贸易占比目前都分别高于 40％。

(8)上海市外商直接投资实到金额投资方式结构(1990—2017)(见图 6‐23)。

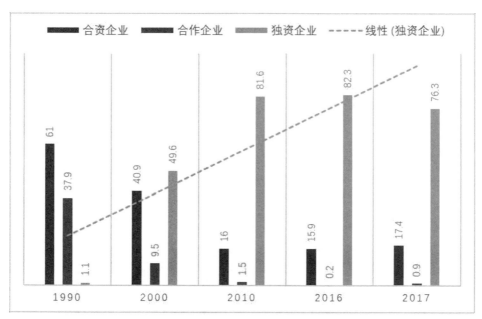

图 6‐23　上海市外商直接投资实到金额投资方式结构（1990—2017）（%）

资料来源：上海市统计局.上海统计年鉴［R/OL］.1990—2017. http://tjj.sh.gov.cn/tjnj/index. html（图表自绘）

结果分析：通过对 1990—2017 年上海市外商直接投资实到金额投资方式结构进行分析，得出结论是，合资企业从 1990 年占比 61% 占绝对优势，持续下降至 2010 年占比 16% 后，至 2017 年保持平稳，持续在 15.9%～17.4%。合资企业从 1990 年的占比 37.9% 至 2010 年占比下降至 1.5%，至 2016 年持续下降至占比 0.2%，2017 年回升到占比 0.9%。独资公司占比从 1990 年 37.9% 持续上升到 2016 年占比 82.3%，2017 年占比回落至 76.3%，有优势。

（9）金融机构境内存款结构（2016—2017）（见图 6‐24）。

结果分析：2016—2017 年金融机构境内存款结构相对稳定，非金融企业存款占比最高，非金融企业存款与住户存款占比值超过广义政府存款与非银行业金融机构存款。2016—2017 年住户存款与广义政府存款占比保持平衡。非金融企业存款从 2016 年占比 42.3% 增长至 45.9%，非银行业金融机构存款 2016 年占比 20.4% 至 2017 年占比下降至 16%。

（10）金融机构境内贷款结构（2016—2017）（见图 6‐25）。

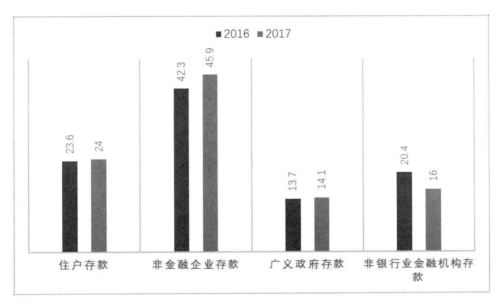

图 6-24　金融机构境内存款结构（2016—2017）（%）

资料来源：上海市统计局.上海统计年鉴［R/OL］.2016—2017. http://tjj. sh. gov. cn/tjnj/ index.html（图表自绘）

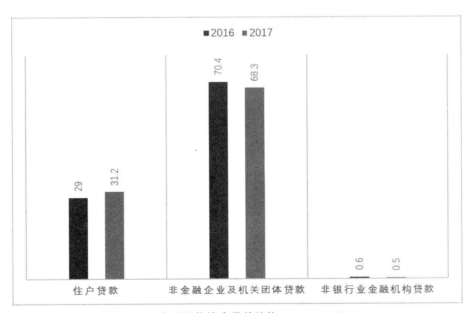

图 6-25　金融机构境内贷款结构（2016—2017）（%）

资料来源：上海市统计局.上海统计年鉴［R/OL］.2016—2017. http://tjj. sh. gov. cn/tjnj/index. html（图表自绘）

结果分析：根据 2016—2017 年金融机构境内贷款结构分析，结论是住户贷款递增，非金融企业及机关团体贷款递减，非银行业金融机构贷款递减。

（11）各时期社会经济主要指标年平均增长率（见表 6-1）。

表 6-1　各时期社会经济主要指标年平均增长率　　　　　　　单位：%

| 时期 | 上海生产总值 | 其中 | | | 一般公共预算收入 | 一般公共预算支出 | 工业总产值 | 全社会固定资产投资总额 | 上海出口总额 | 社会消费品零售总额 |
		第一产业	第二产业	第三产业						
一五	13.8	3.3	18.4	8.3	12.6	12.3	14.5	23.1	30.6	5.6
二五	1.6	1.3	4.1	−3.1	57.2	0.6	4.9	26.5	4.2	1.2
1963—1965	17.0	11.6	21.8	5.6	12.3	25.2	18.8	31.4	11.4	−0.1
三五	8.7	3.3	9.7	5.7	9.7	11.2	10.2	−3.6	2.5	3.3
四五	6.6	−1.6	7.1	6.2	6.4	15.5	7.5	19.4	20.7	8.4
五五	8.4	0.9	8.6	8.6	5.1	−6.3	7.6	−2.4	14.0	11.0
六五	9.1	4.3	8.3	12.3	1.1	19.2	7.7	20.6	−4.7	16.6
七五	5.7	1.2	5.0	8.0	−1.6	10.4	5.9	18.7	9.6	14.0
八五	13.1	1.4	13.9	12.8	6.0	28.8	18.0	45.4	16.8	25.8
九五	11.5	3.4	9.8	15.5	17.0	18.4	12.3	6.2	17.0	12.2
十五	12.0	−1.4	13.2	11.2	23.6	21.7	19.2	11.9	29.0	11.6
十一五	11.2	−0.1	10.2	12.3	14.9	14.7	12.6	10.0	14.8	15.7
十二五	7.6	−0.9	4.3	9.8	13.9	13.4	2.3	3.9	1.7	10.8

资料来源：上海市统计局.上海统计年鉴[R/OL].2018. http://tjj.sh.gov.cn/tjnj/index.html

结果分析：从"一五"至"十二五"时期社会经济主要指标年平均增长率分析，结论是，"二五"时期上海生产总值增长 1.6%，增长率最低。增长率较快的是"一五"时期 13.8%、1963—1965 年 17.0%、"八五"时期 13.1%、"九五"时期 11.5%、"十五"时期 12.0%、"十一五"时期 11.2%。总体平均增长率为 10.525%。

（12）上海市年生产总值（1978—2017）（见表 6-2）。

表 6-2　上海市年生产总值（1978—2017）　　　　　　　单位：亿元

| 年份 | 上海市生产总值 | 按产业分 | | | 按行业分 | |
		第一产业	第二产业	第三产业	工业	建筑业
1978	272.81	11.00	211.05	50.76	207.47	3.58
1988	648.30	27.36	433.05	187.89	399.53	33.52
1998	3 831.00	73.84	1 889.63	1 867.53	1 687.39	202.24

（续表）

年份	上海市生产总值	按产业分			按行业分	
		第一产业	第二产业	第三产业	工业	建筑业
2008	14 276.79	112.79	6 207.97	7 956.03	5 695.23	512.74
2017	30 632.99	110.78	9 330.67	21 191.54	8 392.84	970.79

资料来源：上海市统计局.上海统计年鉴［R/OL］.1978—2017. http://tjj. sh. gov. cn/tjnj/index.html

结果分析：根据 1978—2017 年上海市年生产总值分析,结论是 40 年间上海市年生产总值从 1978 年的 272.81 亿元增长到 2017 年的 30 632.90 亿元,增长了 112.29 倍。第一产业从 1978 年的 11 亿元增长到 2017 年的 110.78 亿元,增长了 10 倍。第二产业从 1978 年的 211.05 亿元增长到 2017 年的 9 330.67 亿元,增长了 44.21 倍。第三产业从 1978 年的 50.76 亿元增长到 2017 年的 21 191.54 亿元,增长了 417.49 倍。工业从 1978 年的 207.47 亿元增长到 2017 年的 8 392.84 亿元,增长了 40.45 倍。建筑业从 1978 年的 3.58 亿元增长到 2017 年的 970.79 亿元,增长了 271.17 倍。

（13）上海生产总值（按所有制分）（1990—2017）（见表 6－3）。

表 6－3　上海生产总值（按所有制分）（1990—2017）

年份	上海市生产总值	其中				
		公有制经济	其中		非公有制经济	其中
			国有经济	集体经济		私营与个体
绝对值（亿元）						
1990	781.66	746.03	556.87	189.16	35.63	22.39
1995	2 518.08	2 059.79	1 500.81	558.98	458.29	195.21
2000	4 812.15	3 436.81	2 652.14	784.67	1 375.34	629.45
2005	9 365.54	5 333.69	4 546.17	787.52	4 031.85	1 960.70
2010	17 436.85	8 839.74	7 925.31	914.43	8 597.11	4 176.61
2015	25 659.19	12 419.44	11 525.00	894.44	13 239.75	6 346.75
2017	30 632.99	14 877.55	13 825.50	1 052.06	15 755.44	7 538.12
构成（%）						
1990	100	95.4	71.2	24.2	4.6	2.9
1995	100	81.8	59.6	22.2	18.2	7.8
2000	100	71.4	55.1	16.3	28.6	13.1
2005	100	57.0	48.5	8.5	43.0	20.9

（续表）

年份	上海市生产总值	其中					
		公有制经济	其中		非公有制经济	其中	
			国有经济	集体经济		私营与个体	
2010	100	50.7	45.5	5.2	49.3	24.0	
2015	100	48.4	44.9	3.5	51.6	24.7	
2017	100	48.6	45.2	3.4	51.4	24.6	

资料来源：上海市统计局.上海统计年鉴［R/OL］.1990—2017. http://tjj. sh. gov. cn/tjnj/index.html

结果分析：根据对 1990—2017 年上海市生产总值进行分析，得出结论是，1990 年 781.66 亿元至 2017 年增长到 30 632.99 亿元，增长了 39.19 倍。公有制经济从 1990 年746.03亿元至 2017 年增长到 14 877.55 亿元，增长了 19.94 倍。非公有制经济从 1990 年 22.39 亿元至 2017 年增长到 7 538.12 亿元，增长 336.67 倍。

（14）资本形成总额和指数（1978—2017）（见表 6‑4）。

表 6‑4　资本形成总额和指数（1978—2017）

年份	资本形成总额（亿元）			资本形成总额指数（以 1978 年为 100）		
	合计	固定资本形成总额	存货变动	总指数	固定资本形成总额	存货变动
1978	47.96	31.69	16.27	100	100	100
1980	66.52	45.57	20.95	134.6	133.5	136.7
1985	189.13	116.70	72.43	387.6	308.1	564.0
1990	331.34	248.46	82.88	338.1	430.5	131.1
1995	1 590.06	1 403.19	186.87	950.6	1 373.7	218,8
2000	2 218.80	1 982.09	236.71	1 161.6	1 761.4	191.3
2005	4 360.17	3 916.73	443.44	1 990.9	3 069.8	280.3
2010	7 727.82	6 700.37	1 027.45	3 163.1	4 629.5	642.4
2015	10 183.55	9 632.58	550.97	4 202.4	6 698.9	356.2
2017	12 193.11	1 1507.19	685.92	4 650.4	7 371.4	437.7

资料来源：上海市统计局.上海统计年鉴［R/OL］.1978—2017. http://tjj. sh. gov. cn/tjnj/index.html

结果分析：根据 1978—2017 年资本形成总额分析，结论是，从 1978 年 47.96 亿元增长至 2017 年 12 193.11 亿元，增长了 254.23 倍。

（15）上海市生产总值支出法（1978—2017）（见表 6‑5）。

表 6-5　上海市生产总值支出法(1978—2017)

年份	上海市生产总值(亿元)	其中(亿元)				上海市生产总值构成(%)	
		货物和服务净流出	本市使用生产总值	其中		最终消费支出	资本形成总额
				最终消费支出	资本形成总额		
1978	272.81	165.79	107.02	59.06	47.96	21.6	17.6
1979	286.43	171.48	114.95	71.34	43.61	24.9	15.2
1980	311.89	164.13	147.76	81.24	66.52	26.0	21.3
1990	781.66	91.87	689.79	358.45	331.34	45.9	42.4
2000	4 812.15	356.93	4 455.22	2 236.42	2 218.80	46.5	46.1
2010	17 436.85	333.91	17 102.94	9 375.12	7 727.82	53.8	44.3
2017	30 632.99	888.91	29 744.08	17 550.97	12 193.11	57.3	39.8

资料来源:上海市统计局.上海统计年鉴[R/OL].1978—2017. http://tjj. sh. gov. cn/tjnj/index.html

结果分析:根据 1978—2017 年上海市生产总值支出法分析,结论是,上海市生产总值逐年递增,从 1978 年 272.81 亿元增长至 2017 年 20 632.99 亿元。其中货物与服务净流出从 1978 年 165.79 亿元增长至 2017 年 888.91 亿元,本市使用的生产总值从 1978 年 107.02 亿元增长至 2017 年 29 744.08 亿元。其中,最终消费支出从 1978 年 59.06 亿元增长到 2017 年 17 550.97 亿,资本形成总额也从 1978 年的 47.96 亿元增长至 2017 年 12 193.11 亿元。上海市生产总值构成从 1978 年 21.6% 增长至 2017 年 57.3%,资本形成总额从 1978 年 17.6% 增长至 2017 年 39.8%。

(16) 上海最终消费支出及构成(1978—2017)(见表 6-6)。

表 6-6　上海最终消费支出及构成(1978—2017)

年份	最终消费支出(亿元)					最终消费支出构成(%)	
	合计	居民消费支出	其中		政府消费支出	居民消费支出	政府消费支出
			农村居民	城镇居民			
1978	59.06	48.25	12.82	35.43	10.81	81.7	18.3
1987	200.74	161.09	47.23	113.86	39.65	80.2	19.8
1990	358.45	284.79	66.15	218.64	73.66	79.5	20.5
2000	2 236.42	1 756.27	176.79	1 579.48	480.15	78.5	21.5
2010	9 375.12	7 285.52	339.32	6 946.20	2 089.60	77.7	22.3
2017	17 550.97	12 970.10	756.15	12 213.95	4 580.87	73.9	26.1

资料来源:上海市统计局.上海统计年鉴[R/OL].1978—2017. http://tjj. sh. gov. cn/tjnj/

index.html

结果分析：1978—2017 年上海居民消费支出呈逐年上升状态，1987 年城镇居民消费支出是农村居民消费支出的 2.76 倍，到 2017 年城镇居民是农村居民消费支出的16.15倍，两者消费支出差距拉大。1978—2017 年上海政府消费支出也呈逐年上升状态。40 年来上海居民最终消费支出占比在 73.9％～82.6％波动，政府最终消费支出占比在 17.6％～26.1％波动。

（17）上海市社会消费品零售总额结构（1990—2017）（见图 6-26）。

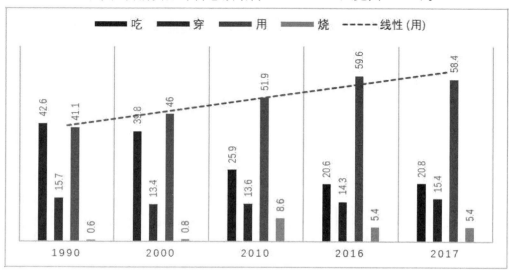

图 6-26   上海市社会消费品零售总额结构（1990—2017）（％）

资料来源：上海市统计局.上海统计年鉴［R/OL］.2018. http://tjj.sh.gov.cn/tjnj/index.html

结果分析：通过对 1990—2017 年上海市社会消费品零售总额结构进行分析，得出结论是，消费品零售总额中吃的方面占比持续下降，从 1990 年占比 42.6％下降至 2017 年占比 20.8％。穿的方面占比在 13.4％～15.7％小幅波动，保持平稳。用的方面占比从 1990 年占比 41.1％到 2016 年占比 59.6％持续上升后，2017 年小幅回落到占比 58.4％。烧的方面占比持续上升，从 1990 年占比 0.6％增长到 2017 年占比 5.4％。

（18）上海全市居民消费支出结构（2016—2017）（见图 6-27）。

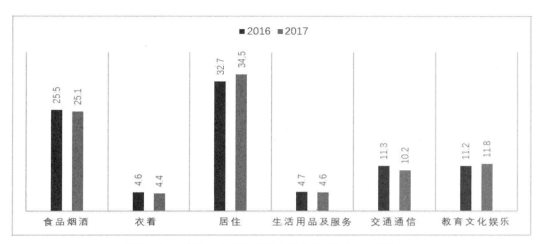

图 6 - 27　上海全市居民消费支出结构(2016—2017)(％)

资料来源:上海市统计局.上海统计年鉴[R/OL].2018. http://tjj.sh.gov.cn/tjnj/index.html

　　结果分析:2016—2017 年,上海全市居民消费支出以居住和食品烟酒支出为主,占总消费支出总量一半以上。居住支出占比从 32.7％上升到 34.5％,食品烟酒支出占比从 25.5％下降到 25.1％。第二梯度是交通通信与教育文化娱乐消费支出占比,交通通信消费支出占比从 11.3％下降至 11.2％,教育文化娱乐消费支出占比从 11.2％上升至 11.8％。第三梯度是衣着与生活用品及服务消费支出,衣着消费支出占比从 4.6％下降到 4.4％,生活用品及服务消费支出从 4.7％下降到 4.6％。

　　(19)城镇常住居民消费支出构成(2016—2017)(见图 6 - 28)。

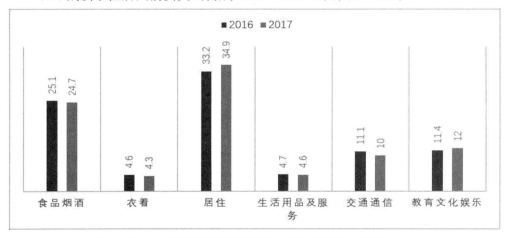

图 6 - 28　上海城镇常住居民消费支出构成(2016—2017)(％)

资料来源:上海市统计局.上海统计年鉴[R/OL].2018. http://tjj.sh.gov.cn/tjnj/index.html

　　结果分析:2016—2017 年,上海城镇常住居民消费支出构成与全市居民消费支出构成比率接近。上海城镇常住居民消费支出构成以居住和食品烟酒支出为主,两者占总消费支出一半以上。其中,居住支出占比从 33.2.1% 上升到 34.9%,食品烟酒支出占比从 25.1% 下降到 24.7%。交通通信与教育文化娱乐消费支出占比居第二梯度,交通通信支出占比从 11.1% 下降到 10%,教育文化娱乐消费支出占比从 11.4% 上升到 12%。衣着与生活用品及服务消费支出居第三梯度,衣着消费占比从 4.6% 下降到 4.3%,生活用品及服务占比从 4.7% 下降到 4.6%。

(20)农村常住居民消费支出构成(2016—2017)(见图 6-29)。

图 6-29　上海农村常住居民消费支出构成(2016—2017)(%)

资料来源:上海市统计局.上海统计年鉴[R/OL].2016—2017. http://tjj. sh. gov. cn/tjnj/index.html

结果分析:2016—2017 年,上海农村常住居民消费支出构成与城镇居民消费支出构成有一定差异。上海农村常住居民消费支出构成以食品烟酒支出和居住支出为主导,两者占总消费支出一半以上。其中,食品烟酒支出最高,占比从 33.6% 上升到 33.8%,居住支出占比从 24.4% 上升到 26.1%。交通通信支出居于第二梯度,占比从 13.9% 下降到 13.1%。教育文化娱乐、衣着与生活用品及服务消费支出居于第三梯度,教育文化娱乐消费支出占比从 6.6% 上升到 6.7%,衣着消费占比两年持平 5.1%,生活用品及服务占比从 4.7% 上升到 5.2%。

6.3.2　人口结构

(1)上海人口结构面临老龄化趋势。

2017 年上海老龄化率达到 14.3%。户籍常住人口中 60 岁以上人口占比 33.2%,65 岁及以上老年人口 315.06 万人,户籍人口老龄化率为 21.8%。据 2020 年 11 月第七次全国人口普查,上海全市常住人口中 60 岁及以上人口占比 23.4%,为 581.55 万人。其中 65 岁及以上人口占 16.3%,为 404.90 万人。同 2010 年第六次全国人口普查相比,60 岁及以上人口比重提高了 8.3%,65 岁及以上人口的比重提高 6.2%。

（2）上海常住户籍人口与上海常住人口数量（2009—2020）（见表 6-7）。

表 6-7 上海常住人口数量（2009—2020）

年度	常住人口（万人）	增量人口（万人）	人口密度（人/平方千米）
2009	2 210.28	69.63	3 486
2010	2 302.66	92.38	3 632
2011	2 347.46	44.80	3 702
2012	2 380.43	32.97	3 754
2013	2 415.15	34.72	3 809
2014	2 425.68	10.53	3 826
2015	2 415.27	−10.41	3 809
2016	2 419.70	4.43	3 816
2017	2 418.33	−1.37	3 814
2018	2 434.78	5.45	3 823
2019	2 428.14	−6.64	3 830
2020	2 487.09	58.95	—

资料来源：上海市统计局.上海统计年鉴［R/OL］.2020. http://tjj.sh.gov.cn/tjnj/nj20.htm? d1＝
2020tjnj/C0201.htm.

上海市第七次全国人口普查主要数据公报（第一号）［R］.2021. http://tjj. sh. gov. cn/tjgb/
20210517/cc22f48611f24627bc5ee2ae96ca56d4.html.

结果分析：2009—2020 年上海人口发展趋势是常住人口数量逐年均衡增长中
有回落，具体表现为 2015 年、2017 年、2019 年增长率回落。2010 年增长量最高，
为 92.38 万人。2016 与 2018 年增长量在 4～6 万人。2015 年、2017 年、2019 年负
增长。

至 2019 年底，上海人口总数 2 418 万，出生率 9％，死亡率 5％。据 2020 年 11
月第七次全国人口普查数据，上海全市常住人口为 2 487.09 万人，与第六次全国人
口普查相比增长 8.0％，增加 185.17 万人。外省市来沪常住人口占比 42.1％，
1 047.97 万人。城镇人口占 89.3％，2 220.94 万人。乡村人口占 10.7％，266.15 万人。

（3）上海常住人口、户籍人口生育情况（2018）（见图 6-30）。

结果分析：2018 年，上海常住人口生育情况一孩率为 58.95％、二孩率为
37.85％、多孩率为 3.2％。户籍人口生育情况一孩率为 68.03％、二孩率为 30.88％、
多孩率为 1.08％。各区一孩率相对二孩率与多孩率占比较高。一孩率占比在
59.92％～75.6％，松江区一孩率占比最低，黄浦区一孩率占比最高。二孩率占比在
22.96％～39.01％，黄浦区二孩率占比最低，松江区二孩率占比最高。多孩率占比

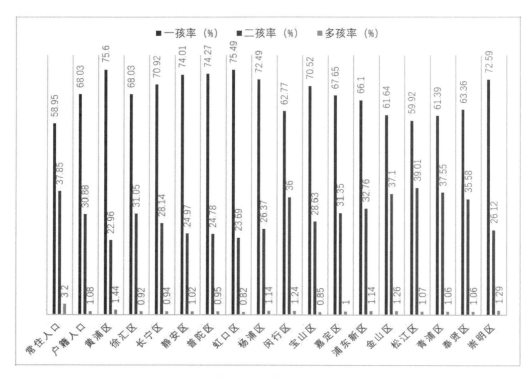

图 6 - 30　上海常住人口、户籍人口生育情况（2018）

在 0.82％～1.29％,虹口区多孩率占比最低,崇明区多孩率占比最高。

（4）上海流动人口生育情况（2018）（见图 6 - 31）。

结果分析：2018 年,上海流动人口生育情况一孩率为 48.52％、二孩率为 45.86％、多孩率为 5.62％。一孩率相对二孩率与多孩率占比高的有黄浦、徐汇、长宁、静安、普陀、虹口、杨浦、闵行、宝山、浦东新区。二孩率相对一孩率与多孩率占比高的有嘉定、金山、松江、青浦、奉贤、崇明区。一孩率占比在 36.33％～59.52％,崇明区一孩率占比最低,虹口区一孩率占比最高。二孩率占比在 35.74％～54.98％,长宁区二孩率占比最低,崇明区二孩率占比最高。多孩率占比在3.13％～8.69％,多孩率徐汇区占比最低、崇明区最高。

（5）上海市育龄妇女与已婚育龄妇女人数（2018）。

根据上海市卫生健康委员会《2018 年上海市卫生健康统计数据》,全市平均初育年龄是 30.10 岁,平均生育年龄是 31.32 岁,一般生育率为 28.80‰（见图 6 - 32、图 6 - 33）。

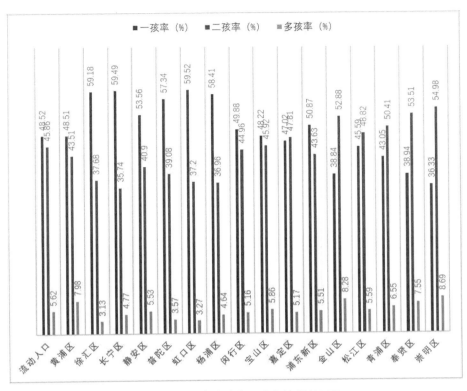

图 6-31　上海流动人口生育情况(2018)

资料来源:上海市卫生健康委员会.2018年上海市卫生健康统计数据[R].2018.

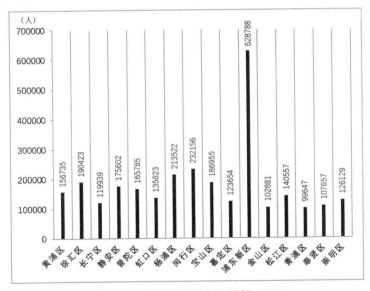

图 6-32　上海市育龄妇女数据(2018)

资料来源:上海市卫生健康委员会.2018年上海市卫生健康统计数据[R].2018.

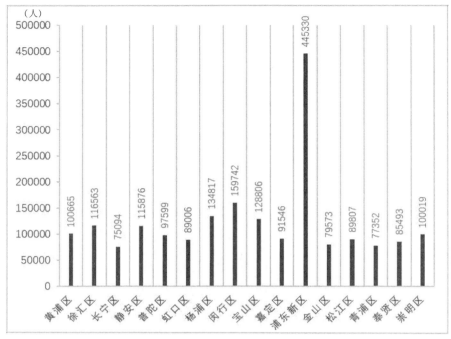

图 6‑33　上海市已婚育龄妇女人数（2018）

资料来源：上海市卫生健康委员会.2018年上海市卫生健康统计数据［R］.2018.

结果分析：上海育龄妇女总数高于已婚育龄妇女总数。其中浦东新区育龄妇女与已婚育龄妇女人数最高分别为 628 788 人与 445 330 人。

（6）上海市人口性别结构（1990—2017）（见图 6‑34）。

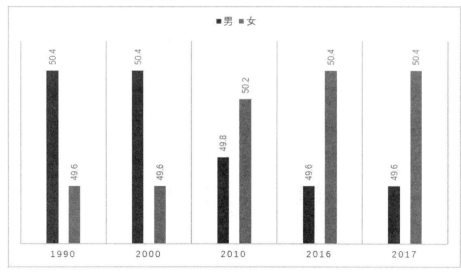

图 6‑34　上海市人口性别结构（1990—2017）（%）

结果分析:从 1990—2017 年上海市人口男女性别结构比例分析,结果是 1990 年与 2000 年男性占比为 50.4%,高于女性占比 49.6%。2016 年与 2017 年女性占比 50.4%,高于男性占比 49.6%。2010 年男性 49.8%、女性 50.2%,相对其他年份更加接近与均衡。

6.3.3 能源结构

(1)上海平均每人生活用能源(2014—2017)(见图 6 - 35)。

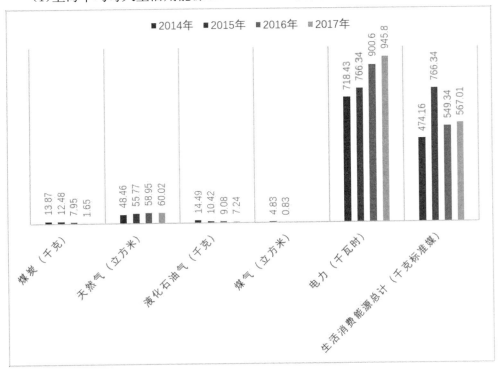

图 6 - 35 平均每人生活用能源(2014—2017)

结果分析:通过 2014—2017 年平均每人生活用能源使用量分析,结论是天然气与电力使用量逐年递增,煤炭、液化石油气、煤气使用量逐年递减,生活消费能源使用 2015 年大增后 2016 年回落至 2017 年小幅增长。

(2)上海能源消费弹性指数(1978—2017)(见表 6 - 8)。

表 6 - 8 上海能源消费弹性指数(1978—2017)

年份	能源消耗比上年增长(%)	电力消耗比上年增长(%)	能源消费弹性系数	电力消费弹性系数
1978	6.6	10.8	0.42	0.68
1989	1.5	3.0	0.20	0.41

年份	能源消耗比上年增长（%）	电力消耗比上年增长（%）	能源消费弹性系数	电力消费弹性系数
1980	−0.6	3.4	—	0.40
1981	1.0	6.4	0.18	1.14
1982	2.6	4.4	0.36	0.61
1983	2.5	4.2	0.32	0.54
1984	2.5	4.1	0.22	0.35
1985	4.9	3.9	0.37	0.29
1986	9.0	6.8	2.05	1.55
1987	5.7	4.1	0.76	0.55
1988	1.3	2.5	0.13	0.25
1989	4.4	1.3	1.47	0.43
1990	2.6	5.8	0.74	1.66
1991	8.6	9.0	1.21	1.27
1992	5.5	10.0	0.37	0.68
1993	7.9	9.0	0.52	0.60
1994	5.8	9.1	0.40	0.63
1995	6.9	6.9	0.48	0.48
1996	3.7	6.7	0.28	0.51
1997	3.6	5.5	0.28	0.43
1998	2.5	6.3	0.25	0.61
1999	4.7	3.8	0.46	0.37
2000	6.9	11.6	0.62	1.05
2001	7.5	6.0	0.72	0.57
2002	6.0	8.9	0.53	0.79
2003	9.0	15.5	0.73	1.26
2004	8.6	10.1	0.61	0.71
2005	9.2	12.2	0.81	1.07
2006	7.9	7.4	0.62	0.58
2007	8.9	8.3	0.59	0.55
2008	5.5	6.1	0.57	0.63

（续表）

年份	能源消耗比上年增长（%）	电力消耗比上年增长（%）	能源消费弹性系数	电力消费弹性系数
2009	1.6	1.3	0.19	0.16
2010	6.2	12.4	0.60	1.20
2011	2.4	3.4	0.29	0.41
2012	0.8	1.0	0.11	0.13
2013	3.0	4.2	0.39	0.55
2014	2.3	3.0	—	—
2015	2.7	2.7	0.39	0.39
2016	2.9	5.7	0.42	0.84
2017	1.3	2.7	0.18	0.39

资料来源：上海市统计局.上海统计年鉴［R/OL］.1978—2017. http://tjj.sh.gov.cn/tjnj/index. html.

结果分析：根据 1978—2017 年上海能源消费弹性指数分析，能源消费比上年增长，在 −2.3%～9.0% 波动。电力消费比上年增长，在 −3.0%～15.5% 波动。能源消费弹性系数在 0.11%～2.05% 波动，电力消费弹性系数在 0.25%～1.66% 波动。

（3）上海能源终端消费量（2017）。

通过对 2017 年上海能源终端消费量分析，结论是生产消费以燃料油、煤油为主，焦炭、柴油和原煤的消费量其次，汽油与其他石油制品消费量相对其他能源较低。生产热力消费量是 9 834.33 万百万千焦，生产电力消费量是 1 216.05 亿千瓦时。生活能源消费以汽油为主，柴油与原煤为辅，生活电力消费量为 228.79 亿千瓦时。

6.3.4　城市建设

（1）上海土地使用权出让情况（2017）（见表 6-9）。

表 6-9　上海土地使用权出让情况（2017）

指标	出让地块（幅）	出让面积（万平方米）
商业服务	49	130.40
住宅	160	734.23
工业仓储	101	312.68
公共建筑	7	8.86
总计	317	1 186.17

资料来源：上海市统计局.上海统计年鉴［R/OL］.2018. http://tjj.sh.gov.cn/tjnj/index.html.

　　结果分析:通过 2017 年土地使用权出让情况分析,结论是出让地块共 317 幅,出让面积 1 186.17 万平方米。其中住宅出让地块最多,出让面积 734.23 万平方米;工业仓储其次,出让地块 101 幅,出让面积 312.68 万平方米;商业服务出让地块 49 幅,出让面积是 130.40 万平方千米;公共建筑最少,出让地块 7 幅,出让面积 8.86 万平方米。

　　(2)上海电力建设情况(2014—2017)(见表 6 - 10)。

表 6 - 10　上海电力建设情况(2014—2017)

指标	2014	2015	2016	2017
发电量(亿千瓦时)	808.14	821.19	832.32	865.50
线损率(%)	6.24	6.12	6.06	6.03
年末发电设备容量(万千瓦)	2 183.68	2 343.68	2 370.65	2 399.67
架空线长度(千米)	9 142.67	9 928.78	9 641.98	9 880.37
1000kV(千米)	33.97	33.97	147.34	147.34
750kV(千米)	106.14	106.14	106.14	106.14
500kV(千米)	1 233.40	1 504.48	1 149.77	106.14
220kV(千米)	3 448.61	3 467.13	3 453.92	3 601.04
110kV(千米)	840.91	917.68	920.19	993.32
35kV(千米)	3 479.64	3 899.37	3 509.91	3 528.07
电缆长度(千米)	9 986.33	10 719.90	12 645.26	13 626.81
500kV(万千伏安)	31.24	31.26	31.26	60.86
220kV(万千伏安)	597.06	655.14	702.24	721.93
110kV(万千伏安)	1 485.67	1 595.09	1 871.78	2 176.27
35kV(万千伏安)	7 872.36	8 433.49	10 039.98	10 667.76
公用变电容量(万千伏安)	15 228.85	15 860.69	16 365.25	17 422.64
500kV(万千伏安)	5 580.44	5 680.44	5 684.64	6 029.64
220kV—35kV(万千伏安)	9 648.41	10 180.25	10 680.61	11 393.00
用电最高负荷(万千瓦)	2 680.20	2 981.90	3 138.40	3 268.20

资料来源:上海市统计局.上海统计年鉴[R/OL].2014—2017. http://tjj.sh.gov.cn/tjnj/index.html.

　　结果分析:通过 2014—2017 年电力建设情况分析,结论是发电量、电缆长度、公用变电量、用电最高负荷逐年递增。架空线长度增长中有波动。线损率逐年减少。

（3）上海主要年份声环境及治理（2000—2017）（见表 6-11）。

表 6-11　上海主要年份声环境及治理（2000—2017）

指标	2000	2010	2016	2017
区域环境噪声平均等效声级				
昼间时段（等效连续 A 声级）	56.6	55.8	56.0	55.7
夜间时段（等效连续 A 声级）	49.2	48.3	48.5	48.8
交通环境噪声平均等效声级				
昼间时段（等效连续 A 声级）	70.5	69.8	69.5	69.8
夜间时段（等效连续 A 声级）	64.1	64.3	65.0	65.0

资料来源：上海市统计局.上海统计年鉴［R/OL］.2000—2017. http://tjj. sh. gov. cn/tjnj/index. html.

（4）上海主要年份环保投入（1990—2017）（见表 6-12）。

表 6-12　上海主要年份环保投入（1990—2017）

年份	环境保护投资（亿元）	其中	环境保护投资相当于 GDP（％）	自然保护区覆盖率（％）
		城市环境基础设施建设投资		
1990			2.06	
1995	46.49		1.86	
2000	141.91		2.97	7.8
2005	281.18	201.01	3.04	11.8
2010	507.54	294.73	2.96	12.1
2015	708.83	246.65	2.82	11.8
2017	923.53	367.14	3.10	11.8

资料来源：上海市统计局.上海统计年鉴［R/OL］.1990—2017. http://tjj. sh. gov. cn/tjnj/index. html.

结果分析：根据 1990—2017 年上海市环保投资分析，结论是从 1995 年开始持续增加环境保护投资，投资额从 1995 年 46.49 亿元增长到 2017 年 923.53 亿元。城市基础设施建设投资额从 2000 年 141.91 亿元增长到 2017 年 367.14 亿元。环境保护投资相当于国民生产总值的占比从 1990 年 2.06％增长到 2017 年 3.10％。自然保护区覆盖率从 2000 年 7.8％持续增长到 2010 年的 12.1％后回落，2010—2017 年自然保护区覆盖率持续保持在 11.8％及以上。

6.3.5　职业与教育

（1）上海社会各行业从业人员（2016—2017）（见表 6-13）。

表 6 - 13　上海社会各行业从业人员(2016—2017)　　　　　　单位:万人

行业	2016	2017
总计	1 365.24	1 372.65
按产业分		
第一产业	45.45	42.44
第二产业	448.50	430.51
第三产业	871.29	899.70
按行业分		
农、林、牧、渔业	48.30	46.49
采矿业	0.04	0.04
制造业	341.82	331.73
电力、热力、燃气及水的生产和供应业	4.83	4.57
建筑业	106.36	98.90
批发和零售业	239.06	240.39
交通运输、仓储和邮政业	89.73	89.90
住宿和餐饮业	52.22	55.26
信息传输、软件和信息技术服务业	48.60	52.47
金融业	36.42	35.54
房地产业	50.01	51.88
租赁和商务服务业	133.18	140.13
科学研究和技术服务业	45.75	48.55
水利、环境和公共设施管理业	20.82	21.79
居民服务、修理和其他服务业	36.06	37.88
教育	37.41	39.24
卫生和社会工作	28.70	30.69
文化、体育和娱乐业	11.42	11.72
公共管理、社会保障和社会组织	34.51	35.99

资料来源:上海市统计局.上海统计年鉴[R/OL].2016—2017. http://tjj.sh.gov.cn/tjnj/index. html.

　　结果分析:通过对 2016—2017 年上海社会各行业从业人员分析,结论是 2016 年总从业人员 1 365.24 万人,2017 年总从业人员 1 372.65 万人,呈增长状态。其中第三产业的从业人员最多,第二产业从业人员其次。2017 年较 2016 年制造业从业人员减少。2017 年较 2016 年批发和零售业从业人员呈增长趋势。2017 年较 2016 年文化、体育和娱乐业从业人员有所增长,从事采矿业与电力、热力、燃气及水的生产和供应业人数较少。

(2)上海在校学生结构(1990—2017)(见图 6 - 36)。

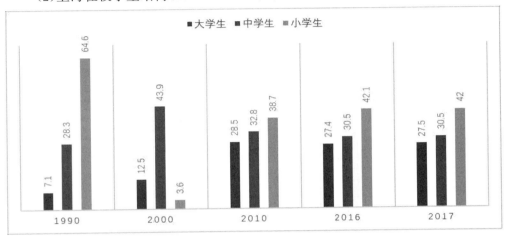

图 6 - 36　上海在校学生结构(1990—2017)(%)

结果分析:从 1990—2017 年上海在校学生结构变化趋势分析中,得出结论是 1990 年以小学生为主占比为 64.6%,中学生占比 28.3%,大学生占比 7.1%,说明受教育程度从初级到高等逐层大幅递减,在校学生完成义务制教育后,大学教育人数占总在校学生人数的比重仅为个位数。2000 年的数据比较特殊,不具有普遍意义。2000—2017 年大、中、小学生的结构更趋合理与均衡,形成更为完整与普遍的接受小学、中学、大学高等教育的结构。其中小学在校学生比重在 38.7%～42.1%变化,中学在校学生比重在 30.5%～32.8%变化,大学在校学生比重在 28.5%～27.4%变化,总体平稳。

6.3.6　医疗卫生与社会保障

(1)上海各区卫生机构基本情况(2020)(见表 6 - 14)。

表 6 - 14　上海各区卫生机构基本情况(2020)

地区	机构数(个)	床位数(张)	卫生技术人员(人)		
			总数	其中:执业(助理)医师	其中:注册护士
浦东新区	1174	22460	31620	12598	13450
黄浦区	314	14412	25234	9012	11885
徐汇区	373	17433	26920	9245	12545

（续表）

地区	机构数（个）	床位数（张）	卫生技术人员（人）		
			总数	其中：执业（助理）医师	其中：注册护士
长宁区	275	8395	11834	4198	5608
静安区	361	14101	21632	7406	10250
普陀区	218	7677	10952	3951	5149
虹口区	154	8193	11386	4145	5291
杨浦区	238	13410	17064	5725	8487
闵行区	511	13062	16161	5754	7392
宝山区	307	10618	10575	3810	4905
嘉定区	384	7826	10980	4237	4980
金山区	300	4945	6869	2440	2968
松江区	260	5432	7856	2874	3206
青浦区	363	4735	6143	2421	2526
奉贤区	315	5215	6304	2553	2537
崇明区	358	3607	4868	1931	1871
总计	5905	161521	226398	82299	103050

数据来源：上海市统计局.2021 年上海统计年鉴[R].2021.

（2）上海医疗机构业务量（2018）（见表 6－15）。

表 6－15　2018 年上海医疗机构业务量

诊疗总人次（万人次）			医院出院人数（万人次）		医疗机构住院手术人数（万人次）
总数	医院	社区卫生服务中心	医院	社区卫生服务中心	
27 637.78	16 524.22	8 577.62	425.03	6.90	256.28

资料来源：上海市卫生健康委员会.2018 年上海市卫生健康统计数据[R].2018.

（3）上海医疗机构病床使用情况（2018）（见表 6－16）。

表 6－16　上海医疗机构病床使用情况（2018）

病床周转次数（次）	病床使用率（%）	出院者平均住院日（天）
31.10	93.58	10.89

资料来源：上海市卫生健康委员会.2018 年上海市卫生健康统计数据[R].2018.

（4）上海前十位疾病死亡原因和构成（2018）（见表 6－17）。

表 6-17　上海前十位疾病死亡原因和构成（2018）

死因顺位	死亡专率（1/10万）	占死亡总数（%）
循环系病	352.08	41.25
肿瘤	262.78	30.79
呼吸系病	70.05	8.21
内分泌营养代谢病	44.88	5.26
损伤中毒	39.44	4.62
消化系病	19.44	2.28
神经系病	12.83	1.50
精神病	9.38	1.10
泌尿生殖系病	7.55	0.88
传染病及寄生虫病	7.13	0.84

资料来源：上海市卫生健康委员会.2018年上海市卫生健康统计数据［R］.2018.

（5）上海防病工作情况（2018）（见表6-18）。

表 6-18　上海防病工作情况（2018）

指标	2018
传染病发病总例数（甲、乙）（万例）	2.11
发病率（1/10万）	145.66
传染病死亡总人数（人）	92
死亡率（1/10万）	0.64
结核病登记病人数（千例）	3.74
登记患病率（‰）	0.26
结核病新发病人数（千例）	3.83
登记新发病率（1/万）	2.62
结核病死亡人数（人）	111
死亡率（1/10万）	0.76
牙病受检人数（万人）	62.16
龋牙患病率（%）	34.21
小学生视力不良率（%）	44.38
初中生视力不良率（%）	76.56

指标	2018
高中生视力不良率（％）	89.52
免疫规划疫苗常规接种率（％）	99.76
乙肝疫苗全程接种率（％）	99.71

资料来源：上海市卫生健康委员会.2018 年上海市卫生健康统计数据［R].2018.

（6）上海妇幼卫生情况（2018）（见表 6-19）。

表 6-19 上海妇幼卫生情况（2018）

指标	2018
妇女病普查人数（万人）	72.82
患病率（％）	34.79
治疗率（％）	91.17
胎儿娩出顺产数（万人）	9.10
顺产率（％）	52.14
出生低体重儿（人）	8857
占活产总数（％）	5.09
出生缺陷人数（人）	2436
出生缺陷率（‰）	1.40
0～6 岁儿童保健管理率（％）	99.39
托幼机构儿童视力筛查可疑异常率（％）	6.89
托幼机构儿童听力筛查可疑异常率（％）	0.22
托幼机构儿童龋齿筛查可疑异常率（％）	20.19
托幼机构儿童贫血检出率（％）	0.33
托幼机构儿童肥胖检出率（％）	4.06
婚前检查人数（万人）	3.74
婚检率（％）	19.14

资料来源：上海市卫生健康委员会.2018 年上海市卫生健康统计数据［R].2018.

（7）上海离退休、离职人员养老金（见表 6-20）。

表 6 - 20　上海离退休、退职人员养老金　　　　　　　　　单位:亿元

指标	国有单位	集体单位	其他单位	合计
离退休、退职人员养老金	961.05	202.89	1 101.17	2 265.11
离休职工离休费	6.92	0.17	2.59	9.68
退休职工退休费	951.58	200.76	1 095.24	2 247.58
退职人员的退职生活费	2.55	1.96	3.34	7.85

注:"其他单位"包括港、澳、台及其他外资企业。

资料来源:上海市统计局.上海统计年鉴[R/OL].2014—2017.http://tjj.sh.gov.cn/tjnj/index.html.

　　结果分析:上海其他单位养老金占总额的 48.61%。国有单位离退休、退职人员养老金占总额的 42.43%。集体单位的离退休、退职人员养老金占总额的 8.96%。

第7章 上海城市发展面临的问题

上海是典型的滨海河口城市,不仅要面对风暴潮、海岸带生态系统退化、地面沉降等自然环境问题,也要面对城市人口结构与空间结构等社会问题。因此,需要对上海城市发展面临的核心问题与主要困难进行分析。

7.1 上海城市发展面临的主要环境问题

上海智慧生态城市发展面临的主要环境问题与自然灾害包括大气污染、固体废弃物污染、农林业病虫害。主要气候灾害是台风、地质沉降以及由台风引发的城市积水、土壤污染物超标等。近 20 年来上海城市规模不断扩张,出现了河网水系锐减、水环境污染加重等问题。

7.1.1 空气质量下降

上海臭氧污染较突出,空气质量需要改善。上海的年主导风向是东南风,受空气中细颗粒物浓度与可吸入颗粒物浓度二次生成影响呈西高东低分布态势。二氧化硫完全达标浓度总体较低。二氧化氮总体呈市中心向周边区域递减趋势,浦西地区浓度总体高于浦东地区,与机动车聚集疏密度基本同等。受北方沙尘输送影响,2019 年 10 月 28 日上海大部分地区出现能见度小于 500 米浓雾,局部地区能见度小于 200 米,虹口、杨浦、宝山均处于严重污染状态。上海大气污染来源主要是工业生产排放到大气中的污染物,如烟尘、道路扬尘、建筑扬尘、硫的氧化物、氮的氧化物、有机化合物、卤化物、碳化合物等。以及运输工具烧煤或石油产生的废气,汽车排放废气中的污染物主要有一氧化碳、二氧化硫、碳氢化合物、氮氧化合物等,危害性大,影响居民呼吸系统健康。

7.1.2 台风与风暴潮

台风与由台风引起的风暴潮是上海的主要自然灾害。上海汛期常受热带风暴、强热带风暴和台风影响,平均每年 2～7 次,重灾区在长江口地区、杭州湾和市区。随着地面下沉加重,内河潮位随着长江口、黄浦江潮位升高、上中游潮灾加重。上海地势低洼,由于风暴成灾快,形成大量增水,造成严重损失。近代以来上海最具破坏力的台风风暴潮有 4906 号、9417 号、9711 号、0414 号、0509 号和桑美。风暴潮潮位形成愈来愈高,应将气象与风暴潮数据结合在一起,根据气压场与海上风场计算风暴潮,提前进行气象与风暴潮预警,提醒全市居民防灾减灾。

7.1.3 地质沉降

上海区域境内已发生和可能产生环境地质缓变性灾害有地面沉降、土地资源污染、海平面上升引发海潮水入侵、软土地基稳定性和渍害等。上海主要地质问题是地面沉降,对上海建筑物安全、港口、航运、防汛影响突出。大量开采地下水是造成地面沉降的主要原因。1961 年上海市地面沉降研究小组经研究认为影响地面沉降因素有新构造运动、地下水开采、海平面上升、动荷载、静荷载、地下取土、开采天然气、深井出砂、人工填土、江河疏浚等。地面沉降对轻轨、地铁和高架影响明显。地面沉降规律与地铁隧道变形规律有一致性(见图 7-1)。

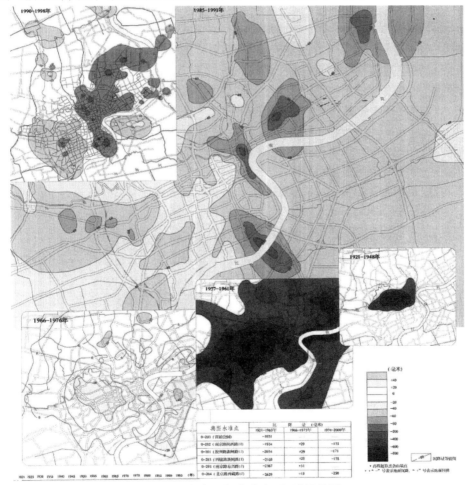

图 7-1 上海工程地质地面沉降沿革图

资料来源:《上海市地质环境图集》编纂委员会.上海市地质环境图集[M].北京:地质出版社,2002.

地质环境是上海城市发展基础,地面沉降是制约上海发展的根本因素。上海地面沉降主要由自然与人为两个因素引起。长期监测表明,由于长期过量开采深层第四承压含水层导致第四系松散土层变形,造成上海市区域地面沉降,主要影响因素是地下水开采和工程建设。1921年,上海通过水准测量发现地面沉降,上海市中心城区平均累计地面沉降量是1.9米,1965年前上海地面下沉主要原因是开采地下水。以1965年底实施控沉为界,通过调整开采层次、限制地下水开采和人工回灌等措施地面沉降得到控制。1990年起城市工程建设引起新的地面下沉,由于城市开发及地下水资源开采量递增,城区地面沉降量增长。根据分层标和水位孔监测发现上海土层变形、含水层变形、地下水位变化。至2012年,上海潜水层、第一承压含水层水位不变。第二承压含水层—第五承压含水层水位回升。软土层压缩变形,第三软土层随水位回升控制变形。第一、二、三、四承压含水层表现为黏性和塑性变形,第五含水层弹性变形。砂性土与黏性土呈非线性特征。在海平面上升与地面沉降共同作用下海平面持续上升。

上海环境地质问题包括地面沉降、海平面上升、水土污染和软土地基稳定性,需进行灾害危险性评价,建立危险性分区体系。上海地面沉降危害主要表现在承压含水层地下水含量永久性减少与河床下沉。潮水上岸可能引发工程地质灾害,如暴雨地面积水、地貌改变、潮水上岸、桥下通航受阻、深井管上升。地面沉降可能会造成排水失效增大洪灾影响。上海地下水系统是一个完整的系统,上海市区第Ⅴ承压含水层第四系松散沉积层由于工业用水需求增加地下水开采量,引起地下水系统内部物质能量变化,导致地下水位下降和地面沉降。

7.1.4　水质污染

上海上、下游水质同步,受城市化与工业经济发展方式与规模影响,水环境问题复杂。由于上海市地处长江和太湖流域下游,水功能区达标率低,水质普遍较差。历史上污染积累,排污量大,污水处理标准偏低,城市水源污染严重。随着城市人口增加水质问题突出,需要治理水源生态,减少污染,改善水质。据监测苏州河、黄浦江和淀山湖水质、污染物排放量与人口总数、城市化、经济发展呈正相关关系。上海海域重要污染指标为活性磷酸盐和无机氮。长江河口水质优良总体稳固,但因海水水质标准与地表水水质标准存在较大差异,劣于第四类海水水质标准征象较为普遍。上海地表水受氨氮和总磷影响氮磷污染突出,主要河流考核断面中,Ⅱ～Ⅲ类水质断面27.2%,Ⅳ～Ⅴ类水质断面65.8%,劣Ⅴ类水质断面7.0%。据上海市生态环境局《2019上海市生态环境状况公报》,氮磷为地表水主要污染指标。Ⅱ～Ⅲ类水质断面占48.3%,Ⅳ类断面占47.5%,Ⅴ类断面占3.1%,劣Ⅴ类断面占1.1%。

7.1.5　植被缺乏与滩涂围垦造成湿地退化

(1)上海自然生境破碎化问题凸现。

城市化扩展和工农业用地造成生物被隔离,自然生境受人工环境影响较大,面积急剧缩小,生态连续性下降,生境破碎化加剧,人为干扰使野生动植物多样性下降。华东地区野生植物区系古老,有珍稀濒危植物 87 科 237 属 407 种,孑遗植物 18 种,如凹叶厚朴、天目铁木、宝华玉兰、大叶木莲等,华东地区植物园引种保存 400 多种濒危植物,上海植物园保存木兰科植物 8 属 200 品种(含种及品种)。但仅通过植物园培育或迁地实现物种遗传多样性与进化潜力保护是不够的。上海城市智慧生态发展需要建立生命化城市,保护生物多样性是生命化城市的基础。需建立城市生态网络,提高生态系统复合承载力与城市生物多样性保护规划,减少高强度人类活动对城市生物与环境自然演化的影响。

(2)上海人工配置植物群落种类单一。

城市化扩展导致上海原生植物减少,外来植物增多,生物多样性降低。生境单一和人类活动影响是上海植物多样性较低的原因。上海环城林带群落生态植物群落类型丰富,以落叶阔叶林和常绿落叶阔叶混交林为主,常绿阔叶林频率高,多植香樟林和广玉兰林。落叶阔叶林频率也高,以复层结构乔木为主形成"乔灌—草"结构,不足之处是种类单一。

(3)滩涂围垦与风电开发频繁干扰湿地自然生态系统。

上海崇明东滩是促淤圈围区域之一,由于人工围垦、增设风电、旅游开发,自然湿地不断退化和丧失,水鸟觅食地与栖息地范围缩小,鸟类种类与数量减少。人工湿地与水田成为水鸟补充栖息地。随着城市化扩张,长江口植被群落面积大幅度下降。20 世纪 90 年代初期,由于互花米草蔓延迅速,植被高程梯度分布。长江口入海泥沙不断减少,人工促淤工程增多,泥沙淤积速度低于围垦速度。由于长期过度捕捞和水域污染,且受拦河筑坝、挖砂采石等影响,生物多样性持续下降。旅游开发对沿海滩涂生态环境亦产生不同程度影响,需建立无干扰海岸湿地鸟类自然保护区。海滩清洁造成无植被区域扩大,改变了滩涂生态系统,微生物与微小动物受到影响,造成本土生物与植物生存危机,同时也增加了海岸被侵蚀风险。

(4)不科学造林破坏湿地自然生态需规范与修复。

上海南汇东滩是国际候鸟迁徙路线中重要湿地及长江河口最宽阔潮滩之一,总面积为 56 694 公顷。目前自然形成一线大堤世纪塘外主要是近海与海岸湿地,面积约为 54 463 公顷。一线大堤内湿地主要是草本沼泽,面积为 2 231 公顷。由于早前规划为建设用地与农用地,无"生态用地和湿地保留区域"。2004 年,批复"临港新城总体规划"并没有将大堤内湿地纳入保护范畴。因未实施"生态优先原则"不科学造林给湿地自然生态带来负面影响,需对原建设规划中未纳入湿地保护区域进行抢救性长期湿地保护规划,保护湿地原生态系统。

7.1.6　长江口滩涂重金属污染

据研究上海被污染滩涂地区占 80%。据王刚在《生态文明建设中的沿海滩涂使用与补偿制度研究》中对上海海岸带及海涂资源综合调查资料记载:"上海农业污染(化肥、农药)、生活污染(污水、垃圾)、港口和船舶污染(漏油、垃圾)污水排放每日入海通量是516.9万吨,其中石洞口排污口50.9万吨/日,白龙港排污口20.6万吨/日,上海石化总厂40万吨/日,黄浦江及支流400万吨/日。污水中各类污染物质的入海通量为:有机质(以COD计)437吨/日,总汞3.61吨/年,铜550.4吨/年,锌1 772吨/年,铅303.9吨/年,油类6 801吨/年。"长江口滩涂重金属污染见表7-1。

表7-1　长江口滩涂重金属污染

滩涂区域	污染综合指数	污染程度
长江口南岸	5.26	重度污染
崇明东旺沙	3.18	中度污染
杭州湾北岸	2.72	偏中度污染
九段中砂	2.28	偏中度污染
奉新边滩	0.93	未污染

资料来源:康勤,周菊珍.长江口滩涂湿地重金属的分布格局和研究现状[J].海洋环境科学,2003(3).

7.1.7　干岛与热岛现象明显

7月份上海城市干岛次数及强度最高,城市建筑物密度大绿植空间少,覆盖中心城区植被量少且缺少连贯性。城市道路地面为不透水材料,下垫面影响夜间近地面温度。雨水降落后没有植被及时吸纳、疏导水源。雨水径流以污水形式从城市排水管道流失。城市中心区干岛效果明显,市郊水田面积比旱地面积大,局地蒸发与散失水分面积比中心城区高。需改善城市中大气温湿环境,城市空气中的水汽受自然蒸散量、水汽平流输送、垂直湍流交换的影响。7月偏西风和南风时,来自内陆的西南风比较干热。城区蒸散量小、消耗潜热少,近地面气温与下垫面温度增高,形成城市热岛。上海城市干岛出现时常伴有热岛现象,两者位置重叠或邻近。上海城市湿岛出现大多在1月,春秋季湿岛种类和强度具有过渡性,数值在夏冬之间。

7.1.8　城市地貌具有脆弱性

上海城市建筑与人口密度影响城市热环境空间格局。城市地貌具有脆弱性遭到破坏后很难修复,地貌形变具有致灾性,市区河流沉积加大了治理难度。应大幅度减小中心城区自然地理系统承受的压力,通过城市整体规划解决城市生态系统中地貌环境问题。

7.2　上海城市发展面临的主要社会问题

7.2.1　人口结构与生态承载

据中国国家统计局数据,2018 年上海人口出生率降至 10.94‰,较 2017 年下降 1.49 个千分点。上海成为全球人口最多的城市,人口密度位居中国之首,且人口老龄化。上海人口结构形成源自社会资源与城市空间结构影响。市中心区域人口密度高,远郊区人口密度最低,市中心具有成熟的商业配套、基础设施、公务资源,良好的教育资源、就业环境与机会、职业发展空间、投资环境。城市副中心与城郊区域人口疏散、人户分离现象增加,需完善产业结构、市政资源、基础设施、教育与医疗配套。老龄化带来社会保障体系压力增大,财政增加,城市缺少活力。上海市户籍青少年人口比重严重偏低,高层次创新人才不足。由于人口压力与自然和社会综合承载能力之间的矛盾加剧,政府规划 2020 年人口不超过 2 500 万人。

7.2.2　功能分区与交通压力

上海城市结构呈多中心同心圆,由中心城区与城市副中心构成。《上海市城市总体规划》明确了上海市“多心、开敞”的结构布局。由于人口数量大,通勤跨区现象明显,早晚高峰期交通拥堵,公共交通安全风险增大。上海扩容须郑重考虑城市功能区划,合理规划公共交通,保障居民公共安全。居住在城市副中心的居民出行依赖公共轨道交通与私家车进行跨区通勤。需要完善城市规划,形成健康的多中心城市结构,以缓解城市交通压力,达到资源合理配置,保障城市人口安全流动、居住,实现城市效率最大化。通过对城市中心区进行优化,形成良好的生活、文化和经济环境。

7.2.3　信息安全风险

智慧生态城市信息主要由基础设施平台、数据共享平台、应用服务平台构成。随着上海市信息化应用快速推进,加大了医疗、应急、政务、税收、消防、金融、水管和电力方面的安全风险,全民数据信息采集并用于商业化运作具有风险性。技术研究与应用需设立明确的法律边界与道德底线,保障居民基本权益,谨慎用于公共资源配置管理与益民服务。解除技术安全方面的威胁,如设备故障、人为攻击、数据系统崩溃等内外部风险。由于应用面广、涉及范围大,需要建立抗风险性的信息系统纠错与修复机能,建立信息风险评估体系与信息安全风险监测防御系统。上海智慧生态城市公共信息平台与网络技术需要提高安全保障,以预防与修复风险。完善公共信息安全管理体系,建立健康有序的信息安全保障格局。

7.3　上海城市发展需要解决的核心问题与主要困难

7.3.1　上海城市发展需要解决的核心问题

（1）上海城市发展需要重视自然生态与生命价值，树立生态伦理价值观。

上海需要以"生态优先原则"为基础，以可持续发展方向重新审视人与自然关系。以生态视角重新塑造生产与生活方式，发展生态文明社会，培养生态素质。

（2）上海超大城市发展目标与区域自然资源不匹配。

上海是自然资源匮乏型城市，森林面积在城市面积的比重较低，没有达到国际森林城市标准。原有天然河道水岸因早期污染严重填埋为道路，滨海与河口滩涂、湿地也需进行科学保护。市区植被覆盖率低，城市森林发展需以乡土草木藤本植物科学种植为主，立法保护市区树木、水源、土壤和空气。

（3）上海人口密度和市中心空间建筑密度大，需要形成预防性策略。

上海人口密度大，人均自然生态与公共资源少。市区建筑密集，资源消耗率高，能源利用率低。基础设施与老化建筑需要更新，居民健康安全需要得以保护。上海生态、保护补偿立法需要前置"预防性"策略。

（4）上海公共资源受益不均衡需要知识共享。

上海需建立公共知识信息平台，居民免费共享资源，居民终身有学习与受教育的权利。以往的政策引导偏重技术升级，缺乏对技术使用进行人文思辨和法律约束。对社会人文学科的轻慢将造成社会整体价值取向与发展失衡。自然科学与社会科学都不可偏废，城市发展需要人文历史底蕴。自然、生命与社会都需有序有度发展。居民能按个人特质与意愿发展。任何技术使用、社会及个人行为界线都需建立在自律与法律约束上。

（5）上海城市发展目前依旧依赖土地金融化地租模式。

上海新一轮城市规划与经济战略需重视城市气候、地理与自然，根据城市发展阶段客观分析区域自然、社会、人口、经济、人文、历史条件，选择适合的发展模式，而不是复制伦敦、纽约、巴黎、东京超大城市群模式。需在更长的历史与地理时空跨度中，观察近现代城市发展模式与经济发展模式，改变全球城市化、土地金融化主导形成同质化发展模式，根据城市所在区域自然环境、客观条件、价值基础与发展逻辑，建立以一、二、三产业均衡并重的经济模式，形成重视生命健康发展的有益城市的基础生态结构，建立更为智慧的全生命周期生活服务的城市自组织模式，探索上海城市发展的智慧生态方向与道路。

7.3.2　上海城市发展面临的主要困难

上海智慧生态城市发展面临的主要困难是自然生态观念与核心动力的转变。上海已提出生态发展，重视发展自然观，但城市原有发展模式仍有惯性。与此同时，对于"智能"与"技术"的偏重，对人文学科的忽略，以及约束技术应用相关法律缺失,造成发展中缺乏对生命与自然生态的尊重。在对技术极端推崇中,未能尊重居民个人隐私权益与安全。信息技术与人工智能的发展与应用需更加谨慎,维护人们多元选择的权力,确保安全、适度的使用技术。社会需要更有包容性与公正性,不能以未掌握某种技术为由,淘汰处于生命周期中智能、体能与活动范围相对较弱者,如老年人与未成年人,及鳏寡孤独、老弱病残等特殊人群,尊重人的生命周期的差异,同情与救助弱者,共生互助才是一个健康的社会,才能真正实现社会的公平与公正。人文精神与人道主义的保留是社会良性发展的基础,一个健康的社会要具备多元化包容与支持能力,需要以居民的生命周期完善社会保障体系。

如果上海仅以超大城市发展模式为核心,所形成的隐性或显性自然生态与经济、金融、社会风险将会加大。需形成与自然一致的发展方向,设立更长时间周期与更长时空尺度的城市规划,设立公共安全防火墙与保障体系。如不改变对于有着庞大人口基数的城市,未来的发展余地及容错空间将会越来越小,修复周期将会更长。如果人口仍不断增长,人口与人均公共资源不平衡持续扩大,在原有发展逻辑中制定的规划与政策,并不能为市政与居民带来经济不间断持续增长,会加大社会与自然承载力危机。经济发展的逻辑应是适度而非消耗或过度。未来城市发展需以生态学视角,在更长的时空尺度上将经济增长、放缓、持平与回落看作是规律化的必然存在,将经济与金融周期变化视为调整信号。在此基础上,实现局部与整体综合优化,既具备良性区域经济小循环,也能融入世界经济大循环,能够及时预防危机。

由于自然生态系统具有整体性,因此需要扩展居民认知,减少消耗型生产与生活方式带来的持续自然资源损耗。如果城市发展依然在追求货币价值最大化的思维路径上进行价值判断,依旧以不断扩大城市土地面积,提升城市区域及城乡之间的地租差价作为城市经济增长的关键点,以聚集资源、能源的方式扩大城市占地面积,构建粗放式超大城市并改变土壤性质,以不断减少自然生态系统面积为代价,无视自然生态功能,如滨海湿地与滩涂、沙丘都是保护城市的天然屏障与绿肺,如城市森林、树木与动植物、微生物能保障居民更好地生活。在海岸带填海增地、造田围垦、建立新城过程中,人工环境建造前需首先考虑保护当地自然生态。

仅以传统经济学与金融学原理进行城市构建与管理,仅依赖土地金融化形成的地租差异、货币政策与金融循环并不能真正带动地方经济有度发展,加强金融与经济结构良性构建、流动与循环,实现合理有度的金融规则与秩序,有效预警和预防全球化金融经济风险,减少上海受全球与区域金融经济危机和社会危机的影响。城市公共事务管理与协调形成更为公正、全面的立法与制度,尊重城市中人与生物,尊重居民独立意愿、选择、认知与创造力。城市发展从倚重虚拟经济、金融经济、土地金融化转向扶持实体经济、调整能源和产业结构,实现自然、生命、社会协同进化,个体及社区合作推动社会良性有序发展。

第8章 上海发展方向与对策
——智慧生态城市

遵循自然规律建设智慧生态城市,保护滨海湿地,建造森林城市,保障居民基本权益,发展人文、艺术、法学与科学,完善城市发展机制、空间结构与社会管理,推动上海生态文明发展。

8.1 上海智慧生态城市发展方向

8.1.1 实现全域平衡发展

(1)实现可持续发展。

上海智慧生态城市发展须以自然和生命为尺度,尊重人的生命发展过程及其归属自然的需要。城市空间适宜、全域平衡发展,共享自然与社会资源。建立城市安全保障体系、信息交互系统,提高城市危机免疫力。以生命为中心,居民心灵、精神与体格健康,安居乐业,思想自由,意志独立,富有创造力。产业结构平衡合理,发展绿色能源与智慧生态建筑,社会制度人性化。以实现公正、平衡的代际发展为原则,以法制为保障机制,社会遵循自然规律有序可持续发展。

(2)促进公共认知。

上海智慧生态城市发展须以居民公共福祉的整体提升为目标,融合教育与开放式学习平台,促进个体认知与公共认知。发展个体的认知能力与范围,实现更多包容度与平等性,保障居民实现个体生命发展。由于公共认知建立在个体认知基础上,公众认知是公众治理与公共秩序的前提,公众的认知能力越强沟通愈有效。由个人与群体公共认知的提升推动城市公共治理,形成更合理、高效的公共秩序,提升居民生活质量与社会文明。

(3)推动公共治理,完善公共秩序。

上海智慧生态城市发展要重视公共管理与治理,包括地方政府、行业协会、自治团体各展其长、各尽其责。依照实际需要协商解决,实现治理方式民主化和多元化,形成良好、公平的社会生活环境,居民共同规划、设计、管理城市运营中的公共事务。长期公共政策需全社会参与,全方位拟定、实施与评估效果。关注公共产品提供,完善程序法,关注多元诉求。公共秩序是维护社会公共生活所必需的秩序,包括管理、生产、工作、交通和公共秩序等,需遵循《宪法》《刑法》《治安管理处罚法》《民法通则》《民法典》等法律规范,从依赖行政监管到实现市民自治、全民参与。

8.1.2 城市从消耗资源到生产资源

与自然共生需要改变原有消耗型城市发展模式,从消耗资源到生产资源和循环资源。建立城市林业、城市农业、城市菜园、城市牧场和城市能源。城市价值从地租价值、商品交换价值、金融价值转为创新价值,建立多层次经济发展,需求与制造匹配,减少资源消耗与浪费。城市主体建筑成为太阳能、风能、雷电能收集点与能源转化点。城区建造多重雨水收集点,形成更为多元的生态能源收集与公共应用,减少对石化燃料的依赖。建设城市森林,解决城市固碳、净化空间、涵养水源的需要。制定更长周期城市发展规划,建设森林、湿地、海绵、花园城市,保护滨海海岸带滩涂、湿地、森林生态,实现城市森林多层次种植。

8.1.3 城市物质无害消解重归自然

向自然学习、与自然共生、重归自然,即是以自然生态视角重新审视城市构造与社会构造,以多元生态形态重新塑造城市,城市物质无害融入自然。重归自然是以科技力量帮助城市人居在复杂的气候、地质、地貌环境中适应与存在下来,能应对极端天气、自然灾害与社会灾难。完善城市中心与社区基础设施配套,提高公共服务风险应对能力,建立城市生态修复机制。不再以与海争地的方式发展城市,不以组团式地面覆盖方式发展。研发可消解于自然的新材料,广泛应用于城市结构构造与产品构造。无论城市是疏散形态还是紧密形态,重塑城市基本结构,形成更具韧性、柔软度、可变形的智慧生态城市空间。

8.2 上海智慧生态城市发展原则

上海智慧生态城市发展需要恢复空气、水源、土地、生物生态良性循环,实现城市与自然融合平衡,发展生态建筑与生态城市空间,完善社会保障体制,优化能源结构与效用,实现绿色智能工业化与循环经济,谨慎实施生态开发策略,尊重地域文化历史与居民传统生活,保护城市历史建筑,促进人文与科学共同发展。

8.2.1 安全原则

上海智慧生态城市安全原则体现在以综合预防为主、科学发展联动韧性城市,通过对城市建筑空间的早期安全构建与规划提升全面预防与应灾能力,以更快地响应能力带动城市群的联运与及时应对。以确保居民的生命安全为根本,利用空间与地理测绘信息数据预警、预防、预控减灾,消除自然与社会安全隐患,构造上海智能化公共安全预防管理体系。城市公共安全管理由监测、决策、应用、反馈机制构成,并以预防为主提高城市与居民应对公共危机与灾害的能力。全面提升城市安全标准与治安防控水平,提高城市治安、消防、交通、居住、反恐安全能力。通过航空、地理、地质遥感、物探系统构成日常监测、防控、数据分析、历史灾情成因比较,形成科学预警,完善预案,及时反应,提高安全系数。全社会协作联动实现城市平安,通过日常监测、巡查、防控、治理,建立人人有责的城市共治自治整体安全防控体系。建立全球自然灾害、社会灾害数据库,提高城市公共安全预防预警,减少生命伤亡。建立布防体系与风险防范机制,对于重大自然灾难如地震、台风、风暴潮、洪水、火灾与疫情,减少救生牺牲,实现理性救灾。

8.2.2　法制原则

上海智慧生态城市发展应以人的自主、自律、自治为发展的最终目标。在遵守国际法、宪法、国家及地方法律法规的前提下,完善立法制度与秩序,对本地自然环境与社会系统进行安全保护,共同健康发展。宪法是立法依据,宪法第五条规定"一切法律、行政法规和地方性法规都不得同宪法相抵触"。遵循并完善国家与地方法律法规,从制度上建立社会行为规则。

8.2.3　科学原则

上海智慧生态城市管理制度的制定应遵循科学原则,符合自然规律与社会规律,符合民情、国情与上海社会现况。遵循历史发展规律与地理条件,遵循地球自然科学与社会科学的基本原理。支持全面、整体、系统的认知,分层次、有步骤、有尺度地平衡发展上海的城市与社会。充分发展自然科学与社会科学,以居民智识的开启、传承、共享为原则建立城市知识公共平台,以确保知识的公共性、透明性、公开性,城市居民可免费获得相应的系统知识。只有民智开启,才有可能建立融通的人文与科学健康发展的社会系统。

8.2.4　公平原则

上海智慧生态城市发展的目的之一是建立公平的社会。在"代际公平""同代公平"、资源公平分配与利用的原则下,保护与修复自然生态环境,建立保护人的尊严、发展人的特质、实现公平发展的社会。公平原则是利益、机会均等的发展原则。既保障城市中不同区间均衡发展,也保障代际间均衡发展,既满足当代人的生存发展需要,也保障后代发展空间与资源供给。在同一生存空间中,所有人享有可选择的同等生存权和发展权,具有同等获得自然与社会资源的合度、合法取用权。消除城市中的不平等、歧视与贫困。同时公平也指实现生物的生存权,在自然区域、人工与自然混合区域、人工区域均能保护生物存在权与栖息地。

8.2.5　公共参与原则

公众参与原则是环境法的一项基本原则,也是公民的重要责任。公民有权参与自然环境立法、决策、执法、司法等相关活动,推进环境保护的民主合理。环境保护法规定一切单位与个人都有保护环境的义务,政府定期发布环境状况公报。上海智慧生态城市公共参与原则包括立法、公共决策、公共治理、法律政策实施与反馈调整,明确居民参与城市公共事务管理、公共利益决策、城市环境保护的基本权利。公众政治参与是影响公共决议、公共政策、公共生活的基础。在行政立法和决策过程中,一切涉及公共利益的重大问题,公民有权提供信息、发表意见、阐述利益,参与立法与决策过程,确保公正性、正当性与合理性,实现民众共治共享。公共参与原则是民主基础,以自愿、法律方式加强全民环境意识、安全意识与法制意识,保障公众知情权与参与权,包括参与、制定、告知、公示、合作、公民自治、信息公开、利害相关人参与、反馈、尊重、契约与责任。公众参与方法包括公众接待日、公众听证会、市民评审团、市民意见征询组、专业顾问小组、地方战略伙伴、街道与社区议事会、公共辩论、公共调查、公共咨询、城镇电子会议及政府项目公示会等。

8.2.6　可持续发展原则

上海智慧生态城市以生命、生态、社会整体可持续发展为原则。城市须在一定的自然条件与法律规范中有序发展,以人类与自然长远和谐发展为目标,建立地球整体自然观,研究城市发展规律、条件与制约,进行持续观察与研究。可持续发展以保护上海自然资源环境为基础,以生态经济与产业结构调整为核心,以改善民众生存、生活、工作条件为目标,将城市局部利益与社会及自然的可持续发展结合起来,实现人类社会与自然整体的有益发展。

8.3　上海智慧生态城市发展机制

8.3.1　以认知创新为城市发展核心动力

对世界的认知是城市发展的核心动力,由认知扩展带来的创新成果归属于人类文明。智慧是在相对整体、全面、系统的认知基础上形成的判断与取舍,既包含对以往人类文明发展成果的学习与延承,也包括对未知领域的探索与求证,扩展认知边界,开拓新领域。加强产学研合作,提升社会应对能力与发展能力。融合自然科学与社会科学,建立更多综合交叉学科,重新构建城市及城市的基本构成,建立多元、合理的结构,进行更多有益尝试与共享。发展共享是知识体系、认知渠道、生存资源、发展机会、社会成果的共享。共享社会将使人们以平等和公平原则推动社会有益发展,减少由认知局限与不合理规则带来的对立与伤害,拟定合理的社会规则,形成公正的秩序与法律。

8.3.2　以生态平衡为城市发展整合机制

城市生态包括自然与人工环境生态系统。自然、生命、社会空间结构体系中的每一部分相互依托、制约、作用。既有独立系统、流动系统,也有联接系统、相对稳定的平衡系统。城市中的居民、物质、能源将融汇在一起,时刻变化融合。分析城市基本结构与整体构成,了解其元素、构造、动力来源,及其生成、流动、消减,以城市的诞生、成长、成熟、衰退、消失为完整生命周期进行研究。城市发展过程中有丰富的层次与多种可能,需要预留空间给未来发展。因此,生态发展亦是指改变以往无限扩大固态空间的发展思路,创造更为平衡、精微、可塑的城市结构,建立柔韧、灵动、有留白空间的城市生态系统。森林、河流、海洋、湿地、滩涂、长江河口生态系统有更多发展空间,让自然做功,形成更好的生态环境。需尊重每种生物的自然特质与属性,不应以等级、进化观念与丛林规则看待生物链。自然万物都有值得人类借鉴的地方,以公共空间、道路、住宅和社区为主,进行生态建筑空间构建。预留足够的试错与更正的空间,城市空间更包容与融合,科学规划,自然引导,进行普遍关系与构造搭建,理解混沌状态与不稳定性,探讨不同发展趋向可能形成的结果。在现有局部平衡与不平衡中建立起新的平衡,让城市往更适合自然生态与人类存在的方向发展。

8.3.3　以民主集中为城市发展协调机制

民主是现代社会基础协调与整合机制,是智慧生态城市的基础。智慧生态城市发展需要全社会积极合力,城市所有成员的共同协商管理。上海智慧生态城市发展需尊重居民的意志与合理诉求。民主协调机制需健全、有效、公正。各个领域共同构成社会发展的一部分,让更多人发挥所长,朝一个共同的方向推动社会发展,需建立在居民民主、平等、自愿、自助、助他的基础上。城市发展规划与重要决策由居民自主、自发、自愿、自治、自理,实行民主集中机制。

8.3.4　以法制完善为城市发展保障机制

法律制度的完善是城市发展的外在动力与保障。建立明晰、完备的法律系统,减少社会与自然环境危机的产生,减少人为造成的结构性错误。法律规范前置,促进城市、居民与自然的全面和谐发展。向德国、芬兰、挪威、新西兰学习,以法律保障居民生命、城市、生态安全,完善的政策与法律规则能促进社会各界在保护自然环境前提下协同发展经济,提高能源与资源使用效率。以法律程序制度督促与引导居民参与政策决策制定与实施,参与城市各项公共活动,实现多元、融汇与民主的城市精神。城市是法治生成与应用的重要场域,上海智慧生态城市法制发展需以民主为前提,建立人人享有平等生命权和发展权的良好法律秩序,推动法治思维和法治社会生活方式形成。以法制为城市发展保障机制,是实现人人自治基础,人人可在法治理念基础上运用法律精神、逻辑、程序、条例、规范分析状况,解决问题。用法制思维与方法推动城市、社会发展。城市治理程序法制化,有助于建立稳定的社会环境。推动建立城市发展生态法、城市森林法、河流生态系统保护法、海岸带生态系统保护法、湿地生态系统保护法、城市生态系统保护法,将有助于保护整体生态系统。完善与发展城市地方法,缩小城市与农村社会保障与福利差距,减少城乡差异,建立平等的社会运作支撑系统。增加城市与乡村共同抗灾与生产能力,实现城市制度的公正、人的尊严与公共安全。

8.3.5　以人文精神和"万物并作"为城市发展管理核心

文明行止,和美其中。人文精神是人类文化的一部分,是人类精神与智慧发展的结晶,是在动态中形成的文化、价值观。表现人对自身尊严、精神、命运与价值的关注、自我关怀,对人的关心与肯定。人文既是礼乐教化,也需要通达人间世事,扎根于人们的生活。《论语·述而》"志于道,据于德,依于仁,游于艺"讲的是以道为志向,以德为根据,以仁为依靠,游憩于礼、乐、射、御、书、数六艺之中,有益于人健全发展;人文与人道相联,发现人的特质,正视人的缺陷。天地人,人道居中,向天地万物学习。人文发展具有历史前提与地理基础,是认识维度的深化与时空尺度的扩展,如历代文化、艺术、哲学、美学、历史、律法等。人有共通的喜怒哀乐,整个生命周期需要衣食住行,经历生老病死,领略天地间大美、宇宙的浩瀚无穷及认知的可能,理解"万物并作",人类与一切事物是一起生长发展的。智慧生态城市管理须以人文为核心,居民自治与公共协调。尊重人的生命及精神价值,帮助居民求知、启智,实现自律、创造与发展。

8.3.6　以科学联动建立城市安全防护机制

发挥安全预警与风险预防作用,保障城市安全发展,包括社会预警体系、社会保障体系、社会安全体系、社会专业判别体系、社会疏导体系与社会惩戒体系,形成多层次防护体系与预警规范,实现纠错与重建秩序。科学建立城市发展防护机制,及时应对与预测自然社会灾难。建立预防与保护体系,明确问题与形成决策,保护好居民。通过风险预判、防护实施、生效、反馈形成上海智慧生态城市发展科学防护机制。

8.3.7　以社会综合发展为城市内在驱动力

上海城市发展需要社会法律、人文、科技、经济、生态等全方位规划、运作、管理,相互作用,协同影响,推动城市向健康、韧性、安全、富有生命力和创造力方向发展,且留有充足的纠错空间,形成自生长、自发展、自联接、自循环的城市综合发展。

8.4　上海智慧生态城市发展策略

8.4.1　结合自然与文明形成共生智慧

上海智慧生态城市发展需要结合自然生态与人类文明,形成自然、生命、社会共生智慧。学习自然整体构成与运行规律,在适合建立与发展城市人地系统的自然环境中进行规划建设。城市不能全部以过往城市发展思路惯性发展,而要整体规划,既要依据自然条件进行科学规划,以居民的生活、生产、商务需要构建功能结构,也要留有充足自然做功的生态系统区域。学习自然形成原理、构成要素、结构及其运作系统,从自然系统的生成与运作中获得启发,智慧建立符合自然规律与生命周期的城市空间体系,建立与自然共生的城市自然体系。

8.4.2　发展韧性城市公共运作系统

城市发展要注重长远发展。韧性城市是指城市存在柔韧性与转化力,具有本土化不可分拆的生态性、灵活性、适应性、流动性和紧凑性。韧性城市公共运作系统包括发展、防御与恢复系统,具有生命力,能抗压、存续、适应和可持续发展能力,能够自我调整、快速恢复、分散风险。韧性城市运作系统包括市政基础建设和城市管理系统、风险应对系统、信息系统、反馈系统等。上海智慧生态城市需要建立包容、平衡的韧性城市公共运作系统,其中城市建筑、公共空间、环境、水务、电力、通讯、交通、环卫等整体综合管理需要更有灵活性、活力、韧性、恢复力。以人的生命周期及生活需要建立城市公共运作系统,科学规划公共设施、空间、环境。城市公共事务管理协作平衡,城市公共运作系统尊重城市的自然地理、气候条件、历史文化与生态系统,形成多元、和谐的城市文化氛围,能源与资源具有流动性。建立具有防御风险能力的城市空间,空间尺度合理的生态公共空间,社区与自然相联。建立节能的城市公共交通系统,增强城市公共运作系统智能化与抗风险能力。

8.4.3　推动全民免费终身教育立法

通过全民免费终身教育制度立法,完善相关法律、政策及协调机制,建立惠及全民的优质均衡公共教育体系。发展公共教育,提高教育公共基金总额、增加全民基础、专项教育预算。回归教育的公益性与维护居民受教育的社会权益,确保居民能享有公平的接受教育、自愿学习专业技能权利,建立认知世界与职业发展能力,获得平等的生命发展权,全方位的终身教育支持,帮助居民全面实现生命认知与发展。立法机构为终身教育政策制定原则,由政府、教育部门、学校、教育机构负责执行,有意愿的学习者可获得更为多元、普及的终身学习机会。

8.4.4　创造绿色生活生产发展方式

绿色生活方式是减少自然与社会资源消耗的生活方式,在生产、生活创新过程中,创造自然、健康、有度、环保的生活,实现社会与自然可持续发展。倡导城市居民使用绿色产品,减少日常衣食住行造成的浪费与污染,实现自然和谐的生活方式。适度使用必要物品、做好垃圾分类与物质循环利用。减少塑料生产、使用与丢弃,使用能多次循环、消解于自然的物品。绿色生产包括生产流程整体管理,实现节约资源型生产,减少污染。产品科技与创意附加值高,能重复使用,多次利用,不过度包装,生产使用本地原料与本地制作。产品便于分类回收、循环再生,不对环境产生污染与压力。

8.5　上海智慧生态城市发展框架

上海智慧生态城市发展框架如图8-1所示。

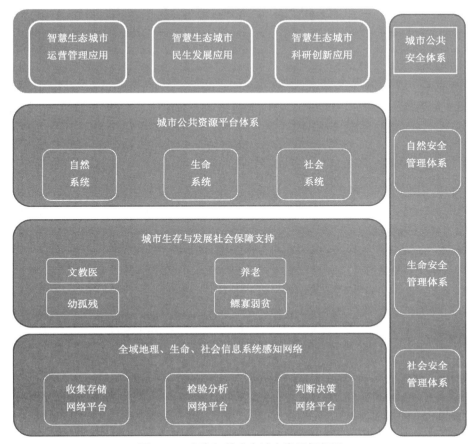

图 8-1　上海智慧生态城市发展框架图

8.5.1　建立智慧城市运营系统

（1）城市运营人性化。

基于居民全生命周期提供公共服务。以个人生命周期和社区发展为基础,建立公共服务标准,提供人性化社会公共服务。城市硬件设施建造与公共服务构成需考虑人的生命周期,不是让人适应机械化、智能化建造的生硬城市,而是建设成具有多层次自然生态、宜居、健康、安全、柔和而有生命力、涵纳传统民居与历史人文遗迹的城市。城市运营需要兼顾人文、公益与人性化,保留情感、艺术与文明。

（2）城市运营智能化。

建立社区智慧公共服务信息平台。以社区为单位,融合水、电、气、热等城市生命线市政公共服务,建立民政、交通、卫生、医疗、文化、科技、城市信息资源和公共服务。提供就医、教育、求职、公益、文娱、餐饮、旅游等信息自助服务。建设市政公共平台、市民服务平台、公共安全防灾中心等通信网络和云计算中心服务于人的全生命周期生活的方方面面。智能研发与生产,不能以排斥人、减少人的工作机会、节约资本为目的。而应以人的需要、更好的城市与自然生态构成为基础,形成更为适度、合法的智能技术研发,用于医疗、教育、助残、康复、社会支持等方面。帮助残障人士获得康复的机会,帮助弱势群体有平等学习、获得教育与工作的机会。

8.5.2   完善城市管理信息系统

上海智慧生态城市管理信息系统对城市元素、结构、组织进行整体管理、决策与测评,包括信息系统、传感网络与评估系统。城市公共信息平台以卫星地质信息系统的三维电子地图、视频、图像演示运行状况。智慧生态城市运营建设依托卫星遥感、地面和水域接收设备、人工智能、信息网络,通过陆海空立体探测取得基础数据,谨慎用于城市运营中公共事务研判与决策。参与世界资源地理数据库建设,完善上海基础地理信息体系,居民可及时了解生活、社会、产业、能源、气象、水务、交通等公共公开信息。

8.5.3   增强城市信息系统安全

城市中信息交互使用频繁,信息应用的安全性与准确性非常重要(见表8-1)。

表8-1   上海智慧生态城市信息平台建设内容

信息平台	真实综合数据平台、地球物理和空间科学数据平台、国际数据共享系统、全球与区域大气陆地海洋和极地数据系统
决策系统	城市公共决策系统、城市公共信息运用系统
应用构成	公共服务信息系统。包括公共规划、发展、应急预警,基础设施建设、能源与资源、交通、医疗、教育、社会保障等城市综合生态系统应用与管理
评估完善	数据处理与评估系统。调整与完善
关键技术	基础物理、天体物理,地球系统科学与地理空间信息系统,生物、生命、生态信息系统,对称式双子防预系统等

保障信息储存安全,提高信息分析准确度。根据信息多源流发生、发展与融合,建立信息源流追踪与确定,进行城市信息源流研究将有助于信息甄别,增强精准性、真实性、可靠性。参考各国信息系统安全管理建设,城市信息系统安全管理标准化,增强社会信息安全,使公共信息发挥更大社会效益。网络信息系统安全是城市安全的重要组成部分,电子政务涉及国防安全、社会稳定、城市安全和国家政治安全信息,城市公共管理、信息、金融信息平台等都需考虑网络安全。完善法律机制,建立信息安全工作规则,完善城市信息安全系统,及时预警,安全监测,建立城市信息安全系统应急管理机制,提高预防与解除危机能力。

8.5.4   建立智能城市基础设施

上海智慧生态城市基础设施向模块化、智能化、绿色化演进,有助于城市数据信息全面融合,形成新产业模式。模块化与智能化基础设施建设将深入城市生活每一个领域和社区建设,提升商业生产与适度消费的匹配度,优化城市资源利用。区块链技术有助于社会信用体系完善,城市信息云平台与基础设施结合,将以一种更生活化的方式服务于人。

8.6　上海智慧生态城市建设内容

8.6.1　发展城市核心价值

城市核心价值是自然与人和谐共生,实现人的全面发展与支持,实现生态系统的平衡发展与生物多样性保护。核心内容是智慧与生态结合,即人的认知边界的扩展与城市生态自然融合。尊重并善待生命,才能形成更有生机的城市。尊重每一个居民特质与成长周期,实现自主学习、扩展认知,拥有畅通的公正且平等的受教育渠道。尊重居民生命权与选择权。以全方位均衡有序发展为导向,成为富有生机、创造美好、尊重自然且有更多可能性的城市。发展人文、科学、艺术与法学,形成知识型创新城市,成为自然生态、智慧多元、民主生动的城市。实现人性化、人文化发展。改进建设路径,达到均衡,科学发展,将上海建设成为有包容力、发展力,能够智能测控、预防风险的宜居城市。

8.6.2　完善城市应急安全保障系统

1)建立城市安全体系管理标准与制度

设立上海智慧生态城市安全标准和范围,明确上海智慧生态城市保障体系安全目标。设计具有防护能力的城市应急安全系统,实现人防、物防、技防。实现城市日常监测标准化、安全防御与风险规避规范化。基于地球物理探测与卫星遥感,完成城市高空、地面与地质层精准监测,增强城市联合预警、防御能力。实现城市安全保障系统社会响应即时、风险预防快捷、社会安全平衡。全面提高社会安全保障体系能力,减少城市自然生态、城市空间、社会和信息网络系统及市民人身安全风险。智慧生态城市需要建立标准化管理制度,实现多层次城市安全体系建设,完成天气、气候、海浪、台风、空气污染指数、地震、海啸预测等自然灾难预测。实现智慧生态城市安全运营、监控与管理,提高应急反应与救援能力。

2)完善城市应急安全保障系统

上海智慧生态城市需从工程韧性转为生态韧性城市,建立生态城市风险免疫系统,以自然结构应对自然风险,调节城市应急安全保障系统。智慧生态城市应急安全保障包括居民人身安全基础设施安全、经济安全、国土安全、信息安全、空间安全、公共卫生、食品安全等,建立城市公共风险规避与风险评价系统,具有反恐、救灾、安防等安全保障应急处理能力。建立健全城市安全保障系统,建立重大自然灾害、社会风险、医疗卫生、食品安全应急预案响应机制,通过信息相对全面、完整、透明、开放建立城市综合防御体系。按事件严重程度设立八级预防警报系统:市内区域、市级、省际、省际区域、国家、洲际、洲际区域、全球。预防预警系统事件响应方面分为各领域一线公共事件警报信息、预警信息网络和社会信息网络直报系统三级。通过平行化预警信息网络建设缩短事件响应流程,加强重大事件信息预警反馈速度与应对能力。以市民的生命安全为目标,形成快速响应的城市安全防御体系。建立全面监测、科学预警的城市应急安全系统,构建城市预防、预警、防害、减灾、应灾机制。应对自然与社会灾害,提升城市公共安全。建全预防沙尘暴、风暴潮、寒潮、台风、地震等预警系统。构建预防空气、水源、土壤等自然环境污染预警体系。建立生态应急安全保障体系,建立具有刺激—反馈—避免—重生城市应对风险的空间预防地带。加大滨海湿地面积,形成更开阔的海岸缓冲地带。在公共卫生与重大流行交通疾病防控方面,以日常预防为主,城市设立个人、社区、区域、市级四级常备疾控监测管理机制,根据以往重大流行疾病的发生与发展规律,以预防为主,提高居民的预防能力,对于已经形成的不可抗力的流行疾病的发生采取积极响应机制,减少直接危害与次生危害,避免流行病的感染、传播与扩展。建立应对重大突发卫生事件城市疾控中心,设立防控医疗可扩建地区,以备特大突发卫生事件发生时病患总量激增,以新型快速施工工程技术展开建设,增加城市防御能力(见表 8 - 2)。

表 8 - 2 健康危机管理分类

	分类	机构职责
健康危机管理	食物中毒	调查原因、医疗救援
	感染症	宣传警示、运作区划
	饮用水	协作合作、危情沟通
	剧毒物品	健康咨询、防止灾害扩大
	浓雾污染	开通救助渠道、公共信息发布

通过全域地理空间信息系统,收集与分析城市陆地、海洋、气候、水文、生物、河口环境情况,及时进行风险预防、排查、预警。通过大气、气象、气候、地理信息系统进行减灾监测。对城市公共环境与全城突发事件能够快速响应、积极处理、及时应对、快速疏散。信息到达通畅透明,提高城市管理效率,增强市民科学自理、自救、自助、助人的能力,提高预防、应对、平定的整合协作效率,提升处理问题的公正性和敏捷性。实现智能城市硬件空间生态系统规划建设,完善人性化与智慧化城市居民自治与管理机制。通过立法、行政与司法构成日常安全系统与应急救灾系统。目前,上海应急管理局负责实施城市公共安全常态管理,建议借鉴国内外大城市危机管理模式,完善上海全域公共安全应对系统(见表 8 - 3)。

表 8 - 3　上海全域公共安全应对系统

系统	等级	子系统
紧急状态等级系统	一	日常紧急状态
	二	小规模紧急状态
	三	严重紧急状态
	四	灾难性紧急状态
日常安全警告系统	一	存在最高级别威胁
	二	存在高度威胁
	三	存在威胁
	四	轻微且受到控制
	五	威胁较低
危机管理支持系统	交通	修缮损毁交通设施、保障道路通畅
	消防	查防火情、扑灭火灾、预防高危化学燃爆
	通讯	提供受灾区域紧急通信线路畅通
	食物饮水	确保食物与饮水供应
	水源	恢复供水
	能源	恢复供给电力、燃料、石油、天然气
	后勤资源	保障物质调配、供应
	军事	在重大级别险情发生时提供快速反应部队救援
	高危材料	检验、控制、储存、洗消造成危险的高危物质
	公共工程	进行因灾难损毁的重大工程抢修与恢复
	空间调度	启动离受灾区域最近的公共避灾点
	公共信息	新闻、媒体向公众通报灾情发展信息与救助通道
	卫生医疗	为灾民提供医疗救助、防疫、防控、消杀
	搜索救援	搜索、寻找、救援被围困或遇险受灾人员
	情报调度	及时收集、分析、通报灾情讯息
	警报安全	电台、电视、网络、手机(声音、文字)
	志愿捐赠	进行有效救助辅助组织与捐赠安排
	法律完善	《危机服务法案》《灾难救助法案》
	执法安全	提供警务与安全保护
危机管理支持系统	安抚安置	提供食物、临时安置点
	国土安全	地质灾害监测、预警与防范

（续表）

系统	等级	子系统
市民责任与自主防灾系统	日常预防	平时与紧急时期自救训练预演
	社区	基础应灾、减灾培训、演练
	企业	基础应灾、减灾培训、演练

资料来源：赵成根，尹海涛，顾林生.国外大城市危机管理模式研究[M].北京：北京大学出版社，2006.

3）"灾难生命周期"救助与"保护好自己的生命"理念

（1）灾难生命周期应对系统。

个人、家庭与社区是城市最基本构成单位，要完善上海居民全生命周期公共安全保护，实施循环危机防控管理，对可能发生的危机和灾难进行预备预案与全民自救演练，在危机与灾情中积极应对，减轻灾情损失与降低居民人身危险，帮助受灾人群积极恢复生活（见表8-4）。

表8-4　灾难生命周期应对系统

阶段	内容	任务
预备	预案，建立指挥、综合防御、危机前预警、互助共援体系与应对结构，制定运作区划，提高应对危机能力	城市弱点危机源研究、全面应急预案、市民教育与危机防范训练、全员演练、家用急救包准备、救生通道与撤退交通路线、资源储备、建立统一信息系统
应对	及时通报处理。危机发生时快速有效行动，特殊救援，医疗急救，避免生命危险，减少损失，及时救助受灾人群	灾情信息通报透明、实时、准确、公开。向居民发出灾情警告、实施救助与危险区撤退、提供食物饮水与临时安置区
缓解	全面处理。危机发生后缓解灾区生活、生产压力，引导灾民避难与安全	清除危机、清理废墟与毁损区域、消毒除菌、建立临时安置住房、修复区域内正常生活、生产支持系统
恢复	灾难综合防治援助，恢复灾区活力、妥善安置灾民、保险补偿、检验评估、预防未来可能灾情与危机	修建标准住宅、学校、医院、道路、管线、社区等、重建公共基础设施、恢复生活与生产、提高灾情预防能力、在不宜居住区域实施居民迁徙

（2）"保护好自己的生命"原则。

灾害救援时，居民应在保护好自己与家人的前提下，再协助救援方减少灾情。市民自救防灾采取措施包括日常检查，修缮墙壁漏水、管道与电路，防火、防煤气天然气泄漏、防漏电、防高空抛物，准备急救包与防灾用品如食物、水、收音机等。在台风、风暴潮、地震发生时进行安全防护、避难，保持与外界联络。考虑住宅外安全措施,日常准备好避害避灾逃生路线,了解公共避难区域。参加防灾训练,参与公共防灾事务。

灾害应急储备物资包括:收音机或手机、饮水、食物、医药品、压缩饼干、大米、方便面、软罐头食物、毛毯、塑料布或地毯、内衣与保暖衣物、毛巾与洗漱用品、安全蜡烛、木炭、小炉子、简易锅、水壶、简易浴室、大帐篷、家庭用帐篷、简易厕所、折叠式两轮行李车、绳索、救援车、担架、可搬式水泵、消防用水设施、晶体管喇叭、简装水机、急救箱、新鲜冷冻血浆、血清制剂、喂奶瓶、混合奶粉、尿布、睡袋(有婴儿的家庭需考虑)、盐、酱油等(见表 8 - 5)。

表 8 - 5　防灾救灾训练项目

参加团体	训练项目
居民	防止出火、初期灭火、救出和救护、应急救援、通报联络、身体防护、避难、其他
志愿者	应急救援、提供灾害信息、灭火、救出和救护、其他
单位	防止出火、防护、灭火、救出和救护、应急救援、避难、收集信息
合作民间团体	搬运消防用水器具、支援消防活动、支援消防部队输送物资、使用急救犬援助援救、搬运和灵活使用紧急救援物资
消防队	信息收集整理、灾害应对、通信运用、部队编制、灭火、救出和救护、合作、救援

4)完善上海自然资源环境承载力预警系统

通过上海陆域与海域超载成因解析,建立城市自然资源环境承载力预警机制,包括资源环境整体预研、城市功能区建设预研。建立监测预警长效机制,基础数据包括基础底图类、资源类、环境类、生态类、社会经济类。涵盖地震断裂带与地质灾害分布、地下水开采、水资源量、土壤养分与酸碱度、海域现状、大气与水污染、水质等级、森林资源、湿地资源、生态退化、水土流失、土地盐渍化、气候与气象观测、生物多样性、海岸线生态系统监测、河口生态系统监测、海岛生态系统监测、城市中心区域生态系统监测。人口结构、产业结构、能源结构、城市空间结构影响到资源环境承载力。基础底图类数据包括海域勘界、陆域勘界、海洋功能区划、陆域功能区划等。确保基础数据的准确性和时效性,需要采用卫星遥感、地质物探技术、海洋测绘和地面监测、地质环境及灾害实时监测。运用国际与国家调查科研数据进行上海自然环境承载力预警,包括数据、报告、预警图件、概貌、基础图、基础评价图、集成与专项评价图。

5)完善上海主要自然灾害风险预防与预警

自然灾害突发事件具有高度紧迫性、不确定性和严重破坏性。上海自然灾害包括气象、生物、海洋、地质、灾害等,按危害程度分为特别重大、重大事故、较大事故、一般事故。按发展势态不可控、短期可控、立即可控进行分级应对。建立上海自然环境承载力预警体系、陆海空自然灾害预测与环境污染风险应急管理机制,建立空域、陆域与海域自然灾害风险评价系统,建立、实施并完善自然灾害应急管理能力评估、自然灾害应急管理预案与演习、自然灾害应急响应机制。降低突发自然灾难事件危害,集合社会资源进行有效应对。对上海自然灾害进行监测、预防与预警,保护区域安全与城市社会系统安全,保障居民人身安全,减少风险损害。在预防与应对自然灾害过程中进行事前、事中、事后各环节有效监控,进行陆海空全域全过程评价(见图8-2)。

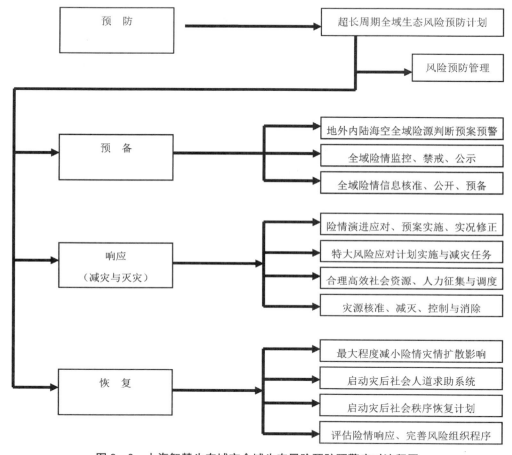

图8-2   上海智慧生态城市全域生态风险预防预警应对流程图

8.7   上海智慧生态城市空间结构——与自然有间融合

8.7.1   城市空间与自然生态:滨海森林湿地城市

以未来普适性为城市空间形态发展基础,修复城市森林湿地生物多样性生态环境,实现城市生命发展支持,综合规划与自然共生的空间结构,发展仿生分形建筑与城市。

8.7.1.1   城市结构与表现形式——与自然共生生态城市

1）城市布局

按城市不同区域地质结构建设,城市按生活圈与功能构成基础结构,城市空间呈现多层次立体形态。城市布局合理,城市形态美观和谐,使城市内经济要素流动趋于合理和高效,促进城市整体发展。将森林、林地、海洋、海岸带、湿地、河流、湖泊、农田以整体生态系统的方式连接起来,不做景观装饰性开发,而是以城市森林、城市湿地公园、花园、林带等生态带建设带动城市自然生态系统发展,改善城市人工与自然生态空间整体结构与层次。将有水源、植被与土壤的地方还给生物群落,以千年以上的发展目标交给自然做功,建设更有生态活力与自然联接的城市自然生态系统。

（1）整体性。

上海智慧生态城市是与自然相融、富有生命力的整体系统。整体构造城市空间结构,整体性大于局部要素总和,各要素在整体中实现一定的功能、结构和关系。

（2）地域特征。

上海智慧生态城市空间形态遵循地域环境建立,按上海气候、地质、地理、历史、文化、社会、经济发展不同,具有当地历史文化特点,形成生态、智能城市空间形态。

（3）社会特征。

上海城市空间形态是社会关系的产物,空间表现出明确的社会性。城市形态变化反映了社会变化发展、人文发展、科学技术发展和生态文明发展,智能化科技发展的时代特点和生态价值观反映在城市形态构造与生成上。

（4）层次特征。

上海智慧生态城市空间形态是多层次复杂系统,由城市内外部空间生活区与生态区构成稳定结构。城市内部空间形态以社区与生活圈为基础,与城市森林植被共同形成居住区。居住区实现多元生活与工作联接。生活区构成元素包括托儿所、幼儿园、儿童游戏区、运动场、学校、医院、养老院、便利店、超市、菜场、广场、美术馆、剧院、车站、商店等需满足居民基本生活需要。修建安全街道,十字路口红绿灯转换时间长度需按不同情况调节,按老人、儿童、孕妇与残疾人通行步速进行测算,智能应对,以保障行人通行安全。城市内部结构需以人的生命周期、生理状态、生命节律来进行功能设计,并以不同人群需要进行更为细微、周到的考虑。生活区满足居民从诞生至死亡不同需要与自由选择。城市空间内部结构以服务生命为主,建立适量、适度、节制、多维的空间,形成城市森林、城市农场、生态社区,形成共享、开放、创新、互助型社会。生态区以河流、湖泊、海洋、海岸带、湿地、滩涂的自然环境恢复、护养、发展为主,形成涵养水源、净化空气、护育生命、生态群落丰富的城市自然环境。上海城市外部空间与其他省市接部分自然环境应舒缓过度,应建造适合自然与人类共生的人居环境,人居系统应与自然健康相融,城市要从追求刚性空间范围转为支持生命整体长远发展。需在伦理道德、人道主义、人文精神中实现社会化，帮助人实现生命的健康发展，保护人的灵性与人性，"智慧"包括尊重直觉与情感，形成对客观世界的认知、判断、取舍与创造。

2）城市建设用地结构与平衡

城市建设用地结构如表8-6所示。

表8-6 规划城市建设用地结构

用地名称	占城市建设用地比例（%）
居住用地	25.0～40.0
公共管理与公共服务设施用地	5.0～8.0
工业用地	15.0～30.0
道路与交通设施用地	10.0～25.0
绿地与广场用地	10.0～15.0

资料来源：城市用地分类与规划建设用地标准[S].GB 50137—2011.

城市建设用地平衡如表8-7所示。

表8-7 城市建设用地平衡表

用地代码	用地名称	分项
R	居住用地	
A	公共管理与公共服务设施用地	行政办公用地
		文化设施用地
		教育科研用地
		体育用地
		医疗卫生用地
		社会福利用地
		……
B	商业服务业设施用地	
M	工业用地	
W	物流仓储用地	
S	道路与交通设施用地	城市道路用地
U	公共设施用地	
G	绿地与广场用地	公园绿地
H11	城市建设用地	

资料来源：城市用地分类与规划建设用地标准[S]. GB 50137—2011.

城乡用地如表 8-8 所示。

表 8-8　城乡用地汇总表

用地代码	用地名称	分类
H	建设用地	城乡居民点建设用地
		区域交通设施用地
		区域公用设施用地
		特殊用地
		采矿用地
		其他建设用地
E	非建设用地	水域
		农林用地
		其他非建设用地

资料来源:城市用地分类与规划建设用地标准[S]. GB 50137—2011.

城乡用地分类与《中华人民共和国土地管理法》"三大类"对比,如表 8-9 所示。

表 8-9　城乡用地分类与《中华人民共和国土地管理法》"三大类"对比表

《中华人民共和国土地管理法》三大类	城乡用地分类类别		
	大类	中类	小类
农用地	E 非建设用地	E1 水域	E1 坑塘沟渠
		E2 农林用地	—
建设用地	H 建设用地	H1 城乡居民点建设用地	H11 城市建设用地
			H12 镇建设用地
			H13 乡建设用地
			H14 村庄建设用地
		H2 区域交通设施用地	H21 铁路用地
			H22 公路用地

（续表）

《中华人民共和国土地管理法》三大类	城乡用地分类类别		
	大类	中类	小类
建设用地	H 建设用地	H2 区域公用设施用地	H23 港口用地
			H24 机场用地
			H25 管道运输用地
		H3 区域公用设施用地	—
		H4 特殊用地	H41 军事用地
		H5 采矿用地	H42 安保用地
		H9 其他建设用地	—
未利用地	E 非建设用地	E1 水域	E12 水库
		E9 其他非建设用地	E9 中的空闲地
	E 非建设用地	E1 水域	E11 自然水域
		E9 其他非建设用地	E9 中除去空闲地以外的用地

资料来源：城市用地分类与规划建设用地标准[S].GB 50137—2011.

空间结构决定空间秩序，对自然生态系统、城市系统建成与社会系统进行都具有影响。因此需要以城市长期发展拟定建设规划与土地利用规划，并以不同的法律进行约束，以行政方式进行管理，在规划与运行中及时反馈调整，以均等原则保障居民生活基础条件，实现更优运作与配置。在可持续发展原则下协调空间需求，在保护生态平衡的前提下实现空间健康良好运作。区域发展要综合考虑中心地体系、居民区（住宅用地、工业用地）、文物古迹保护、跨地区交通线和基础设施、原料、食物、资源、能源、矿产保障开采区、自然保护区、农业区、林区、造林区、区间绿带、气候保护区和防洪滞洪区、海岸带、河口生态区、岛屿生态区、城市森林、湿地、海洋空间、地下空间发展可能性，进行综合配置与预留空间。

3）城市密度

鉴于上海目前中心城区城市密度过高，需形成更有弹性、柔韧性、疏阔的城市空间结构，新建筑的建设不得妨碍视野与影响城市天际线。组织更合度的能源物质流，更畅通、高安全的信息流。城市密度适宜，建立在不再以土地资源为生产成本价值的基础上。以城市空间结构带动经济、能源、信息和人口结构转化，构建新的生活与生产方式。目前城市主体功能区以密度分为优化、重点、限制与禁止开发区域（见表 8-10）。

表 8-10　城市主体功能区开发密度与内涵

类型	开发密度	资源环境承载力	发展潜力	内涵
优化开发区域	高	减弱	较高	开发密度较高,资源环境承载力减弱,是经济高度发展与较高人口密集区
重点开发区域	较高	高	高	资源环境承载力强,经济与人口集聚度较好区域
限制开发区域	低	低	低	资源环境承载力较强,大规模集聚经济与人口条件不够好,但关系到国家与较大区域范围生态安全区域
禁止开发区域	较低	很低	很低	依法设立的自然保护区域、国家森林、地质公园、湿地公园、一级水源保护区

资料来源:翟国方,顾福妹.国土空间规划国际比较[M].北京:中国建筑工业出版社,2018.

2012 年实施的中国《城市用地分类与规划建设用地标准》对城市人均居住用地面积规划如下(见表 8-11)。

表 8-11　人均居住用地面积指标(平方米/人)

建筑气候区别	I、II、VI、VII 气候区	III、IV、V 气候区
人均居住用地面积	28.0~38.0	23.0~36.0

资料来源:城市用地分类与规划建设用地标准[S].GB 50137—2011.

4)城市形态——建立整体联通的城市空间系统

上海现在城市形态是平原地区团块状。城市空间形态由用地、道路网和自然环境等要素构成。城市的基础设施建设目的是为城市经济生产和居民生活创造良好外部环境。因此,上海智慧生态城市空间结构规划需要综合考虑生态性、动态性、科学性。城市空间整体系统化包含自然与社会生态系统同城市空间系统有机结合。以城市生态规划为导向建立自生长城市自然空间,不拘泥于城市空间硬件建设,仿拟自然生态与生物结构,以人的需要、行为趋向、心理特点、情感需要设计规划适合生命存在与发展的整体城市空间结构。以人的尺度为基础发展智慧生态建筑,形成能自供食物与能源的城市,改变原有依赖外部资源供给、资源消耗型的城市空间结构。形成与自然一体的滨海森林湿地城市,绿地、城市森林、公共空间、学校、医院、艺术中心、道路与社区共同构成居民生活空间,重构城市生活圈,公共交通一体化,空气、河流、河口、湖泊、土壤、海岸、海洋生态优质化。

5)城市要素

城市要素如表 8-12 所示。

表8-12　城市要素

城市要素	用途
用地	城市活动需要利用土地资源,占据地域空间。根据用地类别与功能划分居住、商业、工业、农业、林业、教科文卫体、一二三产用地
道路网	道路是构成空间结构的基本骨架,连接城市内外主要交通线,包括城市内道路网、公路、铁路、河流航道等。建立标准化、多维度道路与交通动线
节结地	人流、物流、能源流、信息流聚集的交换点反映在城市空间,主要包括广场、机场、车站、道路交叉点、物流中心等公共空间,及学校、医院、公园、体育馆、影剧院等
自然环境	包括融入城市的海岸、湿地滩涂、河流湖泊、森林植被、动物植物及独立的城市自然环境

6)主体功能区域空间结构指标体系

上海主体功能区空间结构指标体系如表8-13所示。

表8-13　上海主体功能区规划空间结构指标体系

一级指标	二级指标	三级指标
生态生活区	经济结构	高新技术产业比重
		产业结构与发展水平
		文教卫体科投入率
	社会安全	防御自然灾难指数
		防御社会灾难指数
	资源循环	环境质量综合指数
		二氧化碳排放强度
		主要污染物排放总量控制率
		资源循环率
		三废处理率
	农业保障	耕地和基本农田保有量
		林地、水泽保有量
	环境保护	大气质量
		水体质量
		土壤质量

（续表）

一级指标	二级指标	三级指标
生态生活区	环境保护	森林覆盖率与积蓄量
		湿地保有率
		生态平衡度
		生物多样性
	资源循环	三废处理率
		资源循环率
		主要污染物排放总量控制率
	公共服务	交通网络覆盖面
		教育设施覆盖面
		医疗设施覆盖面
		养老助残妇幼设施覆盖面
		公共资源配置
		公共政策调整
		法律支持
融合产业区	核心动力	产业结构与发展水平
		产学研投入比率
		业态与形态
		城乡均衡度
		区域容积率
	公共服务	交通网络覆盖面
		公共资源配置
		公共政策调整
		法律支持
	人口	人口结构与密度
		居民就业率与择业比率
		健康指数

（续表）

一级指标	二级指标	三级指标
融合产业区	空间结构	建筑密度与核心簇群结构
		空间适宜率与生态性
		空间可塑性与融合度
		空间演替率与节能性
		空间边界限制力与局限性
	社会安全	防御自然灾难指数
		防御社会灾难指数
	经济增长	地区生产总值
		财政收入比重
		经济金融抗风险能力
		单位地区生产总值能耗和用水
		单位工业增加值能耗和取水量
	资源循环	资源循环率
		三废处理率
		主要污染物排放总量控制率
	环境保护	环境质量综合指数
		大气、水体、土壤质量
		森林、湿地发展与保有量
		耕地和基本农田、渔牧保有量
农林渔牧融合区	农业保障	农业综合生产能力
		土壤肥力与产值
		耕地与基本农田保有量
		林地、水泽保有量
		渔牧区域保有量
		农业节水效率
		生态平衡率
		生物多样性
	资源循环	资源循环率

（续表）

一级指标	二级指标	三级指标
自然生态区	环境保护	大气质量
		水体质量
		水土流失治理率
		海洋空间
		海岸线
		河口区域
		森林覆盖率
		森林积蓄量
		湿地保有率
		生物多样性
	公共服务	公共资源配置
		资源循环程度
		公共政策调整
		法律支持
禁止开发区	资源保护	保护对象良好程度
		自然资源完整性与原真性
		污染物零排放
	公共服务	公共资源配置
		公共政策调整
		法律支持

注：上海岛屿，如崇明岛属融合区域规划，其他岛屿实现其中一个或多个空间功能设定。

资料来源：翟国方，顾福妹.国土空间规划国际比较［M］.北京：中国建筑工业出版社，2018.

8.7.1.2　发展自然仿生技术与城市自生长仿生分形结构

1）发展自然仿生与分形技术

斐波那契数列将仿生与分形结合。自然蕴含着丰富的可能性与生命的魔力，如果能听懂大自然的话语，或许人们会选择新的生活方式。如果从基本结构开始与自然保持一致，那么将是全新的可能。我们的生命结构与自然是一致的，那空间结构是否可以一致呢？沿着这样的思路开始研究，或许能找到自然的密码。由于斐波那契数列将一些自然现象以一种简明的数与几何的方式呈现出来，解释了动植物生长策略与结构的可能性，概括了自然中的某些现象。从空间上来讲，如果以斐波那契数列正方形的方式构成的话，能成为一个没有间隙的整体，黄金比例使其富有美感、具有高度和谐的形态。现在的建筑空间以方形为主体,是经过前人观察与实践后得出的结构形态,可以沿此路径探索城市结构与形态可能。需要注意的是,这不是唯一的路径。相对自然的丰富,斐波那契数列虽具有概括性,但依然十分有限。本书提出的几种建筑与城市形态,如蜂巢、花瓣、花椰菜、松果、凤梨、铁树、树叶、海绵、珊瑚、海葵等动植物结构,适合作为上海智慧生态城市建筑与空间备选结构。应用斐波那契数列把自然仿生与数学分形结合,用于建筑与城市结构设计,如果能从微结构上开始形成整体的变化是值得去尝试的。仿生结构十分有趣,且分形将带来结构的质变。

(1)仿生。

向自然中一切生物与存在学习,了解自然结构与规律,实现更自然的生活方式。仿生也是共生,生物具有人类并未完全了解的智慧。

(2)分形。

建立数的城市,从线性与非线性路径出发,实现拓扑、迭代。每一个方向都有无数可能,能够实现有度的结构与扩展。益处是能够进行局部预判。

2)形成全域仿生分型城市空间结构与格局

传承全球传统民居已经形成的广泛自然适应力,保护自然与民居的多样性。建立城市森林、城市湿地、城市鸟岛、城市花园、社区森林、社区花园、公园、绿地、林地、存储雨水。收集、存储、转化太阳能、风能、潮汐能、地热。转化台风、风暴潮、暴雨、雷电等自然能量。更安全地使用太阳能、生物能、化学能,发展清洁能源。设计仿生建筑、太阳能波浪生态建筑。发展宜居、最终能消解于自然环境、符合生态原理的仿生分形城市(如磁悬浮贝壳城市)。应用不破坏自然生态系统的技术,以能源、物质、信息和生命源流为基础,建立合度、有效、有生命力、富有生机的智慧生态城市。发展生态建筑、生态海洋社区、生态海洋牧场、生态海洋渔业、仿生飞行器、磁悬浮汽车、磁悬浮交通工具,连接大气、陆地、海洋,建立全域仿生分形智慧生态城市。

3)城市空间不能仅以人为中心应兼顾万物

按上海的自然环境条件与生态学原理、人的生命尺度建设多元城市。上海智慧生态城市空间结构需符合区域自然构造与气候、地质条件,符合人类生物特性与生命节律,建设滨海湿地森林城市。自然是城市的整体依托,城市是生长于自然中人的聚散空间,人是城市的主体,城市结构要综合考虑个人与群体心理、情感、活动,营造具有生命质感的生活空间。城市活力即城市生命力,人与万物的生机活力是城市核心。人与自然、他人、自身关系和谐,实现均衡、合度、充满生命力的发展。形成优良的多元形态城市自然环境——立体森林、叠层城市农场与林场。发展绿色艺术生态建筑、森林、河岸林地、海岸湿地森林,形成森林与社区、公共空间融合,发展多功能、多元化能源建筑,充满生机的城市形态。

8.7.1.3　发展仿生分形生态建筑

向自然中的万物学习。发展仿生分形建筑将是未来人居空间发展的一个方向。由于分形在部分与整体上具有同源一致性,适于采用传统与新材料。设计出以自然生态为主的整体空间,实现最优关系,具有安全、舒适、节能的生态建筑。采用太阳能、风能、潮汐能等供能,建筑自动蓄能储热,发展太阳能波涛建筑、水上浮岛建筑等。建筑与自然环境充分相融。物质能源循环利用,形成低耗、平衡、少废的建筑形态。建筑废止后,能再生循环利用,无害消解于自然。仿生分形生态建筑体现了人类对自然的尊重与对不同环境的适应力(见表8-14)。

表 8-14　仿生分形建筑功能

分类	功能
能源	极轻软可塑形的综合太阳能、风能、潮汐能收集系统
水源	收集、净化、循环利用水
空气	全空间净化系统
新陈代谢	可降解三废物质,能源与物质循环利用
结构	多元仿生结构,如叶式、贝壳式、海绵式
材料	研发新材料、纳米节能材料
功能	自然采光、通风、保温、隔热、节能,调节温度、湿度与光线

(1)仿生建筑蜂巢结构。

蜂窝结构是覆盖二维平面的最佳拓扑结构。蜂巢结构是蜂巢的基本结构,由正六角形空间排列成稳定的结构,具有极强的可塑性与几何力学性能。蜂巢结构一端呈六角形柱体开口,另一端是封闭六角棱锥体底,由三个面积全等棱形构成。蜂巢结构强度、刚度与柔韧度高,是最经济的形状,容积相对最大。因为相对其他几何形态组合,只有三角形、正方形与六角形排列组合没有间隔。蜂巢结构建筑空间整体重量减轻、耐压、不变形,利于隔热、保温、隔音、通风,能适应更广泛的地球与太空自然环境。上海可用蜂巢结构发展磁悬浮建筑与磁悬浮多栖城市。考虑到未来近地空间城市与太空城市发展,蜂巢结构具有更普遍的适应性。由于蜂巢结构的稳定性,在目前宇宙飞船、飞机、航天器与人造卫星上普遍采用(见表8-15)。

表 8-15　蜂巢建筑与多栖磁悬浮蜂巢城市构成分析

分类	蜂巢建筑	多栖磁悬浮蜂巢城市
结构	六角形柱体	六角形柱体外部空间与内部空间
形态	轻盈	极强环境适应力
功能	保暖、防寒、安全	安全、发展
应用	休息、学习、工作、存储、繁衍	存储、运行、组织、繁衍
特点	整体性、极简、节能	整体性、极简、无额外消耗

（2）其他仿生结构。

蚁穴结构、海绵结构、珊瑚结构、海葵结构、贝壳结构、鹦鹉螺结构、水母结构、单细胞结构、花瓣结构、叶结构、树结构、睡莲结构、葵花结构、神经网络结构、波浪结构、星云结构、星系结构等仿生结构。

8.7.1.4　发展宜居生态社区

推动社区公共空间建设。公共交通系统、社区医疗、食堂。公共资源全民共享，提供更多不同功能公共空间发展。社区提供多元公共服务、完善医疗教育。为市民提供多元化住房选择——公租房、廉租房、商品房给短租者和弱势群体。

完善社区服务配套。生态社区建设在城市森林生态环境中，规划有初级教育至高等教育的学校、幼托中心、公园、运动场、儿童游乐场、广场、剧院、艺术中心、菜场、社区医院、商店和商务服务设施、垃圾回收站等。配置公共交通提高社区生活空间品质与安全。以居民的全生命周期为基础进行空间与资源整体配置。

完善社区公共基础设施。将智能技术融入城市基础设施，以居民生活需要建立应用系统，更好进行决策，提高效率。居民按需工作，获得理想生活。发展完善城市公共基础设施，提高公共空间使用率，保持社区生态与私密性，提高社区智能与人性化，建立流畅、透明、多层次的公共交流空间。完善日常生活基础设施、轨道交通与公共交通，居民能便捷地到达城区及其他周边区域。提高文化艺术空间、商业空间与社区生活区联通度，提高社区活力、就业和生活舒适度。

建设宜居生态生活环境。上海城市生活宜居环境应实现大气与海陆生态优质，无污染河流、河口与海岸。建造多层次、结构均衡、富有美感与韵律感的森林花园城市与仿生城市空间。上海建立在河流冲积平原上，受地质沉降影响，城市基础建设、桥梁、高架道路、轨道交通、地铁、商务区、金融区不能超越自然承载力进行高密度建造，因此宜居核心是减少自然与人为灾害。城市应保留人居历史，容纳不同时期、不同结构风格的建筑与生活可能，同时发展新技术低能耗的自然生态智慧建筑。建立生态化的公共空间，以自然形成为主体，避免生硬的城市空间构造。以人的生命周期中不同阶段的生活与发展需要构筑城市宜居空间，以人的生活的平衡性、舒适度、智能化、便捷化构造社区生态。从改变单体住宅建筑开始，建立以太阳能、风能为主体的自组织可生长生态建筑，建立海面太阳能波浪生态农场、牧场与渔场，建立适于居民生活、工作与照顾家庭的生态社区圈，每一个生态圈工作与生活、休闲空间衔接有序，形成城市花园、森林、湿地、原野，兼顾制造业、服务业的商务区与生活区。生活生产区不是完全分离，而是具有多种构成可能。智能技术发展有助于实现资源和信息流动。云信息技术支持非聚集型工作与生活方式，将人从机械化工作中解放出来，进行有益认知与创造。

8.7.2　森林构成与发展

1）上海森林生态系统

根据《上海市第三次农业普查主要数据公报》（见表8-16）。

表 8-16　森林生态系统稳定性标准

顺向演替	稳定	衰退	逆向演替
多林层 有高一级植物出现 无水土流失	林层和植被不变 土壤腐殖片状流失	森林或植物生长不良、 成片状受危害 土壤表面无腐殖质	林层减少 植物种类减少成片死亡 土壤崩塌水土流失

资料来源:叶功富,洪志猛.城市森林学[M].厦门:厦门大学出版社,2006.

2016 年上海市农业耕地面积 19.08 万公顷,实际经营的林地面积 4.73 万公顷,主要木本植物有梨、悬铃木、刺槐、水杉等。2001—2020 年城市规划森林建设总面积 6 340 平方千米。据《中国林业统计年鉴(2017)》记录,2016 年上海人工造林总面积 39.41 平方千米。

2)上海森林病害发生防治情况

据 2017 年中国林业统计年鉴统计,上海森林病害发生防治面积总计 1 289 万公顷,其中轻度病害发生防治 999 万公顷,中度病害发生防治 251 万公顷,重度病害发生防治 30 万公顷。寄主对种面积 93 333 万公顷。发生率是 1.38%。防治面积 1 277 万公顷,化学药剂防治 681 万公顷,生物化学农药防治 272 万公顷,人工物理防治 35 万公顷。截至 2020 年上海完成造林 9 万亩,城市森林覆盖率 18.49%,湿地总面积 46.55 万公顷,保护率为 50.35%。新增绿地 1 202 公顷,新增立体绿化 43.1 公顷。

3)上海森林面积增长预测趋势(1994—2118)

上海森林面积发展预测(1994—2118)(见图 8-3)。

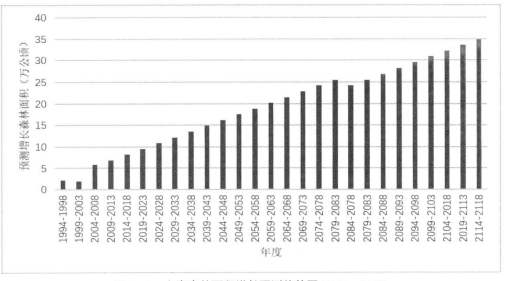

图 8-3　上海森林面积增长预测趋势图(1994—2118)

资料来源:中国林业数据库

线性二次指数平滑法的公式为：

$$S_t^{(1)} = aY_t + (1 \sim a)S_{t-1}^{(1)} \tag{1}$$

$$S_t^{(1)} = aY_t + (1 \sim a)S_{t-1}^{(1)} \tag{2}$$

其中，t 为预测超前期数。

预测结果：基于二次指数平滑模型预测上海森林面积至 2018 年为 34.85 万公顷。

建立更长时间周期城市森林生态系统规划，形成市郊大型片林、纵横林带发展规划、沿海防护林发展规划、河流及湖泊沿岸防护林发展规划、道路景观林发展规划、工业污染隔离林带规划、林木育种、林木育苗造林分期建设规划，注重森林防火与预防病虫害。上海城市发展战略指导上海城市森林建设，改进城市自然生态系统结构与功能，改善生态环境质量，保障森林稳定建设。城区和郊区同步发展森林生态系统，形成植物、动物、微生物良好栖息地。森林群落设计和树种选择遵循植被地带性原则，考虑土壤对树种影响，留给自然做功。在形成良好的森林结构后，从人工育林逐步过渡到自然恢复森林生态系统为主，人工修复系统规划森林空间为辅。森林建设应与城郊农林业产业结构调整相结合。通过重塑城市森林结构，实现涵养水源、丰富生物种类、净化大气循环、保持土壤养分。

4）实施植物"种子方舟"与"成苗护育"计划

地球上由植物形成生态系统是所有生命赖以生存的基础。因此不能仅是将植物作为标本保存起来，仅以档案的方式证明其曾经存在过，成为一种死的文献。而是要对珍稀、濒临灭绝植物进行日常化的保护，对城市中居住区日常生活环境中的植被亦需要保护，普及爱树护苗的生态意识，设立城市植被、森林与湿地保护法界定市民行为底线。实施"种子方舟"计划是建立植物种子库，保存现存所有植物的种子，以备在更长时空周期内实现植物物种保护、培育与发展。研究植物的基因、结构、特性、功能、系统与所适应环境，了解古老的植物生存智慧。"成苗护苗"计划，是对所有植物进行有益的成苗培育与种植，以保护植物物种的均衡性与丰富性。在植物种植与森林培育的过程中，维护树木的健康生存环境成为市民日常生活的一部分，建立人与植物真实的接触与深切的关联，推动植物在人居环境中的有益共生。

5）城市森林常用树林花卉植物群落配植

（1）上海城市植物群落配植（见表 8-17）。

表 8-17   上海城市植物群落配植

四季（上中下铺地）		最佳季节（造景）
银杏—平枝枸子—红花酢浆草	雪松—白玉兰—连翘—麦冬	春：雪松—白玉兰—樱花—西府海棠—紫荆—紫花地丁

（续表）

四季（上中下铺地）		最佳季节（造景）
银杏—桂花—胡颓子—石蒜	雪松—十大功劳—金银木—麦冬	春：垂柳—紫叶桃—榆叶梅—迎春—五叶地锦
龙柏—木芙蓉—麦冬	龙柏—罗汉松—地柏—红叶李	春：鹅掌楸—丁香—海洲常山—鸢尾
无患子—栀子花—百花三叶草	白皮松—银杏—珍珠梅—萱草	春：臭椿—女贞—锦带花—野蔷薇—二月兰
枇杷—八仙花—麦冬	湿地松—龙柏球—十大功劳—石蒜	春：广玉兰—栀子—腊梅—月季
欧美杨—蚊母—本特草	圆柏—国槐—紫丁香—紫罗兰—紫花苜蓿	夏：圆柏—紫叶李—紫薇—石榴—玉簪
白玉兰—结香—栀子	侧柏—栾树—大叶黄杨—铺地柏—鸢尾	夏：国槐—合欢—平枝枸子—卫矛—玉簪
白玉兰—茶花—金丝桃	池杉—胡颓子—黄花苜蓿—含笑	夏：意大利杨—栾树—小叶女贞—木槿—珍珠梅—月季—石蒜—半枝莲
喜树—月桂—小檗杨	香樟—小叶黄—含笑—红花酢浆草	秋：银杏—火炬漆—平枝枸子—阔叶—麦冬
青桐—红枫—马蹄筋	洒金扁柏—丁香—枸骨—黄刺玫—萱草	秋：水杉—湿地松—鸡爪槭—冰生溲疏—山楂—紫叶小檗—铺地柏
青桐—杜鹃—马尼拉草	慈孝竹—淡竹—凤尾竹—马蹄金	冬：黑松—柽柳—银杏—竹—三叶草
粗榧—杜仲—早园竹—早熟禾	斑竹—菲白竹—矮生竹—红花酢浆草	冬：雪松—朴树—腊梅—枸骨—铺地柏—书带草

（2）适种社区康体保健作用植物群落。

树种有圆柏、侧柏、竹柏、油松、樟子松、湿地松、乌桕、盐肤木、青杆、红豆杉、千头柏、小龙柏、沙地柏、金叶女贞、紫叶小檗、海桐、米子兰、侧柏、天竺桂、月桂、金桂、梅花、山茶、紫藤、木香、樱花、白丁香、荷花、桂花、柑橘、佛手柑、绣线菊、铃兰、柠檬草、驱蚊草、薄荷、白兰、海桐、薰衣草、月见草、水仙、茉莉、蔷薇、月季、马蹄莲、虞美人等。

（3）上海森林城市常用树林花卉（见表 8 - 18）。

表 8-18　上海森林城市常用树林花卉

类别	名称
乔木	黑松、马尾松、罗汉松、白皮松、雪松、油松、华山松、落叶松、金钱松、五针松、湿地松、火炬松、白松、赤松、红楠、樟树、冬青、蚊母、蓝桉、木麻黄、榕树、棕榈、蒲葵、柳杉、冷杉、水杉、池杉、侧柏、龙柏、瑛珞柏、桧柏、中山柏、香榧、广玉兰、白毛杨、加拿大杨、旱柳、垂柳、馒头柳、绦柳、龙爪柳、钻天杨、银杏、银柳、锥栗、梨、李、红叶李、桃、杏、樱花、檫树、悬铃木、女贞、中国槐、皂荚、合欢、大花紫薇、洋槐、凤凰木、香椿、臭椿、三角枫、七叶树、重阳木、枣、无花果、梅、桑树、枫杨、构树、榆树、朴树、椰树、珊瑚朴、鹅掌楸、枫香、杜仲、乌桕、鸡爪槭、黄连木、君迁子、梧桐、喜树、白蜡树、梓树、楸树
小乔木花灌木	火棘、黄杨、含笑、南天竹、石楠、枸骨、杜鹃、大叶黄杨、桂花、山茶、夹竹桃、茉莉、瑞香、扶桑、栀子花、李叶绣线菊、无花果、牡丹、溲疏、绣线菊、金缕梅、接骨木、石榴、安石榴、雪柳、锦带花、荚迷、丁香、木槿、连翘、枸杞、木本绣球、木芙蓉、丝棉木、紫薇、玫瑰、月季、榆叶梅、山楂、紫穗槐、紫荆、木瓜、龙爪槐、贴梗海棠、卫矛、腊梅、玉兰、木兰、麻叶绣球、六月雪、海桐、珊瑚树、一品红、米兰、红背桂、夜来香、苏铁、凤尾兰、十大功劳、翠柏、铺地柏、柽柳、胡颓子、代代花、金柑、金桔、佛手、金丝桃、探春、油茶、八角金盘、桃叶珊瑚、金边女贞、丝兰
木本攀缘类	爬山虎、三角花、凌霄、野蔷薇、中华常春藤、南蛇藤、紫藤、猕猴桃、葡萄、南五味子、五叶地锦、络石、木香、金银花、铁线莲、茑萝、牵牛花
草本花卉	半支莲、玉簪、麦冬、吉祥草、万年青、一叶兰、萱草、鸢尾、兰花、紫菫、荷包牡丹、石竹、孔雀草、紫罗兰、桂竹香、虞美人、翠菊、波斯菊、荷兰菊、百日菊、蛇目菊、金盏菊、菊花、一串红、凤仙花、雏菊、矢车菊、万寿菊、滨菊三色菫、蜀葵、美女樱、美人蕉、大丽菊、金鱼草、七里黄、羽叶甘蓝、高雪轮、芍药、飞燕草、千日红、鸡冠花、紫茉莉
竹类	刚竹、淡竹、桂竹、慈竹、紫竹、小佛肚竹、大佛肚竹、阔叶箬竹、凤尾竹、方竹、花皮竹、菲白竹
球根球茎及仙人掌类	风信子、郁金香、仙客来、晚香玉、令箭荷花、昙花、仙人掌

6）发展海滨滩涂红树森林培植与生长计划

红树海滨森林培植计划将改善上海海岸滩涂的生态环境,形成滨海生态系统,成为动植物的栖息地,保护生物多样性。红树森林在上海种植成功将对上海建成真正绿色的海滨城市起着举足轻重的作用。如果红树林能够种植成功,将实现海岸生态修复与建立形成新的生态系统,同时也可防风护岸、促淤固堤,减少海啸与风暴潮对海岸的影响。鉴于温州实现了人工引种红树林,此前复旦大学生命科学院已故钟扬教授,继续主持红树研究项目的经佐琴教授、南蓬教授与其团队,自

2007 年起已经开始引种红树,在上海临港南汇嘴观海公园建有红树林基地,引入树种有桐花树、秋茄、无瓣海桑、白骨壤、银叶树、海杧果等。红树林种植计划应该列入城市长期规划,如果红树林能持续得到资金、土地与培育环境的支持,将有益于上海未来森林建设。陈鹭真、何斌源、廖宝文等研究指出,鉴于不同红树植物对不同潮汐水位的耐受性不同,较低或中等淹水程度利于红树幼苗生长,如果红树幼苗每天淹水超过一定阈值受到胁迫将无法存活。在深水裸滩种植红树分为抬升式种植和浮岛式种植,多以局部垒高抬升种植与浮岛式海上苗圃减少红树淹水时间。沈浩等在《一种在深水裸滩种植红树林的方法》中提出了存活率高的种植方式。红树林的培育与形成森林的周期比较漫长,是艰难复杂的长期过程,从整地规格、环境营造、树种选择、苗木规格与类型、造林条件、育苗方式、混交种植比例等都需要进行科学研究,需要至少三四代以上研究与种植工作,持续森林计划期间不得以任何重大基建需要移植与砍伐红树林,以确保苗木得以持续生长,海滨森林生态系统在二百年左右初步形成。上海的城市森林计划需以百年计,或更长时间周期进行整体考虑与规划,并以法律的方式保障城市中的植被得以健康生长,避免人为损毁。

7)城郊森林建设途径

加强森林树种结构性调整,发展公益林与商品林,实现生物多样性,增加森林资源,扩大森林覆盖面,形成滨海森林、岛屿森林、田间林带、交通动线林带、社区林木、林荫道、建筑区域内外绿化林区、城市公园、湿地与绿地林区,最大范围增加城市树林面积,改善城市生态环境。加强森林与单株树木保护。恢复污染土地,实现生态补偿,加强森林管理。

8)城市森林发展法律保护

2020 年 7 月 1 日《中华人民共和国森林法》施行。法律规定"森林,包括乔木林、竹林和国家特别规定的灌木林。按照用途可分国防护林、特种用途林、用材林、经济林和能源林。林木,包括树木、竹子。林地,是县级以上人民政府规划确定的用于发展林业的土地。包括郁闭度 2.0 以上乔木林地以及竹林地、灌木林地、疏林地、采伐迹地、火烧迹、未成林造林地、苗圃地等"。相关条款规定"森林、林木、林地的所有者和使用者应当依法保护和合理利用森林、林木、林地,不得非法改变林地用途和毁坏森林、林木、林地。""林业经营者应当履行保护、培育森林资源的义务,保证国有森林资源稳定增长,提高森林生态功能。""国家加强森林资源保护,发挥森林蓄水保土、调节气候、改善环境、维护生物多样性和提供林产品等多种功能。""国家保护林地,严格控制林地转为非林地,实行占用林地总量控制,确保林地保有量不减少。各类建设项目占用林地不得超过本行政区域的占用林地总量控制指标。""占用林地的单位应当缴纳森林植被恢复费。""禁止毁林开垦、采石、采砂、采土以及其他毁坏林木和林地的行为……禁止在幼林地砍柴、毁苗、放牧……禁止破坏古树名木和珍贵树木及其生存的自然环境……加强森林防火、林业害生物防治,预防和制止破坏森林资源的行为。""通过植树造林、抚育管护、认建认养等方式参与造林绿化。""各级人民政府应当采取以自然恢复为主、自然恢复和人工修复相结合的措施,科学保护修复森林生态系统。"

重视森林生态健康发展,通过普及教育,完善立法,建立有效的林业政策与规划,科学管理经营,使森林发展越来越好。借鉴德国、芬兰、瑞典的林业立法与执法。如德国巴伐利亚州森林管理经验,通过森林法防治森林灾害、规定林业目标、保护森林与其他自然资源的适地状态。国有林服务于居民普遍福利,保持林木蓄积量、水利要求。通过其他法律如财政法、林业种子和种苗法、自然保护法、土壤法、水法及与林业相关的国际法则对城市森林进行保护发展。借鉴芬兰农林部林业司行政部门结构,建立地区森林中心、林业研究所、国有林业局。芬兰的森林所有权形式有国有林、私有林、公司林和其他所有制四种。1886年开始实施比较完备的森林法,利用一切土地造林,规定森林中土地不能变为荒地,如要砍伐一棵树(包括间苗)必须向林业管理部门申请同意才能实施,砍伐后必须重新种植,每砍一棵树需要补种四棵树。借鉴芬兰与瑞典森林教育经验,培养当地居民认知森林、爱护树木的习惯,通过推动"每个人的权利",可自由进入森林,居民对森林有着深厚的感情,实现森林可持续发展。

9)城市森林防火

林火起源有着复杂的成因,既有全球与区域气候原因,全球变暖、局部区域干旱,也有常规的引发林火火源的天然与人为因素,自然环境中产生的热源如雷电、泥炭自燃与滚石火花等。城市林地、树木、森林种植区域进行季节性森林防火期防范。24小时值守,森林检查站、消防队与护林员等时刻在岗。控制火源,强化防护,加强人们森林防火意识,做到人人有责,人人尽责。完善城市森林火灾立案与追责,普法、守法与执法。

8.7.3 上海湿地保护发展

湿地在调节气候、调节径流、调蓄水源、净化水质、维持生物多样性、蓄洪防旱、控制污染等方面有不可替代作用。需遵守《湿地公约》,增强法律约束与公共管理,律法明确,管理统一。保护上海湿地生态系统,规划湿地与河口、海岸带湿地自然保护区。

(1)湿地生态系统脆弱易变。

气候、土壤、湿地水文相互作用,是形成湿地生态系统环境主要因素,每个因素的改变都会影响生态系统发生变化,生态系统稳定性受到破坏将影响生物群落结构,改变湿地生态系统。易变性是湿地生态系统脆弱性表现形态之一,当水量减少以至干涸时,湿地生态系统演潜为陆地生态系统,当水量增加时,又演化为湿地生态系统,水文决定系统状态。

(2)保护湿地生物多样性。

湿地生态系统是海陆交汇区域淡水主要蓄积地,有助实现区域陆地、水体和大气平衡。湿地影响着小气候,湿地水分通过蒸发成为水蒸气,以降水形式降到地面,能保持当地湿度和降雨量。由于湿地是陆地与水体结合的独特生境,特殊的气候、水文和土壤提供了复杂且完备的动植物群落。湿地生态系统保持良好循环有利于保存物种,提供野生动物栖息地,也是鸟类、鱼类、两栖动物繁殖、栖息、迁徙与越冬场所。湿地水循环产生的营养物质养育了鱼虾、树林、野生动物,其中许多生物是珍稀、濒危物种。

(3)湿地蓄水功能显著。

湿地可提供水源补充地下水,调节流量,控制洪水,常常作为居民生活用水、工业生产和农业灌溉水源。溪流、河流、池塘、湖泊中的水可直接利用。沼泽森林可为浅水水井水源。湿地可为地下蓄水层补充水源,在暴雨和河流涨水期储存过量降水,由径流均匀放减弱洪水,保护湿地就是保护天然储水系统。过多抽取或排干湿地,破坏植被,淡水流量会减少,海水会大量入侵河流,会减少生活、工农业生产及生态系统淡水供应。湿地受到破坏或消失,将无法为地下蓄水层供水,地下水资源也会减少。应不过度取水或开采地下水,减少湿地污染、水土流失、泥沙淤积。

(4)上海湿地植被群系(见表 8 - 19)。

表 8 - 19　上海湿地植被群系

湿地植被型组	植被型	群系
针叶林湿地植被型组	暖性针叶林湿地植被型	落羽杉群系
		池杉群系
		水杉群系
阔叶林湿地植被型组	落叶阔叶林湿地植被型	旱柳群系
		枫杨群系
		重阳木群系
灌木湿地植被型组	盐生灌丛湿地植被型	柽柳群系
草丛湿地植被型组	莎草型湿地植被型	海三棱藨草群系
		水葱群系
		藨草群系
		糙叶薹草群系
	禾草型湿地植被型	芦苇群系
		互花米草群系
		菰群系
		芦竹群系

湿地植被型组	植被型	群系
草丛湿地植被型组	杂类草湿地植被型	水烛群系
		香蒲群系
		黄菖蒲群系
		梭鱼草群系
		再力花群系
		慈菇群系
浅水植物湿地植被型组	浮水植物型	水鳖群系
		浮萍群系
		紫萍群系
		凤眼莲群系
	浮叶植物型	莲群系
		菱群系
		喜旱莲子草群系
		欧菱群系
		睡莲群系
	沉水植物型	穗状狐尾藻群系
		竹叶眼子菜
		水盾草群系
		菹草群系
		金鱼藻群系
		黑藻群系
		篦齿眼子菜群系
		伊尔藻群系
		苦草群系
		大茨藻群系

（5）上海湿地植物配植（见表 8-20）。

表 8-20　上海湿地植物配植表

类别	类型	植物
湿生植物		棉花柳、沙柳、皂柳、小叶杨、沙地柏、白蜡树、裂叶榆、万水苏、沼生柳叶、华水苏、薄荷、习见蓼、丛生蓼、白茅、虎杖、薏苡、陌上菜、灯芯草、栾树、辽杨、蒿柳、旱柳、乌桕、木槿、水莎草、杠板归、野古草、侧柏、水杉、榆、扁蓄、小箭叶蓼、大叶章、荻、婆婆纳、豆瓣菜、木芙蓉、枫杨、盐地碱蓬、中华补血草、苔草等
水生植物	挺水植物	慈菇、泽苔草、泽泻、姜花、梭鱼草、水葱、菖蒲、石菖蒲、黄菖蒲、花菖蒲、香蒲、芦竹、芦苇、蒲苇、旱伞草、灯芯草、荷花、水生美人蕉、鸢尾、泽苔草、鸭舌草、茭白笋、芋、田字草、荸荠、水仙、水麦冬、稻、荆三棱、针蔺、水烛、伞莎草、雨久花、再力花、千屈菜、红蓼等
	浮水植物	凤眼莲、睡莲、王莲、芡实、浮萍、平蓬草、荇菜、莼菜、黄花狸藻、浮水蕨、菱、水鳖、大藻、凤眼莲、荇菜等
	沉水植物	金鱼藻、狐尾藻、水车前、丝叶眼子菜、苦草、菹草、莼菜、铜钱草、花蔺、菹草、小茨藻等

（6）缓冲自然灾害风险。

由于前期规划鼓励围垦造田耕地、渔民过度捕捞鱼，加速滩涂生态退化，导致海岸线上很多滩涂湿地永久性消失，也改变了洼地滩涂自然生态系统。发展与保护上海湿地与滩涂生态系统，增加湿地自然扩展地域，保障候鸟迁徙栖息地，建立湿地野生动物自然保护区，保障鸟类保育、存续与发展。让地与海，既保护了海岸河口生态系统与城市，又减少了自然灾难风险。保护湿地堤岸，防风、防止盐水入侵、海岸侵蚀、无序开发开垦。湿地植物根系可固定、稳定堤岸、抵御海浪、台风和风暴冲击力，保护沿海工农业生产。滩涂、沼泽、溪流等湿地向外流出的淡水限制了海水回灌，沿岸植被有助于防止潮水流入河流。

（7）清除转化毒物和杂质。

湿地是地球自净力最强的生态系统，在植物生长、促淤造陆过程中积累无机碳和有机碳，微生物活动弱，土壤吸引和释放二氧化碳缓慢，形成富含有机质湿地土壤和泥炭层起到固碳作用。湿地生态系统有供给、调节功能，能减轻侵蚀，预防自然灾害。同时还能生产氧气，改善大气质量，形成和保持土壤，净化水源，促进养分与水循环，为生物提供栖息地。

（8）具有生态价值。

湿地是天然陆生与水生动植物基因库。湿地具有基本生态价值，也为工业、农业、能源、医疗业等提供生产原料，可作为物种研究和教育基地。通过自然科学教育和研究，保护湿地生态系统，丰富湿地动植物群落，挽救珍贵的湿地濒危物种，设立生态保护红线。

8.7.4 海洋保护发展

海洋保护包括领空、领海与内水,包涵海岸、毗连区、大陆架和专属经济区。与海共生,保护海洋生态,归还海岸带湿地、滩涂。上海河口、东海海滨形成海洋与陆地相交区域保护屏障。应重视河口、近海与海洋生态变化,恢复海洋与海岸带生态生机,加强海洋立法。加大海洋科研与公共教育,设立海洋研究专项基金,发展海洋基础科学研究,建立海洋方向院校与研究所,普及海洋知识。预测与预警海洋气候与地质灾害,防范台风与风暴潮。发展海洋新能源和海陆循环经济(见表8-21)。

表8-21 海洋功能区划分类体系

大类	子类	亚类	种类
发展利用区	空间资源开发区	港口区	
		海上航运区	航道
			锚地
		旅游区	
		农、林、牧区	农业区
			林业区
			畜牧区
		工业和城镇建设区	
		核能利用区	
	矿产资源开发利用区	油气区	
		固体矿产区	金属矿区
			非金属矿区
	生物资源开发利用区	海水养殖区	滩涂养殖区
		海洋捕捞区	浅海养殖区
	化学资源开发利用区	盐田区	
		地下卤水区	
	海洋能和风能开发利用区	海洋能区	
		风能区	
	海上工程利用区	海上工程建设区	
		海底管线区	

（续表）

大类	子类	亚类	种类
整治利用区	资源恢复保护区	增殖区	
		禁渔区	
		地下水禁采和限采区	
	环境治理保护区	防护林带	
		污染防治区	
	防灾区	海岸防侵区	
		防风暴区	
		防海冰区	
海洋保护区	海洋自然保护区	生态系统自然保护区	红树林生态系统自然保护区
			珊瑚生态系统自然保护区
			湿地与沼泽地生态系统自然保护区
			汇聚流生态系统自然保护区
		珍惜与濒危生物自然保护区	珍稀与濒危动物自然保护区
		历史遗迹自然保护区	自然历史遗迹保护区
		历史遗迹自然保护区	人类活动历史遗迹保护区
	海洋特殊保护区	典型海洋景观自然保护区	
特殊功能区	科学研究试验区		
	军事区		
	倾废区		
	排污区		
	泄洪区		
保留区	预留区		
	功能特定区		

资料来源:海洋功能区划技术导则[S]. GB/T 17108—2006.

　　沿海滩涂是近海生态系统主要组成部分,区划指标是滩涂管理工具(见表 8 - 22)。

表 8-22   沿海滩涂功能区划指标体系

综合指标	评价指标
滩涂面积	滩涂现有面积保有量
	滩涂淤涨(侵蚀)速度
	滩涂侵占速度
滩涂地质	泥滩
	沙滩
	岩滩
滩涂生物多样性	滩涂生物显示度
	滩涂生物种类
	滩涂生物珍贵度
滩涂生态及气候调控	滩涂生态在大生态系统中的地位与作用
	滩涂生态系统稳定性
	滩涂气候调控能力

资料来源：王刚.生态文明建设中的沿海滩涂使用与补偿制度研究[M].北京：中国社会科学出版社,2017.

8.7.5   优化城市自然生态系统管理

上海自然生态系统管理亦遵循生态优先原则,包括维持、改善与风险规避。对自然生态元素、结构、功能、过程及生命维持、生物构成建立保护区与保护红线。对气候、陆地、海洋生态系统进行研究、监测、保护、修复、补偿,预警与预防自然灾难风险。改善大气成分,积极改变温室效应、酸雨、臭氧层破坏、大气污染。保护与修复地表水系,调节水量空间时间分布对蒸发、输送、降水、径流的影响,改善水循环。改变城市下垫面,让雨水能顺利通过植被与土壤过滤,进入水循环系统,减少水体污染与改良土壤侵蚀。减少湿地、林地、河流、生物生态系统破坏与损伤,减少农田土壤退化、物种灭绝、避免基因改变,提高生物多样性。将环境科学生态补偿运用到自然生态系统管理上,使自然生态系统的核心环境要素如土地、土壤、河流、湖泊、海洋、动植物等在受到干扰与损伤时,以自然修复为主,人工修复为辅,使自然生态系统有足够的复原期,减少人为干扰造成持续损害,包括还原和功能修复。

8.7.6   建立自然保护区与海洋保护区

上海国家级自然保护区有崇明东滩鸟类自然保护区和九段沙湿地自然保护区,主要保护沼生植被、底栖动物、亚太区迁徙候鸟越冬区域与湿地环境。

上海金山三岛海洋生态自然保护区包括大金山、小金山和浮山,总面积 45 公顷,核心区是大金山北部面积 9.4 公顷区域。主要保护对象是中亚热带自然植被树种。包括落叶阔叶与常绿阔叶混交林、土壤、野生动植物等。

8.8　上海智慧生态城市社会管理

8.8.1　完善制度与法制建设

（1）完善制度建设。

提高管理科学化、规范化、法治化水平，依法维护国家安全和社会公共利益。依据宪法与法律，按照平等民主原则，由市民共同治理城市，完善城市管理和制定保障制度。

（2）完善法制建设。

在宪法框架下完善立法、严格执法、大力普法，实现法治民主发展，健全法律体系，通过法定程序制定和执行法律法规，确保城市依法管理，形成法律秩序。管理符合程序法，奉行程序优先、城市规划优先、城市发展战略优先原则，建立社会法律援助体系。

8.8.2　福利与保障

（1）完善福利制度。

遵循社会福利普遍享有原则，所有市民平等享受医疗、教育、收入保障、住房等社会基本福利，具有政府负担、全民性、广泛性、平等性和普遍性。完善社会福利保障制度管理，增加市民福祉。建立城市最低生活保障制度、社会保险制度、社会福利制度、优抚安置制度、灾害救助制度和社会互助制度。

（2）完善全民社会保障体制。

建立居民全生命周期社会保障体制，为居民提供基本的生存、教育、医疗、失业、抚幼、养老、住房、健康、工伤、家庭保障、社会救助，以及完善社会赡养与赔偿制度、国际社会保障等。社会保障体制法治化需要建立在经济基础与制度保障上，实现充分就业。居民个人通过劳动促进社会发展，社会亦需对居民生命周期不同阶段予以保护，保障义务教育与公共医疗，建立完善的社会福利及扶助机制。社会保障体系既是社会福利托底制度也是风险保障制度，如社会救济、社会保险、社会补偿等，帮助人们面对意外灾害、病患、失业、贫困、病残等问题，实现助学、再就业、扶贫、助残，有效帮助居民在日常之时防范风险、在艰困之时抵御生存风险，居民在遇到职业瓶颈与生活困顿时，能有尊严地获得社会公共渠道的规范帮助。在改善状况后能以合法的渠道回馈社会、帮助他人，形成良性的社会互助循环模式。对弱势群体进行常规化社会救助和支持。国家与地方社会政策的制定要有利于推动平等的社保制度的建立和发展，减少区域差异。上海社会保障政策可借鉴德国与北欧国家模式，以自助为基础，在公共资源分配领域以全民同意的政府干预和国家管理为核心，建立平衡、平等制度，通过社会财富再分配降低社会贫富差距、实现收入平等。扶助居民成长、获得安定生活的能力，按意愿与特长选择就业纳税，享有社会公共福利,并以社会保险形成风险预防补充。帮助居民实现独立、进取和自立、自助、互助。社会保障水平受区域经济发展、产业结构、劳动力成本、分配方式、家庭结构影响。良好的社会运作系统保障社会经济与人均收入发展,增加社会公共资源供应能力。上海目前实行积极的劳动力市场政策,高税收和雇主缴费是福利制度赖以存在的基础,居民需要承担社会责任和公众服务,建立平等、互助、公正、效率社会。

(3)以生命周期为基础建立城市民生支持体系。

建立生命全周期社会保障系统。居民共同参与,城市公共服务及时与公正。实现对于每一个人的教育支持与知识共享,尊重居民认知权、生命发展选择权,实现每一个人有尊严地符合个人特质的全面发展,改变目前机械化生活与生产形式,形成更有活力与生命力的生活方式与选择可能。每一个人能更好地根据自身环境与节奏,均衡学习、工作和生活时间,在发展自身的同时,能保障家庭中儿童、伴侣与老人都得到及时照顾与陪伴,家庭关系融洽,情感与心理健康,生命舒展,社会和谐。

8.8.3　医疗与卫生

(1)建立城市公共卫生管理机制。

建立健全覆盖全体居民的基本医疗卫生制度,加强城市公共医疗卫生服务、医疗与药品供应保障体系建设。形成城市公共卫生规划、评价、修正与法律支持。完善医事、卫生防疫、药政、妇幼卫生管理。通过卫生监督,对药品生产使用、饮食和各环境要素进行有效监控。规范城市公共卫生机构运行机制,规范由政府主导的多元公共卫生投入机制,建立严格有效的城市公共卫生监管体制、可持续发展城市公共卫生创新机制和人才保障机制,健全具有公信力的城市公共卫生信息体系与公共卫生法律制度。

(2)发展城市公共卫生医疗服务系统。

建立医疗公共服务体系,完善医疗服务体系,推动临床重点专科科研发展,建设国际、国家与城市区域医学中心,培养与引入医学人才。推动智能医疗、公共医疗信息平台与智库建设,共享医疗知识与资源。设立重大疾病防疫常备安全区域,设立危急时刻可启动的社区公共医疗空间,实施重大灾难后市民心理康复治疗。保障城市居民健康,包括城市区域内个人和群体的生活、生产及环境卫生。城市公共卫生管理加强对传染疾病的预防和治疗,不断改善人们生活环境和工作环境。

(3)建立卫生与防疫共享信息平台与重大传染病防疫紧急处理系统。

建立全市居民可获得的公开、准确、全面、安全的医学卫生知识信息渠道,提高自处理能力。以预防为主、结合中西医,形成广泛深入的卫生观念和健康意识。通过常备与紧急卫生防疫系统相结合,进行传染病、流行病和地方病的防治,保障城市居民的身体健康。

8.8.4　教育与文化

(1)建立城市知识共享资源系统。

实现知识与科研成果共享。知识与信息的共享是上海智慧生态城市发展的基石,建立学习、创新、智慧城市。打破知识壁垒,与高校共同搭建公共知识与学术资源共享平台,让知识无界流动,扩展世界人文科学应用、科学前沿学术成果社会普及率,建立多形式、多层次知识共享平台。图书馆、博物馆、美术馆、科技馆、天文馆免费开放,启智益民。形成人类知识库,实现教育公正,居民均能获得平等认知,实现生命健康发展。

(2)注重居民多元教育与终生学习。

全体居民享有终生认知权与免费受教育权、发展权。建立居民教育与学习通道。自主选择,因材施教,有教无类,格物致知。建立多层次通识、专科、职业教育体系。建立学习型社会,发展创新学习之城。提升城市整体认知力、创造力。设立高校产学研一体化发展专项基金,推动综合与交叉学科科研发展。支持学—研—产—用系统发展,推动有益的科技与艺术成果进行生活、生产转化,服务社会与居民。目前上海教育发展包括义务教育制度、学校教育制度、终生职业教育和成人教育制度、资质获取与评审制度、教育督导和教育评估制度。

(3)发展科学、人文、艺术与法律。

艺术与科学是探索世界的不同方式,上海智慧生态城市需实施科学与艺术创新,教育与文化兴市。促进科技、人文与艺术同步发展,以人为本,实现对城市居民的尊重、发展、支持与救助,形成自主、自信、自强和自治之城。尊重生命、独立思考、自主创新与学术自由。上海是一个科学与人文城市,制定并实施城市教科文、医卫体、艺术发展计划。

(4)保护城市人文历史遗迹,创造城市文化。

城市文化反映社会演变,有六千年历史的崧泽文化是上海文化之源,上承马家浜文化下接余杭良渚文化。上海传统文化包括吴越文明、江南文化与海派文化的延承。妥善保护上海历史建筑,传承沪剧、越剧、昆剧、京剧等传统艺术,发展崇明、金山、青浦、奉贤乡土文化。延承中国文化经典与精髓。延承中国古代艺术范式,古城、古建营造范式,传统家具、饮食、饮茶、种花、刺绣、制衣、手作等生活方式。发展中华武术与运动,强健市民体格与意志,在生活中保留传统文化的精粹,锻造城市精神与人文品格。融汇世界文明与艺术,促进全球文化交流。"海纳百川"是上海的城市精神与世界意识,上海亦需以全球视野、本土精神,尊重生命个体特质与思想创作,推动艺术、文化、艺术、社会交流。

8.8.5　金融与经济

(1)发展绿色金融。

上海智慧生态城市金融发展以绿色金融为主,支持环境改善,推动资源节约,高效利用产业投入与经济结构重塑,对节能环保、清洁能源、绿色建筑和绿色交通等领域加大投资比例,管控项目运营风险。支持环境改善,高效利用循环资源,发展绿色项目。发展绿色债券、信贷、基金。绿色金融通过资金投入引导资源从高能耗产业转向理念与技术先进计划,促进环境保护及治理。

(2)发展海陆超循环经济。

发展超循环经济,推动科学技术应用、产业结构优化和区域协调发展。注重清洁生产,注重生产、流通、消费全过程中物质循环与能量流动,生产过程零污染。保护海洋生态环境,科学利用海洋资源,促进海洋循环经济发展。陆海空联动统筹,构建海陆空经济循环系统。从以商业为中心向生命、生活、生态协调转变。建设生态社区和绿色消费,全面实行垃圾分类循环利用、再生资源回收,建设资源节约循环型社会。推广生活、农业和工业用水节水,实现水资源多重循环利用。分质供水,再生水循环利用于城市林地、河流补给。

(3)改变地租依赖。

改变依靠土地增值的土地资本化城市发展模式。城市经济发展以保护自然生态发展、区域生态安全及城市社会经济可持续发展为目标,提升生态完整与连续,实现人居环境与经济社会发展生态保障。要以创新为城市动力,改变以土地经济价值最大化、土地资本化为城市发展动力的现状。发展绿色金融、循环经济、生态农业,智慧认知世界,创造城市未来。

8.8.6　能源与产业

(1)完善能源结构与标准。

开发绿色清洁能源,增加城市绿色清洁能源使用量,建立与完善城市公共绿色能源供给系统与绿色清洁能源安全保障措施。监测能源排放情况,推进新能源交通工具产业与人居空间发展。积极推广能源新技术,提高传统能源使用效率。发展太阳能、海上风能、潮汐能等清洁能源。在保护生态系统基础上推进风电、光伏发电应用。

(2)建立更有效的城市资源利用模式。

上海智慧城市管理需建立扁平化结构,通过智能信息系统搭建,实现点对点需求与供给匹配,减少盲目生产造成的浪费,实现资源优化配置,有效提升资源产出效率。城市资源广泛共享、合理利用,公共信息开放共享,提高资源使用率。实行自然生态补偿机制,促进生态保护、安全预防、资源节约型社会建立。

(3)调整绿色产业结构,建设绿色经济体系。

绿色经济是上海智慧生态城市发展的核心动力,在自然生态均衡的基础上推动绿色产业结构调整。发展多元绿色智慧产业——生态农业、工业、服务业、创新产业,同时保留传统农业、畜牧业、林业、手工业中有益部分。通过提升能源结构推进无污染循环经济发展,无害可回收分解固废垃圾。保留传统无害三产方式,发展多元复合式产业与经济,如"蓄—沼—果""菜—粮—桑—林",实现多元化、多产业健康结构搭建。发展新能源、新材料等循环产业体系。生态农业与传统农业相结合,发展无土栽培,防治害虫,发展良种选育繁殖,降低化学农药使用,减少污染,保障农业生态环境安全,实现农业生产系统良性循环。建立生态工业系统、高新技术生态工业体系。降低单位能耗,提高资源循环利用,节能减排实现经济和生态发展。发展海洋与陆地循环产业提高周转率。按产品全生命周期进行绿色生产与回收,减少浪费增加对环境的压力。改进生产技术,产品与自然环境纳入生态系统管理。

(4)完善城市生态能源环境系统。

在一定的时空范围内,生态系统中各种生物及生物群落通过能量转换和物质循环相互作用构成一个统一整体。城市居民需要从自然中获得原料转化成食物、能源与生活物品。因此需要以建立一个具有适度尺度、生态平衡、进化型"资源能源—适度制造—合理应用—无害分解—再生循环"的物用系统。生态能源系统的建立将减少自然资源压力,以太阳能、风能、潮汐能等使用作为天然气、煤气、石油补充。以无害制造分解模式保障空气、水、土壤、食物安全,提高城市自然生态系统免疫力,提高植被健康存活率。建立新型产业结构,形成多产业生态系统,以全产业周期建立资源、能源与废弃物无害可分解处理模式。综合生态环境系统管理、监测与决策系统包括建立环境信息中心、水环境与空气质量、土壤污染与修复、污染源综合监控、综合环境监察、环境预警应急管理、环境移动执法调度、智慧环保系统、非法排污实时监测预警解决方案等。

第 9 章　总结与展望

9.1　结论

　　上海智慧生态城市发展需要对人与自然有更深的理解与尊重，以生态伦理为基点，符合自然规律，有节制地取用资源，有尺度地发展城市空间，形成自然生态平衡、社会公正、资源循环利用、生态经济良性增长、居民幸福指数高的生态城市。以地球系统科学为依托，建立自然生态层次丰富、公共空间设计合理、社会环境和谐、健康安全、生活美好的城市。

　　本书以地球系统科学与管理学原理为基础，结合世界各国智慧或生态城市发展实践，对城市自然生态系统构成、社会构成现况、城市智慧发展进行分析研究。本书提出：一是改变范式，改变以往的意识形态、价值取向与行为路径，重新确立自然与生命不可替代，在生态哲学的基础上，重视生态伦理，规范人类行为底线。二是改变逻辑方向，形成整体性、系统性的结构支撑。以符合地球自然生态平衡、生物多样性为目标，人与人类社会回归到生态秩序中的基础位置，并以此为原点，重新建立与自然的关系，重新建立城市与乡村的规模与尺度，改善人口总量所需资源匹配与自然承载力。建立与自然规律、生命规律、人类特征尺度相符的城市与乡村空间。尊重自然的构成，在人文精神、人道主义、科学发展的基础上发展城市。三是改变目标，从"物耗消费型社会"到"充满创造力、富有生机的社会"，从"两极分化的社会"到"公平、平衡、幸福感高的社会"。即不以资源占用、欲望满足、商业消费、资本积累为社会发展的最高目标，而是以启智、尊重、协同、均衡、公平为原则，建立社会规划规范，完善法律机制，以提高人们的尊严感、归属感、安全感和幸福感为社会发展基本目标。还原人与城市在自然中的位置，以人的生命周期与发展潜力为方向，从自然中合理有度地获取资源，保护生物多样性与自然环境。四是改变规则，走自然与人共存的可持续发展道路。建立健全社会运作机制和社会福利型保障机制，改进产业结构与技术标准，改进取用自然资源的程序与开发进度，完善法律体系，约束人的不良行为。五是改变效率。改善产业结构、发展生态产业、生态经济、生态能源与绿色金融。六是形成生态文明。以生态哲学为基础、实现生态伦理价值取向,发展地球科学、生态人文、生态教育、生命科学,建设生态社会、生态人居,实现人类与自然中所有生灵的可持续发展。

在认知自然环境与生命的脆弱性及资源、能源、物种存在条件有限的基础上,重新定义"智慧生态城市发展是基于生态伦理、自然规律、地球生态系统与人的生命周期特点,构建城市生态系统与可持续发展模式。尊重自然、生命与社会系统极限"。

9.1.1　理论基础

城市是地球表层一种开放复杂系统。智慧生态城市发展,是在基于城市自然生态系统构成的基础上,运用地球系统科学与管理学原理,结合自然科学与社会科学,进行智慧生态城市构造与管理,从地球生物圈与生命构成中寻求规律与共性。智慧生态城市发展依据地球系统科学与管理学原理的研究方法具有普遍意义。城市公共管理需要自然科学与社会科学并重,需要以自然科学与社会科学相结合进行综合科学、人文研究与发展。需要从理论和应用层次进行整体管理机制设计与运营实施,最终实现慧民、益民、助民。

9.1.2　实践方向

建立上海智慧生态城市,要建立与自然相融的滨海森林湿地城市,具有智能化、信息化、生态化的特点,实现人居多样性,增加社会关联性与流动性,增加城市亲和力与宜居性,实现城市居民健康发展。要将地球系统科学与生态学研究视角运用于城市发展与管理,进行自然与社会科学综合研究,有效改进研究方法与实现路径。地球空间秩序的发现是近代科学的基础,地球系统科学研究将科学带入生态哲学与文明时代。要建立时间与空间坐标,运用地理、历史、生态、人文相结合的方式,在基于大气动力系统、地质构成、地理遥感测绘信息系统的基础上,重新认知上海城市的生态与空间环境,发扬人文精神,建立人与自然合度关系,推动社会与城市发展,归复生命尊严。智慧生态城市将创建一个公正、温暖的城市,最终实现每一个居民健康发展,人类与自然可持续发展,保护生物多样性与社会均衡发展,实现艺术与科学相融共生。

9.1.3　构成结构与运作机制

生态系统是一个由生物物体相互作用形成的有机整体。城市构造方式遵循系统生态学原理,遵循自然规律发展,城市建设需要在自然生态系统基础上,遵循生态学原理和地球系统科学原理,对上海智慧生态城市发展空间构造与运作机制进行研究。建立更广泛而紧密的联系,完善人居系统基础结构及整体构成。城市生态系统有许多远离热力学平衡的可能性,并且系统会选择使其离平衡状态最远的那条途径。生态系统具有层级结构,每一个层级都具有高度的多样性与应对变化的缓冲。生态系统具有缓冲容量,使其不易被外界强制因素彻底改变。生态系统中各个部分组成有序结构,形成循环和反馈调节。

9.2　贡献

　　本书创造了"十生有间"——与自然共生平衡的智慧生态人居的研究,研究的基本方法是"从定性到定量的综合集成法",提出从历史地理时空尺度、自然生态系统构成尺度、人类生命尺度进行综合思考。通过对自然环境结构、城市空间结构、人口结构、社会结构、土地利用形态进行分析,建议以生态形式,发展太阳能波浪生态建筑应用、滨海湿地森林城市建设,构造更有人性、人道主义、人文精神的智慧生态城市。建设森林湿地城市,建设城市森林、生态社区、公共空间与绿色道路。

　　1)提出"智慧生态城市"概念与方法论

　　鉴于以往研究偏重于生态城市或智能城市发展,本书提出基于自然、生命、人文与科学相结合的"智慧生态城市"发展。一是重新梳理了理论基础与研究逻辑,二是以上海市为例进行城市中自然—人居—人地系统的智慧生态发展管理与机制研究。以地球系统科学原理为基础,结合生态学和管理学原理进行智慧生态城市研究。分析自然环境、人居地学环境、人地系统与社会构成,提出城市需要遵循自然规律与自然融合,保留人文精神与人类文明,科学发展。在认知自然环境与生命的脆弱性,资源、能源、物种存在条件"有限"的基础上,重新界定"智慧生态城市"的发展前提,提出基于生态学、生态伦理价值观、自然秩序、物种的生命周期、人的生命周期需要与归属感,构造有度的城市空间与公正的社会秩序,为居民实现与自然和谐发展创造条件。建议上海建设滨海森林湿地型智慧生态城市,发展绿色能源、产业和生活方式,建设生态建筑,保护与发展森林、湿地城市空间。建立生态化、生命化、整体化的研究路径,推动自然生态城市智慧可持续发展。重新审视人地关系,根据环境承载力判断城市与居民的生态安全,发展可能,重新认知与自然协调发展的民居形式与古城遗址,延承、保护与发展历史文明。上海智慧生态城市的发展研究,是对人类、人居形态与自然关系的探讨,了解世界,才能合理有度地建立人与自然、人与人、人与万物、人与自身的关系,才能解决城市空间、人居形态、社会、产业、能源结构等根本性问题。重新定义"上海智慧生态城市",通过上海智慧生态城市时空背景、城市结构分析,解决原有问题,完善上海智慧生态城市发展机制与加强城市生态系统发展。本书通过将智慧城市与生态城市结合形成智慧生态城市发展,以生态为基础,按照地球系统科学与管理学原理进行城市价值重建与城市空间规划设计,运用科学与信息技术,建立健康、合度、和谐、可持续发展的宜居环境,实现自然、生命、社会和谐共存。

　　2)提出整体大于局部的城市发展观

　　整体大于部分之和是地球系统科学的核心观点,分析自然生态系统对城市的影响、人居地学环境与人地系统现状,指出人居与人地系统依存于地球自然生态环境之中的客观事实。针对上海智慧生态城市发展提出以下观点,一是,建立智慧生态城市发展的时空观,从时间与空间两个维度,重新建立城市发展定位。以地球环境系统、生态文明、全球人口、全球智慧与生态城市发展实践为参照,以中国自然环境结构、地质构成特点与人口增长趋势为基础,建立上海智慧生态城市发展的研究背景。二是,构建智慧生态城市中自然—生命—人居—人地系统发展平衡机制。通过多层次结构研究,建议上海结合城市生态空间规划与城市运行机制,分层次进行智慧生态城市建设。空间结构需要在自然生态系统承载能力范围内,结合人的生命节律,以人为本、调整人口结构,进行自然生态环境结构重建,实现更富人性的城市空间规划与建筑设计,重构产业结构、能源结构、资源结构。三是,建立智慧生态城市发展的生态伦理基础,实现智慧生态城市精神、情感与灵魂塑造,实现人文精神的保留、人类文明延承与人类智慧的传递发展。通过完善法制,保障城市安全,实现居民认知、发展的平等、公正,城市为居民自立、自理、自治发展。

3)提出形成"十生有间"的自然—生命—人居—人地系统共生发展思想

通过上海智慧生态城市建设方向与路径的研究与思考,形成"十生""有间"的社会共生发展思想,应用于智慧城市构成、规划设计、管理发展。"十生"是指建立富有生命、生灵、生物、生态、生存、生长、生活、生产、生机、生趣的人居体系,以及与自然系统相融的人类社会。注重居民教育与终生学习,知识共享,延承文明,促进公共认知、公共治理与公共秩序,发展创新科技、艺术人文,提高城市创新能力。让城市从消耗资源到生产资源,实现海陆空全域平衡发展。发展更有柔韧性、生命力、健康与公正的城市自然人居体系。保留荒野式自然区域,减少人工干预,留给城市乡村充分自然发展空间。城市发展以自然和生命为尺度,从自然中来、与自然共生、无害重归自然,实现智慧生态文明发展。

4)提出完善城市自然生态系统管理,加强环境承载力与自然灾害风险预警

通过对上海空域、陆域与海域自然生态系统的气象、地质、地貌、水文、生物、潮汐、海岸带进行分析,提出上海智慧生态城市自然生态系统管理包括监测、保护、修复与补偿,加强资源环境承载力与自然灾害风险预警。

5)提出完善社会结构与管理

从城市空间、人口、社会结构方面进行上海智慧生态城市构建与社会管理,发展生态建筑、生态社区、智慧生态城市信息系统调控。通过对上海人口数量及发展趋势(1950—2030)、人口结构老龄化趋势、生育情况分析,提出上海智慧生态城市社会结构与管理,包括法律制度、福利保障、医疗卫生、教育文化、金融经济、能源产业。

6)智慧生态城市发展方向:推动城市生态平衡与社会均衡可持续发展

本书的研究结论:上海智慧生态城市发展方向是推动城市生态平衡与社会均衡可持续发展,遵循自然规律、尊重生命权益、保护自然系统的整体均衡、建构健康公正的智慧生态城市。上海智慧生态城市是实现保存与发展城市自然生态系统,

实现安全、适宜的社会环境，保护生物多样性，建设公正、健康、包容、富有生机的社会，以构建人与自然平衡的滨海森林湿地城市为城市健康发展战略，形成富有人文精神、生命关怀、人道主义的城市精神。建立健全社会机制与法律，发展共生、公正、平衡、和谐的城市。

　　7）研究具有一定的学术与社会意义

　　研究意义。本书智慧生态城市发展研究具有整体性与深入性，有一定的学术与社会意义。本书提出城市人地体系发展需要基于地球自然构成与运动规律、生物生命节律、人的完整生命周期中身心灵智发展与归属感，遵循自然规律与生态伦理，构造尺度合宜的城市空间与公正的社会秩序。认知自然，思考多元化人居形式，保护不同环境下形成的生态人居体系，延承智慧与保护文明。建设滨海森林湿地城市，发展绿色能源、产业和生活方式，建立生态化、生命化、可持续发展路径，最终实现人与自然和谐发展。

　　一是重新界定了智慧生态城市发展研究的边界尺度，以宇宙基本结构、地球生态系统整体循环和人类文明为参照。二是推动上海城市发展中问题的解决，如人口结构与生态承载，交通拥堵，信息技术应用风险。上海环境现状与生态风险，如空气质量下降，台风与风暴潮，地质沉降，水质污染，植被缺乏。三是改善城市发展条件，避免技术落后、粗放式发展引起城市社会和环境失衡。建议上海形成帮助居民发展，保障自然资源，改善经济运转效率，尊重当地文化的多元化城市生态构成。智慧不仅是指信息技术的应用与发展，更是指人类的心灵、社会文化与文明可持续发展。在自然资源承载力基础上，完善城市整体的生态机制，提升居民幸福指数，推动智慧型生态城市发展。四是展望未来生态建筑与智慧生态城市发展，向自然学习形成不同环境多种形态。五是本书撰写初期做了大量定性研究，随着研究资料的收集扩展，观察到生态系统存在动态博弈状态——即动态中人们选择的决策点很重要，得出新的研究方法，即城市发展需要考虑自然的整体性，结合线性与非线性决策及策略，尊重真实世界，融合拟自然形态的分形、迭代与混沌形态。城市发展要保留充分的留白空间与纠错可能，提出"融合"与"有间"相结合的共生发展思路，建立一个健康自然生长的人地系统，回归到自然中去建立联系。

9.3　不足

　　人地系统能否在动态中形成持续的均衡？均衡是不是一种动态的自组织结果？均衡模型设立存在哪些局限性？是否能形成一个包含所有变量的动态模型？在智慧生态城市发展中的分形与迭代究竟如何进行？定量与定性研究的局限性，是否可避免机械化的思维，怎样的方法才与真实世界相关联？大量的问题并没有答案。

　　由于城市生态系统是开放、循环、变化的系统，因精力有限，未能在流域、水气影响、生物生境、生态系统充分展开,希望今后能有时间了解与研究。需更深入地思考智慧生态城市运行的内生动力、研究智慧生态城市的自然生态保护立法与机制。需要提升认知范围,需要深入学习与研究结构相关的综合学科物理学、宇宙学、生命科学、地球系统科学、生态学、生物学、海洋学、法学等。了解宇宙结构与运动规律、地球自然生态体系结构与运动规律,宇宙、大气与海洋中的涡旋现象、海岸带近海涡旋与湍流、国际海洋立法等。

9.4　讨论

　　智慧生态城市应涵盖人类发展史上与自然和谐共存的人居形式,包涵与创造一切更优自然与人居形态。未来智慧生态城市自然体系与社会体系将有无限可能。城市是人类文明发展到一定历史阶段所形成的人居形式,反映出城市的文明程度。智慧生态城市是人类物质与精神文明的集中体现。

　　通过建立有间、合度的城市,形成更多与自然共生的人类居住形态。因此上海智慧生态城市发展立足于"有间"的思考,基于流动性、可塑造性、柔韧性、融通性的城市与自然万物之间的关联与可能。"有间"是指在生命与事物自身的存在状态与外部建立一定的时空联系。事物之间存在可自调节的空间、处于中间状态、自然形态、可转换的平衡。同时,由于"间"也是物与建筑最小单位,那么"有间"也指在最小的空间时间构成单位中,能够实现一定的连接、流动、转换、自生长与平衡。因此不论构成大小,在一定时空中,都有其规律与转化的可能,可形成一定状态的平衡,直至平衡被打破,又再次建立平衡,变化迭代。接纳城市与自然生态系统的不平衡状态,且具有形成中间状态—平衡状态的能力,蕴含层次丰富的中间状态。"间"也指时间,因而"有间"也是指需要给予人类以时间,去了解与理解自然,找到与之相应的最佳方式,存在与发展。社会良性发展亦需要自然和城市以足够的时间与空间,让其得以存在与发展。为自然与人类栖息地之间留有余地,留有足够的缓冲的时间与空间,以应对变化与不确定性的诸多因素。社会发展的表现方式不是以往倡导的急速前进与唯经济化,以快速地消耗资源进行更为庞大的城市建筑空间扩展,而是需要以全面、整体、系统、郑重、充满灵活性、可变化、更为长期的规划,进行人类、社会及城市发展方向的思考与判断,寻找并建立更合适人类、自然、社会形态与城市的发展道路。但这条路取决于人的自律,而非对资源无止境的占有。同时要以整体的认知,改变原有的发展逻辑与路径依赖。人类社会进程中的文明与否的界定,并不是以货币资源占据多少为基础,而应该是基于认知,建立良好关系。

　　通过上海智慧生态城市发展研究,需要合理有度地建立人与自然万物的关系,才能解决城市空间、社会、产业、能源结构等根本性问题。人类的智慧,扩展了人类能与自然相处、顽强生存下来的维度。"间"另一层释意为"间隔""不连接",上海城市智慧生态发展,需要城市与自然环境连接并形成优质的城市森林及居住空间,但也必然为一些野生动物自然生态区域设立不可打破的边界红线,建立"不能连接"的律令。在城市内部,需要城市与自然的充分连接、融合、补给和共生,给予城市中的居民安全、给养,给予自然中的植被、动物以足够的生存空间。脆弱的自然生态环境需要人类不打扰到其他物种生存和繁衍,需要人类与自然存续的独立空间。因此"有间"也指不可逾越规则与自然生态界线。

上海智慧生态城市空间规划需要自调节能力与自生长空间,保留一定的非功能化自然空间,给人工空间功能转化与再生留下余地。不再以功能化为城市建设与整体规划的目标,不再以单一的功能化的建筑空间为主要空间形态。而是以人、空间与自然整体构成和谐、可持续、适宜、生长为根本。从单一功能指向、分明的界线、硬朗的结构,进阶为以更为柔和、有弹性、有一定舒适度、缓冲性、有自然参与进来的空间与结构。在城市更新中将单一功能空间更新为多功能空间,形成高使用率、适宜性、灵活性,减少用地开发形成的生态破坏。城市不能是消灭了自然、河流、森林与生物的钢筋丛林。"有间"的韧性智慧生态城市,是适合人与自然共生的城市,更是富有生命力的社会联接、关系融洽的城市。自然与城市是相融、转化、流动、互相渗透的,城市建筑材料可完全降解回归自然。"有间"是一种全新的空间关系,与自然相融的一种建筑空间形态。2021年夏季全球山火频发。土耳其、西班牙、希腊、阿尔及利亚、克罗地亚、美国、加拿大、俄罗斯山火不断蔓延。气候变化对人居的影响深远,气候又是如何变化的? 从局部到全球,其间整体影响的根本原因是什么? 如果发展城市森林与森林城市,人居与树林更紧密地构建在一起,预防森林火灾与有间发展将非常重要。"有间"又以什么距离合适呢? 很多变化与判断,需要以地球系统构成的时空尺度来判断,相对地球46亿年的演变,可以看到适应人类存在的时间段是非常短的。在历史与地理的轴线中去观察,尽量扩展观察的时空尺度,人类回归到自然中的正常位置有度发展,或许才是最佳选择。

9.5　展望

9.5.1　研究方法的改进

本书研究采用案例分析法与数据分析研究方法。未来需要运用更系统、科学的研究方法,对智慧生态城市生态与社会系统更优结构与运行动力机制进行更深入研究。

1)案例分析法

需要在全球范围以时间顺序或空间顺序进行更深入的比较分析研究。

2)数据分析法

本书采用卫星遥感地理测绘数据,对上海土地利用情况进行时空变化趋势分析。研究方法还需要改进与发展。需要针对上海自然生态系统中不同构成因素的变化趋势与规律进行科学、系统的记录以及比较与研究。结合遥感地质测绘、地球深部勘探、物探、气候数据研究、海域研究、陆域研究,进行上海陆海空一体自然生态环境与社会系统分析。

9.5.2 研究内容的延伸

上海智慧生态城市发展包含城市公共安全、金融贸易、交通、生产、环境、公共卫生等多个领域,应使社会资源更有效地组织运用,形成公正、自治的城市,居民健康地生活,建设成为可持续、动态、公平的社会。动态的环境是指环境在人类活动和自然力的作用下,保持稳定的运动过程。因此,必须对生物多样性加以保护。物种灭绝会导致生态系统崩溃,使环境适应能力遭到破坏。公平环境是指每个人都有权利享用环境并使生活达到某种质量标准,发展可持续社会,关注环境,对社会成员和后代福利负有责任,重视其成员健康和安全,使每个人都能参与城市发展,分享创新,实现共同目标。尊重居民个体差异,实现公平社会。上海以更富有创造力的认知共享、共情互助、关联社会和社区生态,帮助城市中的每一个人成长,形成富有生机、生趣的生命体验与生活。通过对上海智慧生态城市发展的展望,对未来上海智慧生态城市实现自然—生命—人居—社会整体健康、公正、民主、均衡发展富有期许。在人类能适应各种环境且健康的前提下,解决核心技术后,未来智慧生态城市可能向地球水域空间、地下空间、近地空间、宇宙深空等多栖方向发展。

气候与地理是城市在择址之初应该考虑的首要环境条件。从地质时间螺旋中可以看到气候与地理环境的相互影响,正视气候的核心影响力,理解全球水气一体深刻影响到人类择居与迁徙,正视全球自然环境变化与人居生态安全之间的关联,需以整体视角来判断并解决问题。某一种灾难产生时,有时可能不只是某一城市的处境,可能是类似城市都存在的潜在风险,也有可能是潜在的全球化影响。因此有必要将原有的地方与区域视角,重新界定为全球视角。正因为自然生态系统具有全球尺度,因此需要从更为整体、流动的时空视角去重新认知关联影响。需要从传统静态研究转为本书探讨的时空尺度与动态研究。

9.5.3 研究应用的发展

1)智慧生态城市全国与全球跨区域发展研究与合作

生态环境保护与城市化是全球问题。通过对城市所在及周边区域大气、陆地、淡水、海洋中的生物与微生物、沉积生态的研究,建立一种更为紧密的研究方式与逻辑关联。从生态系统的微观、中观研究到全球循环,将人们带往更宽阔的认知领域。城市智慧生态发展与社会建设不仅需要全学科共同研究,也需要促进管理学与生态学的长足发展。不同地区的地理环境与地质条件千差万别,自然、社会、人居形态都有不同,因此更需要尊重地域特点与城市客观自然条件,寻找适于生态系统保护与社会良好发展的道路,保护好自然生态系统,改善生态环境,共享研究与发展成果,广泛合作与借鉴。

2)建立基于地球系统科学、生命科学与社会科学跨学科整合研究体系

地球生态系统是一个复杂反应的系统。城市发展原动力依赖于太阳与地球供

给能源。自然生态环境对人类栖息地(包括不同的聚落形态城市与乡村)的选择有着重要影响。因此需要全学科从不同角度与层次进行研究,需要地质学进行城市选址与预防自然灾害,需要遥感信息学进行地震预防与减灾研究,研究城市地质生态构成以减少地质沉降对人居的影响,生态学注重生态系统的构成与相互影响,社会学关注人类行为形成与心理影响,要了解城市发展规划与城市空间结构是否匹配,需研究绿色建筑与生态区、公共空间的人性化构建。生物学对城市与市郊、自然区域的动植物种类、特征与行为习惯有更多侧重。不同学科的研究视角有助于城市整体发展。智慧生态人居包括城市与乡村,按自然规律发展才能实现良性的平衡,需要在更合理的生态、建筑空间与社会结构中,让自然—生命—社会综合体系健康发展。城市只有基础结构合理形成的整体结构才合理。自生长仿生分形城市基本结构合理才能实现良性运转,形成局部生态系统优化与平衡,也带来整体平衡与可持续发展。

3)提升城市自然、人居地学环境与人地系统研究的支持范围

人类社会需要形成生态发展共识,将有助于人们意识到地球的整体性与不可逆结果。城市发展需要符合自然生态发展,运用地球系统科学与生态学的原理客观分析,为未来的城市方向建立学术、政策与立法依据。科学研究本身是开放式的、不断完善结论的过程,要多角度研究、认知发展的可能性。审视过往因目的、技术与方法不当造成的自然生态系统破坏、能源危机,形成共识,走绿色发展之路,减少由于城市扩张给自然环境带来的影响。

4)推动公众参与城市发展决策

城市发展中的规划决策公示期,鼓励公众广泛参与提出建议。公共空间、公共领域、公共资源的利用与保护要符合法律规范。全体公众的参与也意味着城市中重要的决策,在社会民主、平权的基础上,尊重与保护公众的知情性、参与权、决策权。每一个人既是资源的使用者,也是资源的创造者与保护者。科研成果的社会化与公共化,将为民众平等地获得知识提供可能,建立一个安全、健康、公正、人文、科学、益智、自律、守法、面向未来的智慧生态城市与社会。

5)推动城市实现生态保护、预防预警、修复与补偿法律体系构建

通过立法风险预防前置。立法范畴包括海洋、陆地自然、自然—人工生态系统、人工生态系统其中的生物、非生物。生物包括动植物、微生物、人类。非生物包括地球整体与区域土壤、河流、海洋、森林、湿地、矿产等。立法模式由立法机关在立法决策和制定中,依据国际、国家、区域情况采取体例、律令、方案与方法。从地方、国家、国际多层次系统立法,为发展保留弹性空间。完善统一和分别立法,健全生态保护补偿机制、权责统一、合理补偿。民众自发,政府主导,社会参与。

附录一 自然与人居原野调查影像资料（1998—2021）

祁连山与戈壁,甘肃,1998

嘉峪关,甘肃,1998

鸣沙山,甘肃,1998

渤海,蓬莱,2009

南海,2010

黄海,2015

东海,2011

吴淞口,上海,2013

地貌与道路,新疆,2011

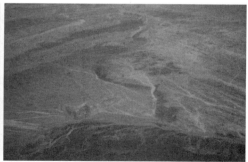

地貌,新疆,2011

开垦的农田,新疆,2011

农田、民居与道路,新疆,2011

交河故城,新疆吐鲁番,2011

修缮中的老城高台民居,新疆喀什,2011

正在修缮的喀什老城内巷,新疆,2011

山下的村庄,新疆喀那斯,2011

山下的遗址,新疆,2011

山脚下的墓园,新疆昭苏,2011

山脉与云气,新疆,2011

桥与用碎石铺成的路面,新疆,2011

森林边的养蜂人,新疆喀纳斯,2011

森林边的人家,新疆,2011

民居,新疆,2011

民居,新疆,2011

牲畜棚,新疆昭苏,2011

森林边的民居,新疆昭苏,2011

赶驴车的老妇人,新疆,2011

平房,新疆克拉玛依,2011

牛群,新疆禾木,2011

牧区预防石漠化区域,新疆,2011

山坡上的小马,新疆,2011

石滩中的羊群,新疆,2011

道路,新疆,2011

道路,新疆,2011

草原上的小路,新疆伊犁,2011

田间小路与骑车的人,新疆,2009

道路,新疆乌鲁木齐,2011

风蚀地貌,新疆,2011

山的风蚀状态,新疆,2011

道路,新疆,2011

山坡上的野马,新疆昭苏,2011

山顶的森林与积雪,新疆,2011

植被,新疆,2011

云下的草原,新疆,2011

原始泰加林,新疆喀那斯,2011

路上,新疆,2011

草原上的牧民民居,新疆那拉提,2011

民居,新疆昭苏,2011

马背上的小牛,新疆,2011

古城里的小男孩,新疆喀什,2011

收工回家的人,新疆,2011

畜牧市场,新疆喀什,2011

墓地,新疆,2011

牧区的小男孩,新疆禾木,2011

农田、民居与地貌,新疆,2011

清真寺,新疆喀什,2011

山坡,新疆特克斯,2011   牧区的房子,新疆伊宁,2011   山坡,新疆特克斯,2011

车站,新疆喀什,2011　　　集市上的人们,新疆,2011　阿訇,新疆喀什,2011

生气的小女孩,新疆喀什,　女孩,新疆喀什,2011　　哭泣的小男孩,新疆喀什,
2011　　　　　　　　　　　　　　　　　　　　　　2011

行人，新疆，2011　　　　岩石崩塌，新疆，2011　　　　风蚀地貌，新疆，2011

民居，新疆喀什，2011　　　居民，新疆喀什，2011　　　摘桑椹，新疆喀什，2011

牧民与羊,新疆喀什,2011

裁缝,新疆喀什,2011

市民,新疆喀什,2011

男孩,新疆喀什,2011

小姐妹,新疆伊宁,2011

女孩,新疆乌鲁木齐,2011

你好，新疆喀什，2011

小哥俩，新疆喀什，2011

做针线的女子，新疆伊犁，
2011

老城巷道，新疆喀什，2011

民居，新疆喀什，2011

小哥俩，新疆乌鲁木齐，2011

河流,新疆,2011

骑马的少年,新疆,2011

森林,新疆,2011

卖羊的人,新疆喀什,2011

道路上的杨树,新疆,2011

骑单车的男孩,新疆喀什,
2011

小男孩,新疆喀什,2011　　地面,新疆,2011　　好奇,新疆喀什,2011

帐篷,西藏,2009　　建筑,西藏,2009　　山崖上的建筑,西藏拉萨,
　　　　　　　　　　　　　　　　　　　2009

建筑,西藏,2009　　　然乌湖,西藏,2009　　　建筑与远山,西藏,2011

房前的树,新疆伊犁,2011　林荫道,湖南常德,2011　打篮球,黑龙江哈尔滨,2012

平房与杨树,新疆,2011　　　老城区与新城区,新疆喀什,2011

运羊,新疆喀什,2011

放学,新疆,2011

眼睛,新疆,2011

林区的简易房,新疆,2011

磅羊,新疆喀什,2011

母子,新疆,2011

河流,新疆,2011

农田,新疆,2011

畜牧市场里的小男孩与羊,新疆喀什,2011

山下的蒙古包,新疆巴音布鲁克,2011

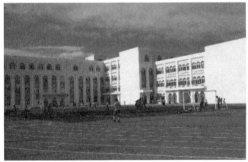

小学,新疆喀什,2011

广场,新疆喀什,2011

钻井,新疆,2011

广场,新疆喀什,2011

积雪的荒原,西藏,2009

去劳作的妇女,西藏,2009

山下脚下的民居,西藏,2009

大昭寺,西藏,2009

草滩上的牦牛,西藏,2009

草滩上的植被与房舍,青海,2009

盖房子的妇女,西藏,2009

自然,西藏,2009

山下的民居,西藏,2009

山谷的民居,西藏,2009

太湖边的建筑群,江苏无锡,2018

远山、树林与湖泊,江苏无锡,2013

水岸边的城市建筑群,浙江钱塘江,2021

柳叶湖,湖南常德,2011

水岸边的建筑群,南京玄武湖,2021

西湖,浙江杭州,2005

渤海湾，山东烟台，2011

农田，湖南常德，2011

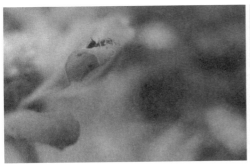

花园里的小蚂蚁，湖南常德，2011

沅江，湖南常德，2011

村舍、农田与树木，湖南常德，2011

河洲，湖南安乡，2011

林地、农田与民居，广东韶关，2012

河洲，广东韶关，2012

民居，湖南湘潭，2012

农田，黑龙江，2013

积雪与树林，吉林长白山，2011

树林，吉林，2011

松花湖,吉林,2011

冰面,吉林长白山,2011

河与桥,黑龙江,2011

农田,黑龙工,2011

筑路工地的帐篷,黑龙江,2011

筑路人,黑龙江,2011

伐木工地,黑龙江,2011

雪地,黑龙江,2011

道路,黑龙江,2011

民居,黑龙江,2011

海湾越冬的天鹅,山东烟台,2009

渔港,山东烟台,2009

海滩,山东烟台,2009

穿过遍布浒苔海滩的人们,山东青岛,2015

桥,吉林长白山,2011

山脚祈祷的人们,吉林长白山,2011

岛屿上的树林与海滩,浙江普陀山,2013

海岸边的工厂,浙江舟山,2013

渔港,浙江嵊泗,2011

崖岸,浙江嵊泗,2011

岛屿上的民居,浙江嵊泗,2011

岛屿上的民居,浙江嵊泗,2011

收网,浙江嵊泗,2011

凉亭与看海的人们,浙江嵊泗,2011

在海中嬉戏的小孩,海南,2013

屋檐与白塔,北京,2013

紫禁城护城河,北京,2013

天坛,北京,2013

林荫道,吉林松花湖,2011

钓螃蟹的姐妹,
上海吴淞口,2019

买车票的妇人,
浙江丽水,2016

石砌台阶与夯土民居，
浙江，2021

石拱桥，浙江，2021

石板路与水渠，安徽宏村，
2009

故宫里的古柏，北京，2013

河岸边的青草，
湖南常德，2011

吴淞口防波堤，上海，2022

吴淞口湿地与鹭鸶，上海，2013

黄浦江两岸，上海，2021

住宅楼,上海,2010

校园里的一棵树,上海,2012

农田,上海奉贤,2013

小学课堂,上海,2016

下班高峰期高架上的车流,上海,2013

学校,上海,2018

十字路口，上海，2016

十字路口，上海，2016

吴淞口，上海，2016

河浜，上海，2021

公交车站，上海，2011

雨中的邮递员，上海，2010

桂林公园,上海,2021

钓鱼,上海,2019

崇明岛,上海,2013

道路,上海,2021

火车站,上海,2021

打疫苗,上海,2021

草地与树林，上海，2021

吴淞口湿地，上海，2021

河浜，上海，2021

道路，上海，2021

民居，浙江，2021

民居，浙江，2021

在水库中游泳的人们,浙江,2021

水库,浙江,2021

木质民居,浙江,2021

阿婆与老屋,浙江,2011

农具,浙江,2021

农具,浙江,2021

山下的村庄,浙江,2021

山下的村庄,浙江,2021

山下的村庄,浙江,2021

山下的城市,浙江诸暨,2021

山下的城市住宅区,浙江,2021

山下的城市,浙江,2021

山下的民居,浙江,2021

菜地、树林与住宅,浙江,2021

维多利亚港的建筑群,香港,2011

妇女,香港,2011

建筑之间的连廊,香港,2011

码头,香港,2011

宏村,安徽,2008

吴淞口,上海,2022

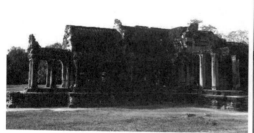

吴哥窟古建筑,柬埔寨暹粒,2010

吴哥王城护城河,柬埔寨暹粒,2010

岩石,舟山,2017

修道院,瑞士琉森,2017

夜晚的街巷,西班牙巴塞罗那,2010

蓝带河桥边的学校,西班牙毕尔巴鄂,2010

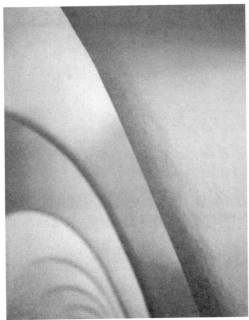

巴特罗之家,西班牙巴塞罗那,2010

植物,法国巴黎,2017

街区,法国巴黎,2017

阳光下的树与公寓,法国,2017

卢浮宫穹顶天窗,法国巴黎,2017

卢浮宫内部结构,法国巴黎,2017

建筑,意大利,2017

风电,德国,2017

建筑,德国,2017

社区的树林,德国,2017

社区,瑞士,2017

公园,西班牙,2010

圣家族教堂,西班牙巴塞罗那,2010

教堂雕塑,西班牙托莱多,2010

墓地,葡萄牙里斯本,2010

老人,葡萄牙里斯本,2010

公交车上的妇女,葡萄牙里斯本,2011

街区,葡萄牙里斯本,2011

蓝带河边的民居与美术馆,
西班牙毕尔巴鄂,2010

阿尔罕布拉宫,西班牙格拉纳达,2010

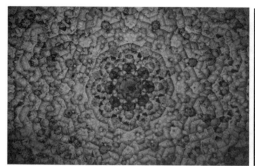

阿尔罕布拉宫,西班牙格拉纳达,2010　　　　阿尔罕布拉宫,西班牙格拉纳达,2010

水泽近岸的植被,西班牙,2010　　　　　　古迹与民居、植被的融合,西班牙,2010

圣家族教堂的穹顶,西班牙巴塞罗那,2010　　地铁站,西班牙马德里,2010

街区,西班牙巴塞罗那,2010

露台与城区,西班牙科尔多瓦,2010

街区,西班牙毕尔巴鄂,2010

街区,西班牙巴塞罗那,2010

树林与农田,德国法兰克福,2017

河道、农田与建筑群,德国法兰克福,2017

河岸,德国法兰克福,2017

森林,德国法兰克福,2017

公寓,德国法兰克福,2017

傍晚的林地,德国法兰克福,2017

道路,德国,2017

村庄,德国,2017

原野,德国,2017

建筑,德国法兰克福,2017

街区,德国,2017

农田、民居与森林,德国,2017

农田、建筑,河流与树林,德国,2017

农田与城镇,德国,2017

树林、河流与建筑群,德国,2017　　　　农田、树林与建筑群,德国,2017

街区,德国,2017　　　　住宅,德国,2017

街道,德国,2017　　　　街道,德国,2017

林地,法国巴黎,2017

山下的村庄,法国,2017

街区的公寓与公墓,法国巴黎,2017

街区的旋转木马,法国巴黎,2017

塞纳河岸,法国巴黎,2017

花园,法国巴黎,2017

桥，法国巴黎，2017

街区，法国巴黎，2017

桥与树，法国巴黎，2017

塞纳河岸边的树与建筑，法国巴黎，2017

建筑，法国巴黎，2017

河岸林荫道与码头，法国巴黎，2017

河流,法国巴黎,2017

道路,法国巴黎,2017

道路,法国巴黎,2017

田间小路,法国,2017

民居,捷克布拉格,2017

民居,斯洛伐克布拉迪斯拉发,2017

村庄，捷克，2017

住宅，捷克，2017

伏尔塔瓦河岸，捷克布拉格，2017

街区，捷克布拉格，2017

古建筑，意大利罗马，2017

建筑，意大利罗马，2017

多瑙河,匈牙利,2017

建筑,匈牙利,2017

岸边的建筑,意大利威尼斯,2017

岸边的建筑,意大利威尼斯,2017

古建筑,意大利罗马,2017

古建筑,意大利罗马,2017

街区,意大利罗马,2017

空间与人,梵蒂冈,2017

河流近岸的树林,意大利,2017

水港,意大利威尼斯,2017

森林中的民居,意大利,2017

农田与树林,意大利,2017

田野,意大利,2017

田野,意大利,2017

车站、便食店与树木,意大利,2017

建筑,意大利,2017

围墙、树影与指示牌,意大利,2017

建筑,意大利,2017

树林,意大利,2017

云与森林,意大利,2017

湖边的建筑群、树木与远山,瑞士琉森,
2017

阿尔卑斯山钢结构观察站,
瑞士英格堡,2017

小路，瑞士英格堡，2017

山脚下的民居，瑞士英格堡，2017

民居，瑞士英格堡，2017

球场与单车棚，瑞士英格堡，2017

森林、村庄与农田，瑞士，2017

村庄里的树，瑞士英格堡，2017

阿尔卑斯山积雪消融雪线上升,瑞士,2017　平流层的云海,2021

附录二 地质年代表

代	系统和纪	系列和世	主要特征	距今时间（万年）
新生代	第四纪	全新世	现代人	1.1
		更新世	早期人类出现 北部冰川	50～200
	第三纪	上新世	大型食肉动物	1 300～1 400
		中新世	食草哺乳动物大量出现	2 500～2 600
		渐新世	大型奔跑型哺乳动物	3 600～3 800
		始新世	众多现代哺乳动物	5 800～6 000
		古新世	有胎盘哺乳动物出现	6 300～6 500
中生代	白垩纪		开花植物出现、恐龙和菊石的顶盛时期（第三纪前灭绝）	13 500～14 000
	侏罗纪		鸟类和哺乳动物出现 恐龙和菊石大量出现	18 100～18 600
	三叠纪		恐龙出现 苏铁和针叶植物大量出现	23 000～24 000

（续表）

代	系统和纪	系列和世	主要特征	距今时间（万年）
古生代	二叠纪		大多数海洋动物灭绝,包括三叶虫 南部冰川	28 000～29 000
	石炭纪	宾夕法尼亚系	大规模成煤森林、针叶林 爬行动物出现	31 000～32 000
		密西西比系	鲨鱼和两栖动物大量出现 大型和不同高度树种和种子蕨类出现	34 500～35 500
	泥盆纪		两栖动物出现 菊石 鱼类大量出现	40 500～41 500
	志留纪		陆地植物和动物出现	42 500～43 500
	奥陶纪		鱼类出现	50 000～51 000
	寒武纪		无脊椎动物主导	
	前寒武纪		海洋生物大量存在的首次记录 三叶虫主导	60 000～65 000
			化石罕见,由原始水生植物组成 冰川记录 最早的藻类记录(260 000 万年前) 最早的陨石记录(450 000 万年前)	

资料来源:W.H.施莱辛格,E.S.伯恩哈特.生物地球化学——全球变化分析[M].俞慎,译.北京:科学出版社,2019.

参 考 文 献

[1] A.H.陶博,徐燕候.相对论流体力学[J].力学进展,1987(1).

[2] [比]G.尼科利斯,[比]伊利亚·普里戈京.非平衡系统的自组织[M].北京:科学出版社,1986.

[3] [波兰]奥斯卡·兰格.经济控制论导论[M].杨小凯,译.北京:中国社会科学出版社,1981.

[4] 陈曦,汪军.欧洲空间战略规划新动向以大巴黎规划国际咨询为例[R].中国城市规划年会,2009.

[5] 蔡晓明.生态系统生态学[M].北京:科学出版社,2000.

[6] 才文韬.上海地区大地热流分布特征及深部地层温度预测[J].上海国土资源,2019(1).

[7] [德]W.F.奥斯特瓦尔德.自然哲学概论[M].北京:商务印书馆,2012.

[8] [德]费希特.伦理学体系[M].北京:商务印书馆,2010.

[9] 董昌明.海洋涡旋探测与分析[M].北京:科学出版社,2015.

[10] 封红丽.2017年新能源和可再生能源发展现状及趋势研究(下)[J].电器工业,2017(9).

[11] 谷海洪,诸大建.公共政策视角的欧洲空间一体化规划及其借鉴[J].城市规划,2006,30(2).

[12] [美]爱德华·戴维·戈德堡.海洋污染监测指南[M].李庆国,等译.北京:科学出版社,1983.

[13] 付会.海洋生态承载力研究[D].青岛:中国海洋大学,2009.

[14] 黄光宇,陈勇.生态城市理论与规划设计方法[M].北京:科学出版社,2002.

[15] [加]雅各布斯.美国大城市的死与生[M].金衡山,译.南京:译林出版社,2004.

[16] 金佳莉.泛太平洋地区典型城市绿色空间格局的时空演变规律研究[D].北京:中国林业科学研究院,2018.

[17] 江志红,丁裕国.近百年上海气候变暖过程的再认识——平均温度与最低、最高温度的对比[J].应用气象学报,1999.

[18] 贾海峰,等.城市河流环境修复技术原理及实践[M].北京:化学工业出版社,2017.

[19] 李达.东海陆架区浅部地震地层层序及新构造运动特征研究[D].青岛:中国海洋大学,2010.

[20] 李峰,刘华国,龚飞,张效亮,岳安平.中弱地震活动区发震构造识别及危险性判定方法研究[J].中国科技成果,2016,21(11).

[21] 李辉文.现代比较优势理论研究[M].北京:中国人民大学出版社,2006.

[22] 李廷栋,莫杰.中国滨太平洋构造域构造格架和东海地质演化[J].海洋地质与第四纪地质,2002(11).

[23] 李华,汪淳玉,叶敬忠.资本下乡与隐蔽的水权流动——以广西大规模甘蔗种植为例[J].农村社会,2018,68(2).

[24] 刘易斯·芒福德.城市发展史:起源、演变和前景[M].北京:中国建筑工业出版社,1989.

[25] 刘本培,蔡运龙.地球科学导论[M].北京:高等教育出版社,2013.

[26] [美]爱因斯坦.相对论[M].麦芒,译.天津:天津人民出版社,2018.

[27] [美]奥尔多·利奥波德.沙乡年鉴[M].侯烨,尤娜,等译.北京:商务印书馆,2016.

[28] [美]德尼·古莱.发展伦理学[M].高铦,高戈,译.北京:社会科学文献出版社,2003.

[29] [美]赫尔曼·E.戴利,[美]乔舒亚·法利.生态经济学:原理与应用[M].金志农,等译.北京:中国人民大学出版社,2014.

[30] [美]赫尔曼·E.戴利,肯尼思·N.汤森.珍惜地球:经济学、生态学、伦理学[M].马杰,等译.北京:商务印书馆,2001.

[31] [美]海伦·英格兰姆,[美]斯蒂文·R.史密斯.新公共政策——民主制度下的公共政策[M].钟振明,等译.上海:上海交通大学出版社,2005.

[32] [美]I.伯纳德·科恩.自然科学与社会科学的互动[M].张卜天,译.北京:商务印书馆,2018.

[33] 韩敏.混沌时间序列预测理论与方法[M].北京:中国水利水电出版社,2007.

[34] 仇保兴.中国智慧城市发展研究报告(2012—2013年度)[M].北京:中国建筑工业出版社,2013.

[35] [瑞典]卡尔·冯·林奈.自然系统[M].北京:中国发展出版社,2006.

[36] [苏]C.贝尔格.气候与生命[M].王勋,等译.北京:商务印书馆,2012.

[37] 上海市规划和自然资源局.上海市地质环境状况公报[R/OL].2009—2018. http://hd.ghzyj.sh.gov.cn/dzkc/dzhjbg/.

[38] 上海市统计局.上海年鉴[R/OL].2018. http://tjj.sh.gov.cn/tjnj/20190117/ 0014-1003014.html.

[39] 上海市生态环境局.上海地表水水质状态[R/OL].2020. https://sthj.sh.gov.cn/hbzhywpt1143/hbzhywpt1149/index.html

[40] 上海市生态环境局.生态环境状态公报[R/OL].2009—2020. https://sthj.sh.gov.cn/hbzhywpt1143/hbzhywpt1144/index.html

[41] 上海地矿局.上海市区域地质志[M].北京:地质出版社,1989.

[42] 沈钟平,梁萍,何金海.上海城市热岛的精细结构气候特征分析[J].大气科学学报,2017(3).

[43] 史军,崔林丽,杨涵洧,孙兰东.上海气候空间格局和时间变化研究[J].地球信息科学学报,2015(11).

[44] 史军,穆海振,杨涵洧,马悦,徐家良.上海中心城区内涝暴雨阀值研究[J].2016,35(4).

[45] 孙莉.上海湖沼平原地貌分界线上地层分布特征研究[J].上海国土资源,2011(4).

[46] 是长春.相对论流体力学和经典流体力学之间的一种相似性[J].力学学报,1981(1).

[47] 周建芳,邓晓梅,石燕,杨灿君.流动儿童与本地儿童学校融合比较研究——基于社会融合的理论视角[J].青年研究.2013(2).

[48] 埃斯科瓦尔.遭遇发展[M].汪淳玉,等译.北京:社会科学文献出版社,2011.

[49] 王根祥,李宁,王建会.国内外智慧城市发展模式研究[J].软件产业与工程,2012(4).

[50] 王祥荣,王原.全球气候变化与河口城市脆弱性评价:以上海为例[M].北京:科学出版社,2010.

[51] 王远飞,沈愈.上海市夏季温湿效应与人体舒适度[J].华东师范大学学报,1998(3).

[52] 奚萍.关于相对论性紧致天体的若干研究[D].上海:上海师范大学,2008.

[53] 谢富纪,肖敏,于晓宇.创新型国家建设的R&D资源配置[M].北京:经济科学出版社,2011.

[54] 谢识予.经济博弈论[M].第三版.上海:复旦大学出版社,2010.

[55] 徐静,陈秀万.我国智慧城市发展现状与问题分析[J].科技管理研究,2014(7).

[56] [英]安德鲁·塔隆.英国城市更新[M].杨帆,译.上海:同济大学出版社,2017.

[57] [英]埃比尼泽·霍华德.明日的田园城市[M].金经元,译.北京:商务印书馆,2010.

[58] [英]法雷尔.伦敦城市构型形成与发展[M].杨志德,杨军,魏彤春,译.武汉:华中科技大学出版社,2010.

[59] [英]亨利·伯恩斯坦.农政变迁的阶级动力[M].汪淳玉,译.北京:社会科学文献出版社,2011.

［60］ 杨树彪.上海地区松散地层温度垂向分布特征分析［J］.地质学刊,2015(4).

［61］ 中华人民共和国水利部.中国水资源公报［R/OL］.1997—2019. http：//www. mwr.gov.cn/sj/tjgb/szygb/201612/t20161222_776052.html.

［62］ 中华人民共和国水利部.中国水土保持公报［R/OL］. 2003—2019. http：// www.mwr.gov.cn/sj/tjgb/zgstbcgb/202009/t20200924_1448752.html.

［63］ 中华人民共和国水利部信息中心.全国水情年报 2017［R/M］.北京：中国水利水电出版社,2018.

［64］ 张京祥.西方城市规划思想史纲［M］.南京：东南大学出版社,2005.

［65］ 张喜林.近 200 年来东海内陆架沉积层序高频波动模式及其对多尺度气候振荡的响应［D］.青岛：中国海洋大学,2014.

［66］ 周晓蔚.河口生态系统健康与水环境风险评价理论方法研究［D］.北京：华北电力大学,2008.

［67］ 郑磊,李晓,赵宝成,何中发.上海松江地区第四纪地层与沉积环境特征［J］.上海国土资源,2011(4).

［68］ 张宝虎.相对论流体力学［D］.武汉：华中师范大学,2016.

［69］ AXELROD, R. & HAMILTON, W. D. The evolution of cooperation［M］. Valencia：Science 211,1981：1390 - 1396.

［70］ JOHN, D., BOON. Secrets of the tide：tide and tidal current analysis and applications, storm surges and sea level trends ［J］. Shore & Beach, 2008： 10 - 1021.

［71］ BROWN, J. H., GILLOOLY, J. F., ALLEN, A. P., SAVAGE, V. M. & WEST, G. B. Toward a metabolic theory of ecology［J］. Ecology,2004,85： 1771 - 1789.

［72］ CHAVE,J. The problem of pattern and scale in ecology：what have we learned in 20 years? ［J］. Ecology Letters, 2013：4 - 16.

［73］ CARPENTER, S. R. et al. Regulation of lake primary productivity by food web structure［J］. Ecology,1987,68：1863 - 1876.

［74］ Grime, J.P. Benefits of plant diversity to ecosystems：immediate, filter and founder effects［M］. Journal of Ecology,1998.

［75］ JAMES, H. BROWN. On the relationship between abundance and distribution of species［M］. American Naturalist,1984.

［76］ LARRY CROWDER, ELLIOTT NORSE. Essential ecological insights for marine ecosystem-based management and marine spatial planning ［J］. Marine Policy,2008.32：787 - 796.

［77］ K. L. MCLEOD, H. LESLIE, L. B. Crowder, M. ABURTO, L. ALESSA. EDS. Ecosystem-based management for the oceans［M］. Washington, D.C.：

Island Press,2009.

[78] MARC SCHIERDING. SUSANNE VAHDER. LAURA DAU. ULRICH IRMLER. Impacts on biodiversity at Baltic Sea beaches[J]. Biodiversity & Conservation,2011.

[79] NEEDHAM, JOSEPH. Science and civilization in China[M]. New York: Cambridge University Press,1959.

[80] PAUL M., GILLILAND, DAN LAFFOLEY. Key elements and steps in the process of developing ecosystem-based marine spatial planning[M]. Marine Policy,2008:5.

[81] ROY M. ANDERSON & ROBERT M. MAY. Infectious diseases of humans: dynamics and control [M]. New York: Oxford University Press,1992.

[82] W. H. SMITH. Air pollution and forests-interactions between air contaminants and forest eco-systems [M]. New York: Springer-Verlag,1981.

索　引

感　谢

阿尔伯塔大学海洋与大气科学院
北京大学法学院
北京大学环境学院科学系
北京大学建筑与景观设计学院
北京大学地球与空间科学学院
伯尔尼大学科学学院
地理国情监测云平台
地理空间数据云
对外经济贸易大学法学院
复旦大学
哥德堡大学理学院
哥本哈根大学地球科学与自然资源管理系
哥本哈根大学自然科学学院
广西大学
哈佛大学建筑学院
哈佛大学地球与行星科学系
荷兰皇家海洋研究所
华东师范大学
吉林大学
剑桥大学地球科学系
列日大学地质系
牛津大学地球科学系
南京大学天文与空间科学学院
欧洲大学商学院
青岛海洋地质研究所
青岛大学

全国地质资料馆

清华大学地球系统科学研究中心

上海海洋大学海洋科学学院

上海交通大学海洋法治研究中心

上海交通大学国家海洋战略与权益研究基地

上海交通大学安泰管理学院

上海交通大学国际与公共事务学院

上海交通大学海洋学院

上海交通大学极地与深海发展战略研究中心

上海华东师范大学

上海开放大学

上海自然博物馆

上海地理信息公共服务平台

上海市公共数据开放平台

《上海市地质环境图集》编纂委员会与编辑部

上海市规划和自然资源局

上海市绿化和市容管理局

上海市生态环境局

上海市水务海洋局

上海市气象局

深圳大学未来地下城市研究院

苏黎世联邦理工大学

斯德哥尔摩大学大地科学自然资源与环境研究中心

世界数据中心中国地球物理学科中心

天津大学地球系统科学学院

天津大学表层地球系统科学学院

同济大学海洋与地球科学学院

武汉大学

湘潭大学

岩石学报

云南大学

浙江大学

浙江自然博物馆

中山大学

中国林业大学

中国农业大学

中国政法大学

中国地球物理学会

中国地质大学

中国地质环境监测院

中国科学院海洋所

中国科学院大气物理研究所

中国科学院地质与地球物理研究所

中国科学院遥感与数字地球研究所

中国科学院地球科学研究院地球深部结构与过程研究室

中国国家气象科学数据中心

中国地震局地球物理勘探中心

中国地震灾害防御中心

中国国家地球系统数据共享服务平台——地球物理科学数据中心

中国自然资源部海岛研究中心

中国自然资源部第一海洋研究所

中国自然资源部第二海洋研究所

中国国家海洋局第二海洋研究所

中国地球物理年报

中国林业和草原局

中国地质调查局

中国国家海洋局

中央财经大学

中央气象台

后 记

　　宇宙无限辽远。睁开双眼,一起来看时空中形成的生命、星系、万物,直至诞生与寂灭同在,荒芜与繁盛并存,瞬息万变,生机勃勃,触动心灵。所有生命的诞生都是奇迹,自然的创造简洁、精妙、无限、变化,令人赞叹。来吧! 让生命之火燃烧起来,希望你像一道光、一个粒子奔逸开黑洞的吸引,自由遨游于宇宙之海。植物在光合作用时迸发的能量,你感受到了吗? 来自大自然的音乐,万物之间产生的共振音律,你听到了吗? 大地经过数亿年形成的无声韵律,以多回旋沉积的方式呈现了出来,层层叠叠恢弘而静默,你看见了吗? 在未知中前行,你准备好了吗?

　　地球是一个整体,从一个新的角度看待地球、生命与人类栖居地,审视城市构造,重新认识熟悉的一切,做出改变,包容不同。这也是一份交给 1998 年的作业,多年来在原野考察、学习与工作中时间悄然流逝,灵感是在做了大量基础工作接近尾声时才姗姗来迟。如果我们向自然学习,在本质的追问中,问题会带着我们更深入地思考,去找寻答案,会有新的路自然生长出来。

　　气候变化受地球圈层多尺度相互影响,而人居结构与人们的生活生产习惯分不开。上海联接着江河陆海,是长江入海最后一站,要应对所有流域、海岸城市都会面临的问题与机遇。地理是一个连续的系统,需重新审视人居与人工促成的对自然的改变。怎样才是自然之道,有没有可能实现自然与人居真实的平衡,这些都需要在更长的时空尺度中来思考与规划,需要人们整体地认知与对待,共同想办法。沿海城市如何与水共生,是否应该退让给自然一些区域? 甘肃的自然环境、人居、月牙泉与敦煌文化的存续有没有更优解? 新疆的森林、草原、牧场自然生态保护与多民族融合居住有没有更优解? 蓄洪区有没有更优解? 建国以来洞庭湖松滋口、太平口、藕池口因国家整体战略半个多世纪以来划定为泄洪区。天然蓄水能力的湖泊在自然与人工的作用下悄然变化,多年来洞庭湖面积缩减将近十分之一,不能达到理想的蓄水容量。有没有更妥善的方式呢? 如果长江流域应对季候性密集水量,整体疏而不堵,不再牺牲小县城与乡镇居民利益,以更科学的方式是能实现整体公正的。从系统角度进行改善,调整干旱区与洪涝区生态均衡度,重视上游水土涵养,以森林湿地植被改变一地降雨疏水量。建立水坝后控制了江河的局部流量,减少了洪水,但河流自然生境也已发生改变。湖泊面积缩减并不只是一个内陆湖的现况,其他大湖如咸海与北非乍得湖因年径流进水量与蒸发量变化,水体也已经大幅缩减。

尊重自然的选择,万物有灵且美。向自然的一切学习,不断了解世界,而不是建立一个与自然规律相冲突的人工世界。有些思维方式或许在某个时空尺度上可行,但在更大或更小的时空尺度并不是合适的,也因此需不断了解真实的世界,形成一种开放的思维方式。中国需要的是城乡共同发展,一个健康的社会很重要。保护好传统人居生活与地方文化发展很重要,尊重依然在不同气候与地貌环境中顽强存在的乡村,尊重依然在村庄中以传统方式生活的人们,正是这样自古以来形成的人居环境与生活的多样性,让我们在未来依然能看清从何而来,应该去往哪里。让未来的人们依然能与过往有所连接,能够回归保留生命力、自然健康的生活,拥有更多平衡与选择,充满生趣、希望与可能。在此基础上发展智慧生态人居,综合森林城市、湿地城市与花园城市,有度地联接到乡村,尝试将森林、湿地、田野、街区、社区有间相连。

自然有温和的一面,也有暴虐的一面。人居聚落既受惠于水域,又受难于水泽,如海面变化、海岸线进退、河流改道、河流枯竭等。靠近水源建造城市有利有弊,如 1958 年美国阿拉斯加利图亚湾大海啸,2005 年卡特里娜飓风对不同地区都造成了广泛影响。气候的影响更大,如加拿大阿尔伯塔省与萨斯喀切温省也出现过极端的暴风雪。除了极端自然天气造成的灾害,更多是居住地所受地理环境与气候变化持续影响,如荷兰本就是低洼之国,国土面积四分之一处于海平面之下,如何与水共生,而不是对抗式防水,需要新思路。威尼斯位于泻湖区域,因地中海海平面上升,使这座依靠城市运河体系运作的城市处境艰难,亚得里亚海沿岸的城市也都可能面临这样的变化与影响。

生态安全需要所有人重视。人类负有责任,不同选择会带来不同方向与结果。一座城市要面临的不仅仅是城市内部运转,行为决策也带来持续影响。2021 年四月中旬日本核污染废水排放引起社会关注。海气陆地环境具有整体性,海洋整体生态环境及近岸环境都会受到影响,加上食物链影响,不可逆的恶性影响是极其深远的。怎样的世界观与价值观、行为界线是人类共同的选择?公地悲剧不应该再无底线发生了。应达成共识,建立具有公正性、强制力与约束力的法律,设立预防与解决此类公共危机与灾难的机制与程序。

所有文明最终并不是孤立的,在可称之为文明的构成中,一定是有融通与流动性的,是开放性的,而非封闭性的,是多元化的,而非单一化的。也因此,我们要相信从生活中开始的细微观察与判断,更深入的与自然联系起来。人不能孤立于自然存在,遵循自然之道,真正从天地之间获得归属与力量,才能减少暴力与动乱。混乱的产生往往还因认知的有限,缺乏更长远的目标与规划,缺乏耐心与持久,对生命缺乏悲悯与体恤。

美是自然中转瞬即逝的时空与万物的存在，也是人类对于自然中最打动人心的那部分的感知。美也蕴含在人们的品质、操守、良知、勇气与精神中。美是具象的存在，也是心理的感受，更是一种平衡而和谐的秩序与存在。对于美的认知是随着人类历史的进程不断变化的，一直流动，相互交汇与影响，逐渐保存下来。丛林的莽力将柬埔寨王城遗址中的建筑覆盖镶裹，西班牙阿布拉汗宫精致却又十分脆弱，高迪的神圣家族教堂穹顶星空把生命之火燃烧起来。无数的人在极度没有条件产生美的地方依然创造着来自心灵的触动与意念，善待着这个世界与他人。

社会的每一分细微的进步都蕴含着无数人们的努力与奉献。研究过程中得到各界专业人士诸多启发与帮助。感谢中国林业大学郭玉民教授及团队、美国威斯康星大学苏立英教授、美国国际鹤类基金会鸟类研究成果的启示。感谢华东师范大学崇明岛滨海湿地鸟类保护与风电协调发展研究团队研究方法的启发，感谢澳大利亚昆士兰大学瑞恰德·福德教授、上海自然博物馆王军馥老师、谢汉宾老师与浙江自然博物馆范忠勇老师及鸟类研究团队鸟类研究及保护启发。感谢中国林业科学研究院金佳莉博士研究方法的启发，看到她更广泛的区域研究工作很受鼓舞。感谢廖桂贤老师在全球城市考察中的开放精神与启发。感谢海洋地质学家汪品先院士的研究精神与成果启发，感谢李院生教授、陈卓奇教授、王如生教授、王汝建博士、韩喜彬博士、黄璜博士、武力博士、王家凯博士在极地多时空尺度冰—海—气相互作用方向的最新研究分享与启发。感谢李辉文教授区域经济发展与石燕博士农村儿童教育问题研究启发。感谢张金璐女士、杨青青老师、陈敏敏老师的鼓励。感谢张育绮博士、施贝遐博士、杨雅姝博士、张小龙博士、曹一平博士及EU8班同学同行砥砺。感谢原野调整时何方老师、吴刚先生、杨玲雅女士、雷莉和当地人们的关照。感谢生态人居项目实践中朱海洋博士、李毅博士的工作启发。感谢生态发展观传播过程中合作艺术机构时光空间画廊姜健先生、徐伶娜女士、姜一鸣先生、胡启龙先生、李静怡、伊娃·鲁宾斯坦女士、郑芳女士、凌毅先生、方菊梅女士、李晶彬先生等艺术家们的创造与工作。感谢工作期间所有共事过的同事。

一切因缘际遇促使研究与书稿的最终完成，不知不觉走了一个长长的圆，从1998年夯土古城嘉峪关始到2011年喀什老城、交河故城至2021年湖南常德城头山终。衷心感谢孔磊、汪淳玉、苗苗、胡平、房小伟、陈倩、陈玲、顾茜茜、杨亚男、小苗、曹军、方伟、石燕、李辉文、易胜、唐建伟、何楠、应若素、鲁晓妮、林楠、段丽萍、王瑶、胡晓芬、周妙春、王晓岚、陈瑛、好乐、宗菏、陈晓凤、薛维洁等的真挚友谊与思想砥砺。

成书之际衷心感谢上海交通大学出版社提文静老师的指导与帮助。感谢校对老师、书籍排版设计师以及封面设计陈燕静老师的辛勤劳动，感谢过程中所有工作人员的付出。衷心感谢导师谢富纪教授在研究过程中对我的谆谆教导与严格要求，特别是2020年初疫情渐起时他对还很混沌的初稿的指正与教导。感谢上海交通大学王志刚教授、仰书纲教授、王静刚教授、井淼教授、陆琳教授、王珞教授在研究过程中的指导与建议。感谢中国农业大学汪淳玉教授在英文翻译上的指正及其在农村与区域发展研究方面的启发。感谢所有教过我的老师。感谢已故龙锦阳教授与张铁夫教授的教导,受益终生。感谢柯教授、刘敏先生、龙晓莉女士与佳佳一家对我的温暖关照,感谢罗伟先生一家的支持,感谢家人对我无微不至的关爱与理解。

由于认知有限,书中难免有错误与疏漏,不足之处甚多,欢迎大家指正批评,其后勘正。近年来,不确定性比以往更加深刻地影响着人们的判断与选择。正视自然与人的关联,正视生命的脆弱与坚韧。通过持续的努力,用观察、思考与行动代替彷徨、焦虑与不安。建立联接,打破藩篱,减少偏见与排斥,传递光明与希望。祈佑大家不论身在何方,能平安渡过艰难时期,个人与社会都得以健康发展。希望因人们的智慧与勇气,经众人努力,社会向公正且富有生命力的方向行进,人类的未来更加美好、和平、繁荣!